Bieterkooperation und Bietergemeinschaft bei der Übernahme börsennotierter Unternehmen

Europäische Hochschulschriften Recht

European University Studies in Law
Publications Universitaires Européennes de Droit

Band/Volume 6851

Lasse Nitschmann

Bieterkooperation und Bietergemeinschaft bei der Übernahme börsennotierter Unternehmen

PETER LANG
Berlin · Bruxelles · Chennai · Lausanne · New York · Oxford

Bibliografische Information der Deutschen Nationalbibliothek
Die Deutsche Nationalbibliothek verzeichnet diese Publikation in der Deutschen Nationalbibliografie; detaillierte bibliografische Daten sind im Internet über http://dnb.d-nb.de abrufbar.

Zugl.: Hamburg, Bucerius Law School, Diss., 2025

DE-H360
ISSN 3052-8291 (Print)
ISSN 3052-8305 (eVersion)
ISBN 978-3-631-94763-0 (Print)
ISBN 978-3-631-94791-3 (ePDF)
ISBN 978-3-631-94792-0 (ePUB)
DOI 10.3726/b23498

Verlegt durch Peter Lang GmbH, Berlin, Deutschland

info@peterlang.com

www.peterlang.com

Kontakt zur Verordnung über die allgemeine Produktesicherheit (GPSR): gpsr@peterlang.com

Inhaltsverzeichnis

Abbildungsverzeichnis

Vorwort

Die vorliegende Arbeit wurde von der Bucerius Law School in Hamburg im Juli 2025 als Dissertation angenommen. Die mündliche Prüfung fand am 16. Oktober 2025 statt.

Größter Dank für die mir eingeräumte Freiheit bei der Themenwahl, die wertvollen Anregungen und Hinweise sowie die zügige Erstellung des Erstgutachtens gebührt meinem Doktorvater, Professor Dr. *Christoph H. Seibt*, LL.M. (Yale), der mit seinen hervorragenden Vorlesungen mein Interesse für das Gesellschafts- und Kapitalmarktrecht geweckt hat. Als Partner der Anwaltssozietät Freshfields versteht er es in unnachahmlicher Weise Belange aus Wissenschaft und Praxis gewinnbringend zu verknüpfen, wovon ich während meiner Promotionszeit profitieren durfte. Herrn Prof. Dr. *Christoph Kumpan*, LL.M. (Univ. of Chicago) danke ich für die zügige Erstellung des Zweitgutachtens.

Für die großartige Vorlesung zum öffentlichen Übernahmerecht, die den Grundstein für meine Begeisterung für dieses Rechtsgebiet gelegt hat und damit Ausgangspunkt dieser Arbeit ist, danke ich Herrn Dr. *Christoph von Bülow*.

Meinen Eltern, denen diese Arbeit gewidmet ist, danke ich für stete Unterstützung und die Ermöglichung eines sorglosen Studiums. Insbesondere meine Mutter war in den Endzügen der Bearbeitung mit geduldigem Korrekturlesen eine große Hilfe.

Hamburg im Oktober 2025
Lasse Nitschmann

Einleitung

Mit dem Ende der „merger mania" der 1980er Jahre ging eine Zeit großer Übernahmeaktivitäten in den USA zu Ende, die ihren Höhepunkt in dem legendären Buy-out von RJR Nabisco durch KKR (früher Kohlberg Kravis Roberts & Co.) erreichte.[1] Die wellenförmigen Zyklen, die der Markt für Unternehmensübernahmen durchläuft, machen sich auch in Deutschland bemerkbar. Nach dem M&A-Boom im Jahr 2021 fiel der deutsche Markt für Unternehmensübernahmen im Jahr 2022 in ein Wellental.[2]

Die Gründe für den Rückgang der Übernahmeaktivität sind vielfältig. Die wirtschaftlichen, politischen und gesellschaftlichen Rahmenbedingungen sind seit der Finanz- und Wirtschaftskrise 2008/2009 durch die Kernbegriffe *Volatility*, *Uncertainty*, *Complexity* und *Ambiguity* („VUCA") geprägt.[3] Im Zuge des russischen Angriffskrieges auf die Ukraine und dem Systemwettbewerb zwischen den USA und China haben sich diese Faktoren zu einer

1 Zum Ende der „merger mania" und ihrem Höhepunkt in dem Buy-out von RJR Nabisco durch KKR s. *Schiessl*, in FS Wegen, 2015, S. 313.

2 Im Jahr 2021 gab es 33 öffentliche Übernahmen mit einem Gesamtvolumen von 67,1 Milliarden Euro, wohingegen im Jahr 2022 nur 18 öffentliche Übernahmen mit einem Gesamtvolumen von 21,4 Milliarden Euro erfolgten; DAI, Ready for Takeover 2.0?, S. 10; zu den wellenförmigen Zyklen des Übernahmemarkts s. *Blättchen*, in FS Wegen, 2015, S. 119 (121).

3 Hierzu ausführlich *Seibt*, DB 2016, 1978 ff.; *Seibt*, DB 2018, 237 ff.; *Seibt*, BB 2019, 2563 (2564); *Seibt*, in FS Seibert, 2019, S. 825 (832 f.); *Seibt/Fischer*, DB 2021, 998; *Seibt/Denninger*, ZIP 2023, 57 (62).

„geopolitischen Dauerkrise“ ausgeweitet.[4] Hinzu kommt die Zinspolitik der Zentralbanken, deren Zinserhöhungen in den Jahren 2022 und 2023 ebenfalls zum Rückgang der Übernahmeaktivitäten beigetragen haben.[5]

Kooperieren Menschen miteinander eröffnet dies die Möglichkeit, bessere Ergebnisse zu erzielen.[6] Diese These bietet Anlass zu der Überlegung, ob vermehrte Kooperationen zwischen bieterseitig tätigen Akteuren auf dem Markt für Unternehmensübernahmen in dem von erschwerten Rahmenbedingungen geprägten Marktumfeld Abhilfe schaffen könnten. Dabei sind Unternehmensübernahmen durch kooperierende bieterseitige Akteure kein neues Phänomen. Inmitten globaler Unsicherheit verkaufte der Düsseldorfer Chemie- und Markenartikelkonzern Henkel am 12. September 2001, also nur einen Tag nach den „9/11“-Anschlägen in New York, seine Chemiesparte Cognis an einen aus Goldman Sachs Capital Partners und Permira bestehendes Private-Equity-Konsortium für 2,5 Milliarden Euro.[7] Ende des Jahres 2006 gab es Gespräche über die Übernahme der Continental AG durch ein Private-Equity-Konsortium aus Bain Capital, Goldman Sachs, KKR, Permira und der General Capital Group im Wege eines „club deals“ mit einem geschätzten Umfang von 15 Milliarden Euro.[8] Auch in der jüngeren Zeit kam es auf Bieterseite vermehrt zu Kooperationen bei der Übernahme börsennotierter Unternehmen in Deutschland. Beispielhaft hierfür sind das Übernahmeangebot des Konsortiums aus KKR und dem Family Office der

---

4 *Seibt*, AG 2022, 833.

5 in dem Zeitraum von dem 27.7.2022 bis zum 10.5.2023 hat die Europäische Zentralbank den Leitzins siebenmal erhöht. Im Jahr 2022 hat die EZB den Leitzins viermal verändert, so häufig wie zuletzt 2011, *Herfs/Nitschmann*, AG 2023, 435; zu den negativen Folgen von Zinserhöhungen für den Übernahmemarkt *Blättchen*, in FS Wegen, 2015, S. 119 (121).

6 Vgl. *Hodges*, Supporting Cooperative Behaviour, 2021, S. 2; *Jordan/Oeysakhovich/Rand*, Why we cooperate, 2014, S. 2; einer erfolgreichen Kooperation können jedoch auch Koordinationsnachteile entgegenstehen.

7 Frankfurter Allgemeine Zeitung v. 13.9.2001, abrufbar unter https://www.faz.net/aktuell/wirtschaft/spezialchemie-henkel-verkauft-chemie-tochter-cognis-132735.html; *Schiessl*, in FS Wegen, 2015, S. 313 (315).

8 Manager Magazin v. 14.12.2006, Affäre Conti - Die Geister die ich rief, abrufbar unter https://www.manager-magazin.de/unternehmen/die-geister-die-ich-rief-a-f6d4777d-0002-0001-0000-000049876628; ohne konkrete Nennung der Beteiligten und der Zielgesellschaft wohl auch *Schiessl*, in FS Wegen, 2015, S. 313 (319).

Familie Viessmann an die Aktionäre der Encavis AG vom 24. April 2024, das Übernahmeangebot der Bietergesellschaft von Advent International, Centerbridge und CPPIB an die Aktionäre der Aareal Bank AG vom 26. April 2022, das Übernahmeangebot der Bietergesellschaft von Bain Capital und Carlyle an die Aktionäre der OSRAM Licht AG vom 22. Juli 2019, das Übernahmeangebot der Bietergesellschaft von Hellman & Friedman und Blackstone an die Aktionäre der Scout24 AG vom 28. März 2019 sowie das Übernahmeangebot der Bietergesellschaft von Bain Capital und Cinven an die Aktionäre der STADA Arzneimittel Aktiengesellschaft vom 19. Juli 2017 zu nennen.

Dabei sind Kooperationsformen, bei denen die gemeinsame Beteiligung mehrerer Akteure, die für das Angebot wirtschaftlich verantwortlich sind, (wirtschaftlicher „Bieter") an einer Bietergesellschaft, die dann als Bieter im Sinne des Wertpapiererwerbs- und Übernahmegesetz (WpÜG) auftritt, in der Praxis am häufigsten anzutreffen.

Die unmittelbarste Kooperation bei der Übernahme börsennotierter Unternehmen ist im Wortlaut des WpÜG angelegt. Gemäß § 2 Abs. 4 WpÜG können mehrere Bieter unmittelbar *gemeinsam* ein Angebot abgeben. Diese gemeinsame Abgabe eines Angebots erfolgt in sogenannter Bietergemeinschaft. Ungeachtet der Verankerung im Wortlaut des Gesetzestextes tritt die übernahmerechtliche Bietergemeinschaft in der Praxis selten in Erscheinung. Unbedeutend ist die Rechtsfigur in der Praxis jedoch nicht: So wurden seit dem Jahr 2013 immerhin sechszehn gemeinsame öffentliche Angebote von Bietergemeinschaften veröffentlicht.[9] Bei näherer Betrachtung dieser Angebote stellen sich vielfältige Rechtsfragen im Zusammenhang von gemeinsam abgegebenen öffentlichen Angeboten. Ungeachtet dieser Rechtsfragen führt die übernahmerechtliche Bietergemeinschaft ein Schattendasein in Literatur und Rechtsprechung. Die Ausführungen in der juristischen Literatur beschränken sich auf die Erläuterung von Einzelfragen in übernahmerechtlichen Kommentaren und Handbüchern sowie sehr wenigen Aufsätzen.[10]

---

[9] S. Anlage 1 für eine Übersicht der durch Bietergemeinschaften veröffentlichten gemeinsamen Angebote.

[10] S. etwa zur Sonderform der nachträglichen Bietergemeinschaft *Hippeli*, NZG 2016, 1207 ff.; in der Kommentarliteratur *Angerer* in Angerer/Brandi/Süßmann WpÜG, 4. Aufl. 2023, § 2 Rn. 19; *Heinrich/Mock* in KölnKomm WpÜG, 3. Aufl. 2022, § 2 Rn. 139; *Favoccia*, in Assmann/Pötzsch/Uwe H. Schneider WpÜG, 4. Aufl. 2024, § 2 Rn. 91; *Baums/Hecker*, in Baums/Thoma/Verse WpÜG, 13. Lieferung 12.2020, § 2 Rn. 109.

In der Rechtsprechung ist die Bietergemeinschaft bislang noch nicht in Erscheinung getreten. Auch eine Monografie zu der übernahmerechtlichen Bietergemeinschaft ist dem Verfasser nicht bekannt. Daher sind viele Detailfragen bis heute ungeklärt. Diese offenen Rechtsfragen gilt es im weiteren Verlauf dieser Arbeit zu klären.

Dabei beschränkt sich diese Arbeit jedoch nicht bloß auf die Ausarbeitung der Besonderheiten der Bietergemeinschaft. Ziel dieser Arbeit ist es, die bieterseitige Kooperation bei der Übernahme börsennotierter Unternehmen zu untersuchen und dabei insbesondere die Rechtsfigur der Bietergemeinschaft zu beleuchten. Hierzu folgen zunächst allgemeine Ausführungen zu der Kooperation bei der Übernahme börsennotierter Unternehmen, im Rahmen derer die Gründe für die Kooperation sowie mögliche Kooperationspartner und Kooperationsformen erarbeitet werden. Die Bietergemeinschaft wird anhand ausgesuchter Fallbeispiele auf ihre Verwendung in der Praxis untersucht (Teil I). Unter Berücksichtigung der aus den Fallbeispielen gewonnenen Erkenntnissen erfolgt in Teil II eine Definitionsbildung, der „Bietergemeinschaft“, die es erst ermöglicht zu prüfen, ob überhaupt eine Bietergemeinschaft vorliegt und wann deren Anwendungsbereich eröffnet ist. In der Literatur wird der Vorbehalt geäußert, dass es unerfindlich sei, worin die Besonderheit der Konstellation, dass gemeinsam ein Angebot abgegeben wird, liege.[11] Dies wird in Teil III zum Anlass genommen den übernahmerechtlichen Angebotsprozess auf Besonderheiten bei der Angebotsabgabe durch eine Bietergemeinschaft zu untersuchen.

[11] *Noack/Holzborn*, in Schwark/Zimmer KMRK, 5. Aufl. 2020, § 2 WpÜG Rn. 29: „Worin die Besonderheit der Konstellation, dass gemeinsam mit anderen ein Angebot abgegeben wird, liegen soll, ist unerfindlich“.

Kooperation und Bietergemeinschaften

A. Einführung

Das Ziel der Übernahme eines börsennotierten Unternehmens ist der Erwerb der Kontrolle über das Zielunternehmen. Treten auf Bieterseite mehrere Akteure auf und kommt es zur Kooperation dieser Akteure, müssen diese jeweils individuelle Abstriche hinsichtlich des bezeichneten Ziels machen. Warum etwaige Vorteile der Kooperation diesen Nachteil aufwiegen könnten, wer als Kooperationspartner in Betracht kommt und wie sich diese Kooperation strukturieren lässt, ist Gegenstand des folgenden Abschnitts (Teil I).

Eine besondere Form, eine solche Kooperation zu strukturieren, ist die gemeinsame Abgabe eines öffentlichen Angebots durch mehrere Bieter im Sinne des § 2 Abs. 4 WpÜG, also in Bietergemeinschaft. Um zu verstehen, warum die Bietergemeinschaft in der Praxis auftritt, müssen die Mitglieder der Bietergemeinschaft sowie deren Motive zur Kooperation untersucht werden. Dies erfolgt anhand ausgewählter Fallstudien gemeinsamer, in Bietergemeinschaft abgegebener, öffentlicher Angebote in Teil I C.

B. Kooperation bei der Übernahme börsennotierter Unternehmen

I. Anlass zur Kooperation

Die Übernahme börsennotierter Unternehmen ist für den Bieter in der Regel mit erheblichem finanziellen und organisatorischem Aufwand verbunden. Diesen Aufwand betreiben Bieter aus verschiedenen Gründen. Strategische Anreize für die Übernahme börsennotierter Unternehmen können die Hebung von Synergieeffekten, Generieren anorganischen Wachstums, die Abrundung der Produktpalette, der Zugang zu neuen Technologien und Know-how, die Erschließung neuer Kundenstämme oder neuer Märkte sowie die Erweiterung der geografischen Präsenz und somit die Erhöhung des Marktanteils sein. Im Ergebnis werden die bieterseitigen Akteure anstreben, den Wert des Zielunternehmens zu steigern und davon zu profitieren.[12]

Der Aufwand der Übernahme lässt sich verringern, indem dieser auf mehrere wirtschaftliche Bieter aufgeteilt wird. Dadurch entsteht jedoch ein Zielkonflikt. Im gleichen Zuge, wie sich der Aufwand durch Kooperation verringern lässt, werden auch die potenziellen Vorteile der Übernahme auf die Kooperationspartner aufgeteilt. Eine Kooperation bei der Übernahme eines börsennotierten Unternehmens wird daher nur zustande kommen, wenn die Kooperation für beide Seiten derart vorteilhaft ist, dass der Nachteil der Aufteilung möglicher Zukunftsgewinne überwogen wird.[13]

Die Anreize zur Kooperation sind dabei so vielfältig wie für die Übernahme selbst. Gemein ist diesen Anreizen jedoch, dass im Ergebnis die Bündelung nicht notwendigerweise finanzieller Ressourcen angestrebt wird.[14]

1. Finanzielle Kooperationsanreize

Zwar dient die Kooperation nicht zwingend der Bündelung finanzieller Ressourcen, jedoch kooperieren potenzielle Bieter mit einem Co-Investor oftmals aus wirtschaftlichen Gründen.[15] Schließlich ist die Finanzierung des Angebots eine gewichtige Einstiegshürde des Übernahmemarkts.

---

[12] Vgl. zu den Motiven für die Übernahme börsennotierter Unternehmen *Seibt*, in BeckFormb M&A, 4. Aufl. 2025, A.I.2; s. außerdem *Beisel*, in Beisel/Klumpp Unternehmenskauf, 7. Aufl. 2016, § 1 Rn. 8; *Knott*, in Knott Unternehmenskauf, 6. Aufl. 2019, Einführung Rn. 11; in der Strategieberatung werden acht verschiedene Hauptbeweggründe aus Erwerbersicht für die Durchführung von M&A-Transaktionen genannt, s. dazu *Goedhart/Koller/Wessels*, The six types of successful aqcuisitions, 2017.

[13] Zwingend kommt menschliche Kooperation zustande, wenn der Einzelne annimmt, nur dann seine Ziele zu erreichen, wenn die anderen Menschen, mit denen er kooperiert ebenfalls ihre Ziele erreichen, *Hodges*, Supporting Cooperative Behaviour, 2021, S. 5; zu den Gründen, warum Kooperation zustande kommt, s. auch *Jordan/Oeysakhovich/Rand*, Why we cooperate, 2014, S. 3 ff.

[14] Vgl. *Stengel*, in Beck Hdb Personengesellschaften, 5. Aufl. 2020, § 22 Rn. 5.

[15] Vgl. *Rempp*, in Hölters Hdb Unternehmenskauf, 10. Aufl. 2022, Kap. 1 S. 48.

a) Finanzierung des Angebots

In wirtschaftlichen Krisensituationen ist die Einstiegshürde der Finanzierung des Angebots besonders hoch. Schon die Finanzkrise 2008 erschwerte die Fremdfinanzierungen von M&A-Transaktionen, was vor allem das Geschäft der zuvor sehr aktiven Private-Equity-Unternehmen erheblich beeinträchtigte. Aber auch strategische Bieter hielten sich zurück.[16]

Insbesondere in Hochzinsphasen scheitern potenzielle Übernahmen oft bereits an der Finanzierung, sodass Zinserhöhungen in der Regel einen Rückgang der Übernahmeaktivitäten bewirken.[17] Dies wird am Beispiel des öffentlichen Übernahmemarkts im Jahr 2022 deutlich: In dem Zeitraum von dem 27. Juli 2022 bis zum 10. Mai 2023 hat die Europäische Zentralbank (EZB) den Leitzins siebenmal erhöht. Im Jahr 2022 hat die EZB den Leitzins viermal verändert, so häufig wie zuletzt 2011.[18] Vor diesem Hintergrund verwundert es nicht, dass es im Jahr 2022 nur 18 öffentliche Übernahmen mit einem Gesamtvolumen von 21,4 Milliarden Euro gab. Im Jahr 2021, bei niedrigen Marktzinsen, gab es demgegenüber noch 33 öffentliche Übernahmen mit einem Gesamtvolumen von 67,1 Milliarden Euro.[19] Im Jahr 2022 hätte das Volumen öffentlicher Übernahmen ohne das Übernahmeangebot der Oak Holdings GmbH an die Aktionäre der Vantage Towers AG bei nur 5,3 Milliarden Euro gelegen. Die Oak Holdings GmbH-Übernahme war dabei selbst ein Fall von Kooperation mehrerer wirtschaftlicher „Bieter“. In wirtschaftlicher Hinsicht handelt es sich bei dem Angebot um eine Kooperation von Vodafone sowie den Private-Equity-Gesellschaften Global Infrastructure Partners (GIP) und KKR.[20]

In einer Studie des Deutschen Aktieninstituts in Kooperation mit White & Case wurden 32 börsennotierte Unternehmen aus Dax40, MDAX und SDAX gefragt, welche externen Faktoren sich in welcher Weise auf die Übernahmetätigkeit auswirken. Dabei haben die Hälfte der Umfrageteilnehmer die Geldpolitik und die Zinswende als Grund für die verringerte

---

16 *Schiessl*, in FS Wegen, 2015, S. 313 (315 f.).

17 *Blättchen*, in FS Wegen, 2015, S. 119 (121).

18 *Herfs/Nitschmann*, AG 2023, 435.

19 DAI, Ready for Takeover 2.0?, S. 10.

20 Vgl. Angebotsunterlage der Oak Holdings GmbH an die Aktionäre der Vantage Towers AG v. 13.12.2022, S. 96.

Übernahmeaktivität angegeben. Damit waren die gestiegenen Finanzierungskosten der am häufigsten angegebene Faktor.[21]

Sind Finanzierungen für einzelne Bieter schwierig „zu stemmen", kann das Zusammenführen des wirtschaftlichen Potenzials mehrerer Teilnehmer am Markt für öffentliche Übernahmen neue Türen öffnen. Nicht nur wird das wirtschaftliche Potenzial mehrerer Akteure gebündelt, sondern gleichzeitig das Risiko der Transaktion, welches die Leistungsfähigkeit eines einzelnen Bieters übersteigen könnte, aufgeteilt, sodass die Kooperation die Finanzierung der Übernahme ermöglicht.[22]

b) Minimierung der Angebotsgegenleistung durch Vermeidung von Bieterwettbewerb

Die Höhe der benötigten Finanzierung hängt maßgeblich von dem Angebotspreis pro Zielgesellschaftsaktie ab. Dabei ist die in dem Angebotspreis enthaltene Prämie auf den Börsenkurs der entscheidende Faktor für den Erfolg des Übernahmeangebots. Auch hinsichtlich des Angebotspreises kann sich die Kooperation mit anderen Akteuren des Übernahmemarkts bezahlt machen, indem ein Bieterwettbewerb vermieden wird.

Die Übernahme eines anderen Unternehmens ist in aller Regel von dem Ziel getrieben, mit der Übernahme den Wert des Bieterunternehmens, inklusive des Zielunternehmens, zu erhöhen oder bei Finanzinvestoren den Wert des Zielunternehmens zu steigern. Dieses Ziel wird durch einen, infolge eines Bieterwettstreits, in die Höhe getriebenen Angebotspreis gefährdet.[23] Dies wird anhand der Übernahmen der zooplus AG und der Repower Systems AG besonders deutlich:

Am 14. September 2021 hat der US Finanzinvestor Hellman & Friedman durch eine Bietergesellschaft ein an die zooplus-Aktionäre gerichtetes Übernahmeangebot mit einer angebotenen Gegenleistung von 460 Euro je zooplus-Aktie abgegeben. Daraufhin hat das schwedische

---

21 DAI, Ready for Takeover 2.0?, S. 13; vgl. zu der eingeschränkten Verfügbarkeit von Akquisitionsfinanzierungen im Jahr 2022 auch *Hasselbach/Stepper*, BB 2023, 515 (516).

22 Vgl. *McCahery/de Roode*, Co-Investments of Sovereign Wealth Funds in Private Equity, 2016, S. 5 f.; *Stengel*, in Beck Hdb Personengesellschaften, 5. Aufl. 2020, § 22 Rn. 5; *Hopt/Kumpan*, ZGR 2017, 765 (772).

23 *Austmann*, ZGR 2009, 277 f.

Private-Equity-Unternehmen EQT durch eine eigene Bietergesellschaft am 6. Oktober 2021 ein konkurrierendes Angebot veröffentlicht. Nach mehreren Angebotspreiserhöhungen haben Hellman & Friedman und EQT am 25. Oktober 2021 veröffentlicht, eine Partnerschaft eingegangen zu sein, wonach eine finale Preiserhöhung des Angebots von Hellman & Friedman auf 480 Euro erfolgte und EQT nach Vollzug des Übernahmeangebots gemeinschaftlich kontrollierender Gesellschafter der Hellman & Friedman Bietergesellschaft werden sollte.[24]

Ein ähnlich gelagerter Fall wie bei der zooplus-Übernahme ereignete sich bei dem Bieterwettstreit um die Repower Systems AG. Im Jahr 2007 überboten sich die Societé des Participations du Commissariat à l'Energie Atomique (AREVA) und die Suzlon Windenergie GmbH mehrfach bei ihrem Versuch die Repower Systems AG zu übernehmen. Nachdem sich die angebotene Gegenleistung von 105 Euro über 126 Euro auf 140 Euro und schließlich 150 Euro erhöht hatte, einigten sich die Bieter auf eine Kooperation und übernahmen Repower gemeinsam.[25]

In beiden Fällen hat erst die Kooperation der ehemals konkurrierenden Bieter zu dem erfolgreichen Vollzug des Übernahmeangebots geführt. Der finanzielle Erfolg der Übernahme wurde durch die verspätet vereinbarte Kooperation jedoch massiv beeinträchtigt, wäre doch bei anfänglicher Kooperation ein deutlich niedrigerer Angebotspreis möglich gewesen. Dieser Rückschluss wird durch eine US-amerikanische Untersuchung belegt, die darlegt, dass die Übernahmeprämie, also der Aufschlag der angebotenen Gegenleistung gegenüber dem Aktienkurs vor Angebotsankündigung, für die Aktionäre der Zielgesellschaft bei Club Deals im Vergleich zu Übernahmen durch nur einen Investor um ca. 40% geringer ausfällt. Dabei ist die den Zielgesellschaftsaktionären angebotene Gegenleistung bei Club Deals um 6,77% des Eigenkapitalwerts der Zielgesellschaft, im Zeitpunkt vor Veröffentlichung des Angebots, geringer als die von allein vorgehenden Bietern angebotene Gegenleistung.[26]

---

24 S. Pressemitteilung zooplus vom 25. Oktober 2021, abrufbar unter https://corporate.zooplus.com/de/investor-relations/; zum ganzen Sachverhalt s. auch *Hasselbach/Stepper*, BB 2022, 643 (644 f.).

25 *Cascante*, in FS Wegen, 2015, S. 175 (184).

26 *Officer/Ozbas/Sensoy*, Club deals in leveraged buy outs, 2009, S. 1 ff., 14, 18 f.

Die Kooperation von Investoren auf Bieterseite ermöglicht demzufolge Übernahmen zu deutlich geringeren Übernahmepreisen. Ein Grund hierfür ist unter anderem, dass die Kooperation potenziell konkurrierender Bieter die Anzahl möglicher konkurrierender Angebote reduziert, sodass größerer Druck auf den Preis ausgeübt werden kann.[27] Gleichzeitig wird das Auftreten eines erfahrenen Kooperationspartners auch zu einer stärkeren Verhandlungsposition führen.[28]

2. Strategische Kooperationsanreize

Auch aufgrund strategischer Erwägungen kann die Kooperation bei der Übernahme eines börsennotierten Unternehmens von Vorteil sein. Die wirtschaftlichen, politischen und gesellschaftlichen Rahmenbedingungen sind seit der Finanz- und Wirtschaftskrise 2008/2009 durch die Kernbegriffe *Volatility*, *Uncertainty Complexity* und *Ambiguity* („VUCA") geprägt.[29] Im Zuge des russischen Angriffskrieges auf die Ukraine und dem Systemwettbewerb zwischen den USA und China haben sich diese Faktoren zu einer „geopolitischen Dauerkrise" ausgeweitet.[30] Die Kooperation mehrerer wirtschaftlicher „Bieter" ermöglicht Vorteile hinsichtlich der Nutzung von Know-how und eröffnet Exit-Strategien.

a) Nutzung von Know-how und Reputation des Kooperationspartners

Wirken mehrere wirtschaftliche Bieter bei der Übernahme eines börsennotierten Unternehmens zusammen, können die Kooperationspartner ihr Wissen und die gesammelte Erfahrung bündeln.[31] Dies kann insbesondere dann von Vorteil sein, wenn einer der Kooperationspartner über kein hinreichend erfahrenes Transaktionsteam verfügt. Wird auf die Teams des Kooperationspartners zurückgegriffen, können diese Nachteile ausgeglichen werden, indem beispielsweise eine bessere Auswahl des Zielunternehmens

---

[27] *Officer/Ozbas/Sensoy*, Club deals in leveraged buy outs, 2009, S. 4.

[28] *McCahery/de Roode*, Co-Investments of Sovereign Wealth Funds in Private Equity, 2016, S. 5 f.

[29] Hierzu ausführlich *Seibt*, DB 2016, 1978 ff.; *Seibt*, DB 2018, 237 ff.; *Seibt*, BB 2019, 2563 (2564); *Seibt*, in FS Seibert, 2019, S. 825 (831 ff.); *Seibt/Fischer*, DB 2021, 998; *Seibt/Denninger*, ZIP 2023, 57 (62).

[30] *Seibt*, AG 2022, 833.

[31] *Officer/Ozbas/Sensoy*, Club deals in leveraged buy outs, 2009, S. 7.

erfolgt.[32] Auch bei im Übernahmemarkt erfahrenen Kooperationspartnern kann jeweiliges Spezialwissen erfolgreich gebündelt werden. Ein Praxisbeispiel für eine derartige Konstellation ist die Übernahme der Aareal Bank AG durch eine Bietergesellschaft von Advent International, Centerbridge und CPPIB. Während CPPIB besondere Kompetenz in dem Bereich Banking und Real Estate aufweist, hat Advent International herausgehobene Expertise im Software- und Finanzdienstleistungssektor.[33]

Für ausländische Bieter kann die Motivation zur Kooperation bei der Übernahme börsennotierter Unternehmen auch darin liegen, dass ein lokaler Mitbieter bei der Preisfindung und Transaktionsdurchführung hilfreich sein kann. Kulturelle Unterschiede können Verhandlungen in die Länge ziehen, zu Ineffizienz führen sowie höhere Kosten verursachen. Je größer die kulturellen Unterschiede zwischen Bieter und Zielgesellschaft sind, umso stärker zeigen sich diese Effekte. Lokale Kooperationspartner verringern die kulturellen Unterschiede zwischen den Bietern und der Zielgesellschaft.[34]

Schließlich kann ein Akteur auf dem Übernahmemarkt sich durch eine Kooperation auch die Reputation des Kooperationspartners zu Nutze machen. Gerade für ausländische Bieter kann die Kooperation mit einem inländischen Partner das Investorenvertrauen stärken. Bei dem Übernahmeangebot der ElbeBidCo AG an die Aktionäre der Encavis AG vom 24. April 2024 kooperierte KKR mit dem Family Office der Familie Viessmann.[35]

b) Exit-Strategie und regulatorische Erwägungen

Bei der Übernahme börsennotierter Unternehmen sind die Vorstandsmitglieder deutscher Unternehmen aufgrund der Leitungsverantwortung aus § 76 Abs. 1 AktG verpflichtet, die Investitionsstrukturen risikoadäquat zu gestalten. Hier kann es sich anbieten, bei Unternehmensübernahmen gemeinsam

---

32 *McCahery/de Roode*, Co-Investments of Sovereign Wealth Funds in Private Equity, 2016, S. 5 f.

33 Vgl. die Hintergrundinformationen zu Advent International und Centerbridge in der Angebotsunterlage der Atlantic BidCo GmbH an die Aktionäre der Aareal Bank AG v. 26.4.2022, S. 19 f.

34 Zum Ganzen vgl. *Liu/Purda/Zhu*, Can Syndicate Diversity Reduce Institutional Barriers to Cross-Border LBOs?, 2016, S. 1, 7, 25.

35 Vgl. S. 21 der Angebotsunterlage der Elbe BidCo AG an die Aktionäre der ENCAVIS AG v. 24.4.2024.

mit Partnern vorzugehen. So kann einem Partner durch die Vereinbarung von Put-Optionen eine Desinvestitionsmöglichkeit eröffnet werden, sollten sich beispielsweise geopolitische Risiken realisieren. Die unsicheren Rahmenbedingungen im Markt für Unternehmensübernahmen sprechen dafür, Risiken mithilfe von Kooperationen zu minimieren. Hat das Zielunternehmen etwa risikoträchtige Geschäftssparten, kann eine mit dem Kooperationspartner vereinbarte Put-Option ermöglichen, bei Materialisierung des Risikos diesen Unternehmensteil an den Kooperationspartner zu veräußern.[36]

Solche Teilveräußerungen können auch aus kartellrechtlicher Perspektive von Vorteil sein. So kann die Veräußerung von kartellrechtlich problematischen Geschäftssparten des Zielunternehmens bereits vor Angebotsabgabe mit einem Kooperationspartner vereinbart werden, um kartellrechtliche Hindernisse zu überwinden.[37]

3. Zwischenergebnis

Die Kooperation mehrerer potenzieller Bieter bei der Übernahme börsennotierter Unternehmen eröffnet finanzielle und strategische Vorteile. So kann Kooperation die Finanzierung von öffentlichen Angeboten überhaupt erst ermöglichen. Dies gilt insbesondere in einem Hochzinsumfeld, in dem die Finanzierung des Angebots für viele Bieter allein oftmals nicht möglich ist.

Ferner ermöglicht die Kooperation eine niedrigere Gegenleistung gegenüber der Angebotsabgabe durch nur einen Bieter. In Fällen anfänglicher Kooperation wurde festgestellt, dass die Übernahmeprämie, also der Aufschlag der angebotenen Gegenleistung gegenüber dem Aktienkurs vor Angebotsankündigung, für die Aktionäre der Zielgesellschaft bei Club Deals im Vergleich zu Übernahmen durch nur einen Investor um bis zu ca. 40% geringer ausfällt.

Darüber hinaus bietet die Kooperation bei der Übernahme börsennotierter Unternehmen strategische Vorteile. So können die Kooperationspartner von dem Know-how des jeweiligen Partners profitieren. Außerdem erweitert die Kooperation die Exit-Möglichkeiten der Kooperationspartner und minimiert so etwaige Risiken der Investition.

---

36 *Seibt*, AG 2022, 833 (835 f.).

37 *Rempp*, in Hölters Hdb Unternehmenskauf, 10. Aufl. 2022, Kap. 1 S. 48.

II. Kooperationspartner

Ist ein Bieter aufgrund der finanziellen oder strategischen Kooperationsanreize von den Vorzügen einer Kooperation bei der Übernahme börsennotierter Unternehmen überzeugt, muss ein Kooperationspartner gefunden werden.

1. Pool potenzieller Kooperationspartner

Der Pool möglicher Kooperationspartner ist derzeit wohl größer als jemals zuvor. In Betracht kommen grundsätzlich alle bieterseitigen Teilnehmer am Markt für Unternehmensübernahmen. Ein internationaler Markt für Unternehmensübernahmen entwickelte sich in Deutschland in den 1980er Jahren mit dem Auftreten klassischer internationaler, vornehmlich amerikanischer, Investmentbanken.[38] Ende der 1990er Jahre drängten dann US-amerikanische Fonds wie Blackstone, Apollo, Carlyle und KKR auf den deutschen Markt.[39] Die derzeitigen Marktverhältnisse sind Ergebnis dieser Entwicklung.

Die heute vorherrschenden Marktteilnehmer lassen sich grob in zwei Kategorien einordnen: strategische Investoren und Finanzinvestoren. Innerhalb dieser Kategorien lassen sich verschiedene Untergruppen bilden; es treten jedoch auch Mischformen am Markt auf.[40]

Strategische Investoren investieren in Unternehmen, die eine sinnvolle Ergänzung zu ihrem eigenen Unternehmen bieten. Wirtschaftliche Wachstumsziele sollen durch Akquisitionen erreicht werden. Dabei steht oftmals die Hebung von Synergieeffekten im Fokus. Diese können sich beispielsweise aus der Erschließung neuer Technologie und Expertise sowie dem Zugang zu neuen Absatzmärkten oder der Vergrößerung des Marktanteils ergeben.[41] Ein prominentes Beispiel eines strategischen Bieters der jüngeren Praxis ist

---

[38] *Rempp*, in Hölters Hdb Unternehmenskauf, 10. Aufl. 2022, Kap. 1 S. 8; zur Entwicklung des M&A-Markts und zur Rolle der Investmentbanken in den 1980er und 1990er Jahren *Schiessl*, in FS Wegen, 2015, S. 313 ff.

[39] *Schiessl*, in FS Wegen, 2015, S. 313 (318).

[40] Vgl. z.B. *Knott*, in Knott Unternehmenskauf, 6. Aufl. 2019, Einführung Rn. 11; für eine Gegenüberstellung von Motivlagen und Vorgehen von strategischen Investoren und Finanzinvestoren auf Erwerberseite s. *Seibt*, in BeckFormb M&A, 4. Aufl. 2025, A.I.3.

[41] *Bergau*, in Bergau Praxis Hdb Unternehmenskauf, 2. Aufl. 2021, Kap. 1 Rn. 8; vgl. auch *Seibt*, in BeckFormb M&A, 4. Aufl. 2025, A.I.3.

die Beteiligung der Reederei MSC durch eine Bietergesellschaft an der Betreibergesellschaft des Hamburger Hafens.

Finanzinvestoren treten in verschiedenen Formen auf.[42] Am prominentesten sind dabei die großen Private-Equity-Unternehmen. Typische Kapitalgeber der Private-Equity-Unternehmen sind Pensionskassen, Versicherungen, Banken und Family Offices sowie vermögende Privatpersonen.[43] Dabei können diese Kapitalgeber auch selbst als Käufer auftreten, ganz ohne Beteiligung eines Fonds.[44] Auch Staaten oder Staatsfonds (auch Sovereign Wealth Funds) können als wirtschaftliche Bieter auftreten.[45]

Familienunternehmen und die Gesellschafterfamilien können sowohl als Finanzinvestoren als auch als strategische Investoren auftreten. Der klassische Fall wäre der Erwerb eines geeigneten Unternehmens, um dieses wertschöpfend in das bestehende Tätigkeitsgebiet des Familienunternehmens zu integrieren. Als Finanzinvestoren treten Unternehmerfamilien auf, wenn das Vermögen der Unternehmerfamilie zum Beispiel in einem sogenannten Family Office verwaltet wird.[46]

---

[42] Z.B. Private Equity, Venture-Capital, aber auch sog. Evergreen-Fonds, die in der Regel Infrastruktur-Unternehmen mit stabiler Dividendenausschüttung als Zielunternehmen auswählen, wobei die Beteiligungen ohne Exit-Plan, also langfristig, gehalten werden, s. *Knott*, in Knott Unternehmenskauf, 6. Aufl. 2019, Einführung Rn. 3-9.

[43] *Bergau*, in Bergau Praxis Hdb Unternehmenskauf, 2. Aufl. 2021, Kap. 1 Rn. 10.

[44] S. zum Beispiel das freiwillige öffentliche Übernahmeangebot der Tocos Beteiligung GmbH an die Aktionäre der HAWESKO Holding AG vom 21.11.2014, bei der alleiniger Gesellschafter der Bieterin Herr Detlev Meyer ist, S. 14 der Angebotsunterlage; vgl. auch *McCahery/de Roode*, Co-Investments of Sovereign Wealth Funds in Private Equity, 2016, S. 5 f.

[45] S. zum Beispiel das freiwillige öffentliche Übernahmeangebot der Forum Deutschland SE an die Aktionäre der Uniper SE vom 7.11.2017, bei der die Mehrheit der Anteile an der Bieterin mittelbar durch die Republik Finnland gehalten wurde; S. 70 der Angebotsunterlage; sowie das freiwillige öffentliche Übernahmeangebot der Sino-German Ecopark Handels- und Beratungs GmbH an die Aktionäre der German Brokers AG vom 24.8.2015, bei der die Bieterin mittelbar zu 100% ein chinesisches staatseigenes Unternehmen ist; S. 11 der Angebotsunterlage; vgl. auch *McCahery/de Roode*, Co-Investments of Sovereign Wealth Funds in Private Equity, 2016, S. 5 f. Im Jahr 2008 gab es 40 Staatsfonds, deren Investitionspotenzial stark ansteigt, s. *Nettesheim*, ZHR 172 (2008), 729 (730).

[46] *Seibt/Jander-McAlister*, in Münchener Hdb GesR Bd. 9, 6. Aufl. 2021, § 25 Rn. 22; vgl. auch *Bergau*, in Bergau Praxis Hdb Unternehmenskauf, 2. Aufl. 2021, Kap. 1 Rn. 19.

Als mögliche Kooperationspartner in Betracht kommen also insbesondere Unternehmen, die als strategische Bieter auftreten, Private-Equity-Unternehmen selbst aber auch Family Offices und Staatsfonds.

2. Auswahl geeigneter Kooperationspartner

Nicht immer entsprechen sich die Ziele potenzieller Kooperationspartner. Die Auswahl eines passenden Kooperationspartners ist für den Erfolg der gemeinsamen Übernahme entscheidend. In der Vergangenheit haben insbesondere Finanzinvestoren miteinander kooperiert. Dabei haben Kooperationen in den USA unter Private-Equity-Unternehmen insbesondere zwischen den größten Private-Equity-Unternehmen stattgefunden. Dieser Trend setzt sich bei der Übernahme börsennotierter Unternehmen in Deutschland fort.[47] Aber auch andere Finanzinvestoren kooperieren mit Private-Equity-Unternehmen. So kam es in den letzten Jahren vermehrt zu Kooperationen zwischen Unternehmerfamilien, vertreten durch ihr jeweiliges Family Office, und Private-Equity-Unternehmen.[48] Dabei ähneln die Ziele und das Verhalten der Unternehmerfamilien immer mehr den Private-Equity-Investoren, sodass sich eine Kooperation aufgrund gleicher Zielsetzung anbietet.[49] Da Unternehmerfamilien sich vornehmlich dennoch in Branchen beteiligen, in denen sie über besondere Expertise und Verbindungen verfügen,[50] können sich Private-Equity-Investoren diese Expertise und die Netzwerke zu Nutze machen. Auch für Staatsfonds kann sich

---

[47] Zur Grundannahme s. *Officer/Ozbas/Sensoy*, Club deals in leveraged buy outs, 2009, S. 12; zur Fortsetzung dieser Beobachtung in Deutschland s. z.B. das Übernahmeangebot der Bietergesellschaft von Advent International, Centerbridge und CPPIB an die Aktionäre der Aareal Bank AG v. 26.4.2022 sowie das Übernahmeangebot der Bietergesellschaft von Hellman & Friedman und Blackstone an die Aktionäre der Scout24 AG v. 28.3.2019 sowie das Übernahmeangebot der Bietergesellschaft von Bain Capital und Cinven an die Aktionäre der STADA Arzneimittel Aktiengesellschaft v. 19.7.2017.

[48] *Seibt/Jander-McAlister*, in Münchener Hdb GesR Bd. 9, 6. Aufl. 2021, § 25 Rn. 175; als Beispiel aus der jüngeren Praxis ist das Übernahmeangebot von KKR in Kooperation mit dem Family Office der Familie Viessmann an die Aktionäre der Encavis AG zu nennen.

[49] Zur Zielsetzung der Unternehmerfamilie *Seibt/Jander-McAlister*, in Münchener Hdb GesR Bd. 9, 6. Aufl. 2021, § 25 Rn. 179.

[50] *Seibt/Jander-McAlister* in Münchener Hdb GesR Bd. 9, 6. Aufl. 2021, § 25 Rn. 180.

eine Kooperation mit einem Private-Equity-Unternehmen anbieten, wenn anstatt der Investition über einen Private-Equity-Fonds ein Direktinvestment angestrebt wird. So hat der Staatsfond von Abu Dhabi, Mubadala Investment, mit den Private-Equity-Unternehmen EQT und Cinven bei der Übernahme der va-Q-tec AG kooperiert.[51] Hierdurch kann der Staatsfond die Management-Fees sowie Carry-Kosten vermeiden. Ein Nachteil eines Direktinvestments liegt in den Kosten für den Aufbau eines eigenen Managementteams.[52]

Der Grund für die Kooperation zwischen Finanzinvestoren wird oftmals in einem Gleichlauf der Ziele liegen. So haben Finanzinvestoren einen vergleichbaren Anlagehorizont und streben jeweils eine Wertsteigerung des Zielunternehmens an. Demgegenüber verfolgen die strategischen Investoren eine Integration des Zielunternehmens in das eigene Unternehmen. Eine Kooperation von Finanzinvestor und strategischem Investor kann sich insbesondere bei Back-to-Back-Deals anbieten, wenn also der Stratege an einem spezifischen Geschäftsbereich des Zielunternehmens interessiert ist und der Finanzinvestor an einem anderen Geschäftsbereich des Zielunternehmens. Ferner bietet sich oftmals eine Kooperation mit den Großaktionären der Zielgesellschaft an. Solche Kooperationen sind zuletzt immer häufiger geworden und könne insbesondere dann vorteilhaft sein, wenn der Großaktionär aus strategischen Gründen in der Zielgesellschaft verbleiben soll. Beispielhaft zu nennen ist die Kooperation von KKR durch eine Bietergesellschaft mit den Bestandsaktionären, namentlich den Mitgliedern der Familien Büll und Liedtke, bei der Übernahme der ENCAVIS AG sowie die Kooperation der Reederei MSC mit der Stadt Hamburg bei dem Erwerb einer Beteiligung an der Betreibergesellschaft des Hamburger Hafens durch eine Bietergesellschaft von MSC.[53] Auch bei den Übernahmeangeboten an die Aktionäre der va-Q-tec AG sowie der OHB SE kooperierten die Bieter mit

---

[51] Angebotsunterlage der Fahrenheit AcquiCo GmbH an die Aktionäre der va-Q-tec AG v. 16.1.2023, S. 27 ff.

[52] *McCahery/de Roode*, Co-Investments of Sovereign Wealth Funds in Private Equity, 2016, S. 5 f.

[53] Angebotsunterlage der Elbe BidCo AG an die Aktionäre der ENCAVIS AG v. 24.4.2024, S. 21 ff.; Angebotsunterlage der Port of Hamburg Beteiligungsgesellschaft SE an die Aktionäre der Hamburger Hafen und Logistik Aktiengesellschaft v. 23.10.2023, S. 26.

Bestandsaktionären der Zielgesellschaft.[54] Im Falle der Übernahme der Axel Springer SE durch eine Bietergesellschaft von KKR kooperierte KKR mit den Bestandsaktionäre, Frau Dr. h.c. Friede Springer und Herrn Dr. Mathias Döpfner, um die Strategie des Unternehmens zu unterstützen.[55]

III. Kooperationsstrukturen

Ist ein passender Kooperationspartner gefunden, muss eine den Zielen der potenziellen Bieter entsprechende Kooperationsstruktur gewählt werden.

Die am weitaus häufigsten gewählte Struktur ist das Zusammenwirken mehrerer Kooperationspartner durch eine hierfür errichtete Bietergesellschaft.[56] Die Kooperationspartner werden dann nicht selbst Bieter, sondern geben das Angebot durch die Bietergesellschaft ab. Als Praxisbeispiele zu nennen sind etwa das Übernahmeangebot der Nidda Healthcare Holding AG, einer Bietergesellschaft von Bain Capital und Cinven an die Aktionäre der STADA Arzneimittel Aktiengesellschaft vom 19. Juli 2017 sowie das Übernahmeangebot der Atlantic BidCo GmbH, einer Bietergesellschaft von Advent International, Centerbridge und CPPIB an die Aktionäre der Aareal Bank AG vom 26. April 2022.

Auch abseits der klassischen Kooperation mehrerer wirtschaftlicher „Bieter" durch eine Bietergesellschaft bestehen verschiedene Rechtsstrukturen zur Kooperation bei der Übernahme börsennotierter Unternehmen. Soll etwa mit den Großaktionären der Zielgesellschaft kooperiert werden, bietet es sich an, eine Kooperationsvereinbarung bereits vor Abgabe des Angebots zu vereinbaren. Beispielhaft zu nennen ist der innovative Einsatz eines Binding Memorandum of Understanding, welches die Bietergesellschaft der Reederei MSC mit der Stadt Hamburg als Großaktionärin der Betreibergesellschaft des Hamburger Hafens, HHLA, geschlossen hat.[57]

---

54 S. Angebotsunterlage der Orchid Lux HoldCo S.à r.l. an die Aktionäre der OHB SE v. 15.9.2023, S. 34; sowie Angebotsunterlage der Fahrenheit AcquiCo GmbH an die Aktionäre der va-Q-tec AG v. 16.1.2023, S. 43.

55 S. Angebotsunterlage der Traviata II S.à r.l. an die Aktionäre der Axel Springer SE v. 5.7.2019, S. 29.

56 Vgl. *Paschos/Goslar*, in Paschos/Fleischer Hdb Übernahmerecht, 1. Aufl. 2017, § 14 Rn. 51.

57 Angebotsunterlage der Port of Hamburg Beteiligungsgesellschaft SE an die Aktionäre der Hamburger Hafen und Logistik Aktiengesellschaft v. 23.10.2023, S. 26.

Auch mit oder nach Vollzug des öffentlichen Angebots kann der Bieter mit Dritten kooperieren. Dies erfolgt in der Praxis zumeist durch Beteiligung des Kooperationspartners an der Bietergesellschaft oder einer diese beherrschenden Gesellschaft nach Vollzug des Angebots. So erfolgt ist dies bei dem Übernahmeangebot der Fahrenheit AcquiCo GmbH, einer Bietergesellschaft deren Anteile mittelbar vollständig von dem Private-Equity-Unternehmen EQT gehalten wurden, an die Aktionäre der va-Q-tec AG vom 16. Januar 2023. Mit Vollzug des Übernahmeangebots wurden die Kooperationspartner von EQT, das Private-Equity-Unternehmen Cinven und der Staatsfond des Emirats Abu Dhabi, Mubadala Investment, Minderheitsgesellschafter der Bietergesellschaft.[58] Eine ähnlich strukturierte Kooperation erfolgte auch im Rahmen der Übernahme der Vantage Towers AG. Das Übernahmeangebot an die Aktionäre der Vantage Towers AG erfolgte durch eine Bietergesellschaft von Vodafone. Mit Vollzug des Angebots hat eine Zweckgesellschaft der Private-Equity-Gesellschaften Global Infrastructure Partners (GIP) und KKR eine Beteiligung an einer Muttergesellschaft der Bietergesellschaft erworben.[59]

Schließlich verbleibt als mögliche Kooperationsstruktur noch die Bietergemeinschaft. Die gemäß § 2 Abs. 4 WpÜG mögliche gemeinsame Abgabe eines Angebots durch mehrere Bieter ermöglicht die Kooperation schon mit Abgabe des öffentlichen Angebots. Diese Rechtsstruktur wird im weiteren Verlauf der Arbeit umfassend untersucht.

IV. Zusammenfassende Handlungsempfehlung

Die zahlreichen finanziellen und strategischen Vorteile einer Kooperation können potenzielle Nachteile überwiegen,[60] wenn der richtige Kooperationspartner gewählt und die Kooperation passend strukturiert wird.

Soll die Finanzierung einer großen öffentlichen Übernahme ermöglicht werden, bietet es sich an, mit einem Finanzinvestor zu kooperieren. Hier können je nach Anlagehorizont und Renditeerwartung Private-Equity-Unternehmen oder Staatfonds die richtigen Kooperationspartner sein. Dabei wird in aller

---

58 Angebotsunterlage der Fahrenheit AcquiCo GmbH an die Aktionäre der va-Q-tec AG v. 16.1.2023, S. 27 f.

59 Angebotsunterlage der Oak Holdings GmbH an die Aktionäre der Vantage Towers AG v. 13.12.2022, S. 17 ff.

60 Zu den Vorteilen s. Teil I B.I.

Regel die gemeinsame Beteiligung an der Bietergesellschaft, ob vor Angebotsabgabe oder nach Vollzug des Angebots, die gängigste Kooperationsstruktur darstellen.

Eine möglichst starke Verhandlungsposition kann durch die Kooperation mit einem großen Private-Equity-Unternehmen oder einem starken Unternehmen, als strategischem Investor, erschaffen werden. Erfolgt die Kooperation durch die gemeinsame Beteiligung an der Bietergesellschaft, ist sichergestellt, dass der Kooperationspartner die Verhandlungen von Beginn an in ausreichendem Umfang begleiten kann, sodass dies vorzuziehen ist.

Soll das Wissen und die Erfahrung der Bestandsaktionäre gesichert werden, bietet sich eine Kooperation mit diesen vor Abgabe des Angebots an, sodass deren Verbleib in der Zielgesellschaft gesichert wird.

Ob die gemeinsame Angebotsabgabe als Bietergemeinschaft eine vorteilhafte Möglichkeit zur Kooperation bei der Übernahme börsennotierter Unternehmen darstellt und für welche Kooperationspartner sich eine Angebotsabgabe in einer Bietergemeinschaft lohnen könnte, wird im weiteren Verlauf dieser Arbeit untersucht. Der Einstieg hierzu erfolgt durch eine Betrachtung der Bietergemeinschaft in der Übernahmepraxis.

C. Die Bietergemeinschaft in der Übernahmepraxis

Eine umfassende Betrachtung der Bietergemeinschaft erfordert zunächst eine nähere Auseinandersetzung mit den Akteuren, die sich zu Bietergemeinschaften zusammenschließen. Auch der Grund, warum die Bietergemeinschaft als Kooperationsform gewählt wurde, wird im Folgenden untersucht. Diese erste Annäherung an die Abgabe eines gemeinsamen Angebots einer Bietergemeinschaft erfolgt anhand von ausgewählten Fallbeispielen.

I. Ausgewählte Fallbeispiele

Die ausgewählten gemeinsamen öffentlichen Angebote, die durch Bietergemeinschaften abgegeben wurden, sind:

- das freiwillige öffentliche Übernahmeangebot der RAS Beteiligungs GmbH, der LSW GmbH und der SGW-Immo GmbH an die Aktionäre der home24 SE,

- das freiwillige öffentliche Übernahmeangebot der Tahoe Investors GmbH und der Brillant 1953. GmbH an die Aktionäre der ALNO Aktiengesellschaft und
- das Pflichtangebot von Ingmarus Johannes Maria Snijders und das freiwillige Erwerbsangebot der Voltaire Finance B.V. an die Aktionäre der Wild Bunch AG.

Die Angebote, die allesamt durch Bietergemeinschaften abgegeben wurden, werden daraufhin untersucht, welche Art von Marktteilnehmern sich zusammengeschlossen haben und warum der Zusammenschluss erfolgt ist.

1. Fallbeispiel Home24 SE

a) Sachverhalt

Ein gemeinsames Übernahmeangebot einer Bietergemeinschaft i.S.v. § 2 Abs. 4 WpÜG aus der jüngeren Vergangenheit ist das freiwillige öffentliche Übernahmeangebot von drei österreichischen Gesellschaften mit beschränkter Haftung um die XXXLutz Gruppe an die Aktionäre der home24 SE. Die home24 SE ist ein Online-Händler für Home-und-Living-Artikel mit Geschäftstätigkeit in Europa und Lateinamerika. Die XXXLutz Gruppe betreibt über 370 Einrichtungshäuser in Europa und beschäftigt mehr als 25.700 Mitarbeiter. Der Jahresumsatz der XXXLutz Gruppe lag 2021 bei über 5 Milliarden Euro. Damit zählt die XXXLutz Gruppe zu einem der drei größten Möbelhändler der Welt.[61]

Die Angebotsunterlage wurde am 11. November 2022 veröffentlicht. Veröffentlicht wurde die Angebotsunterlage durch die RAS Beteiligungs GmbH, die LSW GmbH und die SGW-Immo-GmbH. Zur Regelung ihres Innenverhältnisses haben die drei Mitglieder der Bietergemeinschaft am 28. Oktober 2022 eine Konsortialvereinbarung geschlossen. In der Angebotsunterlage wird deren Inhalt als dauerhafte Abstimmung des Verhaltens hinsichtlich der Zielgesellschaft sowie der Zuteilung der zum Verkauf eingereichten

---

[61] Angebotsunterlage der RAS Beteiligungs GmbH und der LSW GmbH und der SGW-Immo-GmbH an die Aktionäre der home24 SE v. 11.11.2022, S. 35 ff.

Zielgesellschaftsaktien sowie die Verteilung des Angebotspreises und der Transaktionskosten auf die Mitglieder der Bietergemeinschaft angegeben.[62]

Die RAS Beteiligungs GmbH hat ihre Entscheidung zur Abgabe des Angebots gemäß § 10 Abs. 1 Satz 1 und Abs. 3 WpÜG am 5. Oktober 2022 veröffentlicht. Die LSW GmbH und die SGW-Immo-GmbH haben ihre Entscheidungen zur Abgabe des Angebots gemäß § 10 Abs. 1 Satz 1 und Abs. 3 WpÜG am 28. Oktober 2022 veröffentlicht.[63] Es handelt sich um eine sogenannte nachträgliche Bietergemeinschaft.[64]

Bis zum Ablauf der weiteren Annahmefrist am 28. Dezember 2022 wurde das Angebot für ca. 69,25% der home24-Aktien und der daraus folgenden Stimmrechte angenommen.[65] Die Gesamtzahl der home24-Aktien, für die das Übernahmeangebot zum Meldestichtag angenommen wurde, zuzüglich der home24-Aktien, die von den Mitgliedern der Bietergemeinschaft unmittelbar gehalten wurden oder diesen zugerechnet wurden, belief sich auf einen Anteil von ca. 92,67% der home24-Aktien.[66] Das Angebot wurde laut einer Pressemitteilung der home24 SE erfolgreich abgeschlossen.[67]

b) Mitglieder der Bietergemeinschaft

Die Mitglieder der Bietergemeinschaft im Sinne von § 2 Abs. 4 WpÜG sind die RAS Beteiligungs GmbH, die LSW GmbH und die SGW-Immo-GmbH.

Die RAS Beteiligungs GmbH ist eine Beteiligungsgesellschaft in der Form einer österreichischen Gesellschaft mit beschränkter Haftung. Gesellschafterin

---

62 Angebotsunterlage der RAS Beteiligungs GmbH und der LSW GmbH und der SGW-Immo-GmbH an die Aktionäre der home24 SE v. 11.11.2022, S. 21 f.

63 Angebotsunterlage der RAS Beteiligungs GmbH und der LSW GmbH und der SGW-Immo-GmbH an die Aktionäre der home24 SE v. 11.11.2022, S. 9 f.

64 Zur Zulässigkeit der nachträglichen Bietergemeinschaft s. Teil III D.I.2.b); zur nachträglichen Bietergemeinschaft insgesamt s. *Hippeli*, NZG 2016, 1207 ff.

65 Bekanntmachung gemäß § 23 Abs. 1 S. 1 Nr. 3 WpÜG der RAS Beteiligungs GmbH; abrufbar unter https://xxxlutz-offer.com.

66 Bekanntmachung der LSW GmbH gemäß § 23 Abs. 1 S. 1 Nr. 3 WpÜG, abrufbar unter https://xxxlutz-offer.com.

67 Vgl. Pressemitteilung der home24 SE v. 26.4.2023, abrufbar unter https://www.home24.com/websites/homevierundzwanzig/German/5200/nachrichten-detail.html?newsID=2499051; und Handelsblatt-Artikel v. 18.1.2023, abrufbar unter https://www.handelsblatt.com/unternehmen/handel-konsumgueter/moebelhaus-xxxlutz-sichert-sich-mehr-als-92-prozent-der-home24-aktien/28900160.html.

der RAS Beteiligungs GmbH ist zu 99,5% die XXXLutz KG. Die weiteren 0,5% werden zu jeweils 0,25% von zwei Privatstiftungen gehalten.[68] Die RAS Beteiligungs GmbH ist die Konzernobergesellschaft, in der wesentliche operativ tätige Gesellschaften der XXXLutz Gruppe gebündelt sind.

Die LSW GmbH ist ebenfalls eine österreichische GmbH. Alleinige Gesellschafterin der LSW GmbH ist eine Privatstiftung. Auch die SGW-Immo-GmbH ist eine österreichische GmbH. Unternehmensgegenstand vor der Transaktion war der Besitz, Erwerb, Verwaltung und Veräußerung sowie die Entwicklung, Errichtung und die An- und Vermietung von Immobilien aller Art. Der Gesellschaftszweck wurde im Zuge der Transaktion dahingehend geändert, dass dieser die Abgabe des Angebots und die damit verbundenen Handlungen umfasst. Alleinige Gesellschafterin der SGW-Immo-GmbH ist die WSF Privatstiftung.[69]

Die Gesellschafterstruktur der Mitglieder der Bietergesellschaft ist in folgendem Schaubild dargestellt:[70]

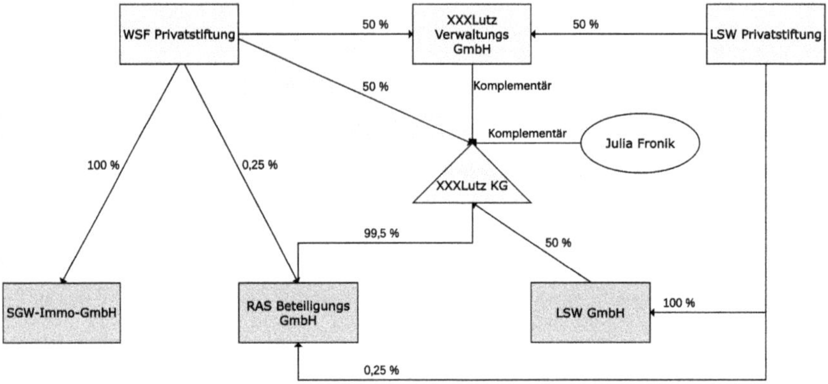

Abbildung 1 Gesellschafterstruktur der Mitglieder der Bietergemeinschaft um die XXXLutz Gruppe

[68] Angebotsunterlage der RAS Beteiligungs GmbH und der LSW GmbH und der SGW-Immo-GmbH an die Aktionäre der home24 SE v. 11.11.2022, S. 24.

[69] Angebotsunterlage der RAS Beteiligungs GmbH und der LSW GmbH und der SGW-Immo-GmbH an die Aktionäre der home24 SE v. 11.11.2022, S. 30 ff.

[70] Vgl. auch die Angebotsunterlage der RAS Beteiligungs GmbH und der LSW GmbH und der SGW-Immo-GmbH an die Aktionäre der home24 SE v. 11.11.2022, S. 81.

Wie aus dem Schaubild und aus der Formulierung in der Pressemitteilung der home24 SE vom 26. April 2023 ersichtlich, stehen die drei Gesellschaften, die Mitglied der Bietergemeinschaft sind, in Zusammenhang mit der XXXLutz Gruppe. Die Privatstiftungen, welche jeweils die alleinigen Gesellschafter der SGW-Immo-GmbH und der LSW GmbH sind, sind wiederum zu 50% an der XXXLutz Verwaltungs GmbH beteiligt. In wirtschaftlicher Hinsicht handelt es sich also um das Übernahmeangebot der XXXLutz Gruppe. Die XXXLutz Gruppe ist ein Möbelhändler. Die home24 SE ist ein Online-Möbelhändler. Zwar soll die home24 SE in eigener Verantwortung dezentral weitergeführt werden, jedoch sollen nach Vollzug des Angebots weitergehende Kooperationsmöglichkeiten geprüft werden.[71] Aufgrund der Überschneidung der Geschäftsbereiche der Unternehmen tritt die XXXLutz Gruppe, durch die Mitglieder der Bietergemeinschaft, als strategischer Bieter auf.

c) Grund für die Bildung der Bietergemeinschaft

Warum das Übernahmeangebot durch eine Bietergemeinschaft abgegeben wurde, ist in der Angebotsunterlage nicht offengelegt. Eine Vermutung lässt sich diesbezüglich nur aus den Umständen, die in der Angebotsunterlage und den Veröffentlichungen der home24 SE als Zielgesellschaft sowie den Mitgliedern der Bietergemeinschaft offengelegt wurden, aufstellen.

aa) Zeitpunkt der Errichtung der Erwerbsgesellschaften

Die RAS Beteiligungs GmbH wurde am 12. Juli 1971, noch unter anderer Firma, errichtet. Die LSW GmbH wurde am 23. November 2005 errichtet. Die SGW-Immo-GmbH wurde am 11. November 2016 errichtet.[72] Es wurde also auf bereits bestehende Gesellschaften um die XXXLutz Gruppe zurückgegriffen und keine neuen Erwerbsgesellschaften gegründet. Dies könnte dem geschuldet sein, dass für eine Neugründung keine Zeit verblieben ist. Hierfür würde auch sprechen, dass der Gesellschaftszweck der SGW-Immo-GmbH

---

71 Vgl. Angebotsunterlage der RAS Beteiligungs GmbH und der LSW GmbH und der SGW-Immo-GmbH an die Aktionäre der home24 SE v. 11.11.2022, S. 40.

72 Angebotsunterlage der RAS Beteiligungs GmbH und der LSW GmbH und der SGW-Immo-GmbH an die Aktionäre der home24 SE v. 11.11.2022, S. 23, 30, 33.

im Zuge der Transaktion dahingehend geändert, dass dieser die Abgabe des Angebots und die damit verbundenen Handlungen umfasst.[73]

bb) Zeitpunkt der Bildung der Bietergemeinschaft

Die RAS Beteiligungs GmbH hat ihre Entscheidung zur Abgabe des Angebots gemäß § 10 Abs. 1 Satz 1 und Abs. 3 WpÜG am 5. Oktober 2022 veröffentlicht. Die LSW GmbH und die SGW-Immo-GmbH haben ihre Entscheidungen zur Abgabe des Angebots gemäß § 10 Abs. 1 Satz 1 und Abs. 3 WpÜG am 28. Oktober 2022 veröffentlicht.[74] Es handelt sich also um eine nachträgliche Bietergemeinschaft.[75]

cc) Tätigung der Vorerwerbe

Zum Zeitpunkt der Veröffentlichung der Angebotsunterlage hat die RAS Beteiligungs GmbH Aktien an der home24 SE, die einem rechnerischen Anteil von 9,07% am Grundkapital entsprechen, gehalten. Demgegenüber haben die anderen beiden Mitglieder der Bietergemeinschaft im Zeitpunkt der Veröffentlichung der Angebotsunterlage keine Anteile an der home24 SE gehalten.[76] Sämtliche Vorerwerbe wurden also durch die RAS Beteiligungs GmbH getätigt. Dies deutet darauf hin, dass das Übernahmeangebot ursprünglich nur durch die RAS Beteiligungs GmbH abgegeben werden sollte und die Entscheidung zur Bildung einer Bietergemeinschaft erst kurz vor oder sogar nach der Veröffentlichung der Entscheidung der RAS Beteiligungs GmbH zur Abgabe des Angebots gemäß § 10 Abs. 1 Satz 1 und Abs. 3 WpÜG gefällt wurde. Dieser Eindruck wird dadurch verstärkt, dass sämtliche unwiderruflichen Andienungsvereinbarungen von der RAS Beteiligungs GmbH geschlossen wurden.[77] Bestätigt wird diese Vermutung sodann durch die

---

[73] Angebotsunterlage der RAS Beteiligungs GmbH und der LSW GmbH und der SGW-Immo-GmbH an die Aktionäre der home24 SE v. 11.11.2022, S. 33.

[74] Angebotsunterlage der RAS Beteiligungs GmbH und der LSW GmbH und der SGW-Immo-GmbH an die Aktionäre der home24 SE v. 11.11.2022, S. 9 f.

[75] Zur Zulässigkeit der nachträglichen Bietergemeinschaft s. Teil III D.I.2.b); zur nachträglichen Bietergemeinschaft insgesamt s. *Hippeli*, NZG 2016, 1207 ff.

[76] Angebotsunterlage der RAS Beteiligungs GmbH und der LSW GmbH und der SGW-Immo-GmbH an die Aktionäre der home24 SE v. 11.11.2022, S. 26, 29, 31, 33.

[77] Angebotsunterlage der RAS Beteiligungs GmbH und der LSW GmbH und der SGW-Immo-GmbH an die Aktionäre der home24 SE v. 11.11.2022, S. 28 f.

Angebotsunterlage, in der von einem „ursprünglich allein durch die Bieterin 1 geplanten Übernahmeangebot" gesprochen wird.[78]

dd) Besonderheiten in der Angebotsabwicklung

Die zur Übernahme der home24 SE gebildete Bietergemeinschaft scheint demnach kein lang im Voraus geplantes Vorgehen gewesen zu sein, sondern eine Lösung für ein spontan aufgetretenes Problem. Jedoch vermag dies noch nicht die Frage beantworten, warum es zur Bildung der Bietergemeinschaft gekommen ist. Aufschluss hierüber könnte der Konsortialvertrag geben, der zwischen den Mitgliedern der Bietergemeinschaft geschlossen wurde. Inhalt ist die Zuteilung der zum Verkauf eingereichten Zielgesellschaftsaktien sowie die Verteilung des Angebotspreises und der Transaktionskosten.[79]

(1) Aufteilung des dinglichen Erwerbs der home24-Aktien

Ausweislich der Angebotsunterlage sollte die RAS Beteiligungs GmbH maximal 39,166% aller ausgegebenen home24-Aktien erwerben. Darüberhinausgehende, in das Angebot eingelieferte, home24-Aktien, sollten durch die LSW GmbH und die SGW-Immo-GmbH jeweils zu gleichen Teilen erworben werden.[80]

(2) Aufteilung der Finanzierung

Die Mitglieder der Bietergemeinschaft sind im Innenverhältnis jeweils einzeln zur Zahlung des Angebotspreises für die gemäß dem Verteilungsschlüssel auf die jeweilige Bieterin entfallenden zum Verkauf eingereichten home24-Aktien verpflichtet. Gegenüber den home24-Aktionären bleiben die Mitglieder der Bietergemeinschaft jedoch als Gesamtschuldner zur Zahlung des Angebotspreises verpflichtet.[81] Die im Rahmen des Angebots eingeholte Finanzierungsbestätigung enthält die Aussage, dass alle drei Bieterinnen jeweils einzeln

---

[78] Angebotsunterlage der RAS Beteiligungs GmbH und der LSW GmbH und der SGW-Immo-GmbH an die Aktionäre der home24 SE v. 11.11.2022, S. 40.

[79] Angebotsunterlage der RAS Beteiligungs GmbH und der LSW GmbH und der SGW-Immo-GmbH an die Aktionäre der home24 SE v. 11.11.2022, S. 21 f.

[80] Angebotsunterlage der RAS Beteiligungs GmbH und der LSW GmbH und der SGW-Immo-GmbH an die Aktionäre der home24 SE v. 11.11.2022, S. 23.

[81] Angebotsunterlage der RAS Beteiligungs GmbH und der LSW GmbH und der SGW-Immo-GmbH an die Aktionäre der home24 SE v. 11.11.2022, S. 23.

die notwendigen Maßnahmen getroffen haben, um die Finanzierung des Angebots vollständig sicherzustellen.[82]

(3) Grund für die Aufteilung des dinglichen Erwerbs und der Finanzierung

Nach Analyse der in der Angebotsunterlage veröffentlichten Umstände lässt sich feststellen, dass die Bildung der Bietergemeinschaft einerseits der Verteilung des finanziellen Aufwands der Übernahme von einer auf drei Gesellschaften angestrebt wurde und andererseits eine dingliche Aufspaltung des Beteiligungserwerbs erfolgt ist. Warum diese Verteilung der Finanzierung und des dinglichem Erwerbs notwendig geworden ist, lässt sich der Angebotsunterlage nicht entnehmen.

Eventuell könnten steuerliche Vorteile der Grund für die Bildung der Bietergemeinschaft sein. Die home24 SE hat ausweislich des Jahresabschlusses für das Geschäftsjahr 2022 einen Jahresfehlbetrag von 38.392.000 Euro erwirtschaftet.[83] Soweit dieser Jahresfehlbetrag als Verlustvortrag bilanziert würde, bestünde bei einem Kontrollwechsel die Gefahr, diesen zu verlieren. Gehen die steuerlichen Verlustvorträge unter, lassen sie sich nicht mehr mit zukünftigen Gewinnen verrechnen. Hierdurch kommt es bei der Zielgesellschaft zu wirtschaftlichen Nachteilen. Die aktivierten Bilanzposten weggefallener Verlustvorträge sind abzuschreiben.[84] Ein Verlustvortrag geht unter, soweit ein schädlicher Beteiligungserwerb gemäß § 8c KStG erfolgt. Ein solcher liegt vor, soweit mehr als 50% der Stimmrechte an einer Körperschaft an einen Erwerber oder diesem nahe stehende Personen übertragen werden. Als ein Erwerber im Sinne des Satzes 1 gilt auch eine Gruppe von Erwerbern mit gleichgerichteten Interessen (§ 8c Abs. 1 Satz 2 KStG). Ein sicherer Untergang des Verlustvortrags läge also vor, soweit nur ein Bieter die Übernahme vornehmen würde. Jedoch kann die gemeinsame Angebotsabgabe durch eine Bietergemeinschaft nicht genügen, um das Vorliegen eines schädlichen Beteiligungserwerbs zu verhindern. Die Mitglieder der Bietergemeinschaft

---

82 Angebotsunterlage der RAS Beteiligungs GmbH und der LSW GmbH und der SGW-Immo-GmbH an die Aktionäre der home24 SE v. 11.11.2022, Anlage 6.

83 Jahresabschluss und zusammengefasster Lagebericht 2022 der home24 SE, S. 8; abrufbar unter https://www.home24.com/websites/homevierundzwanzig/German/4300/veroeffentlichungen.html.

84 *Mülbert/Kiem*, ZHR 177 (2013), 819 (825 f.).

sind jedenfalls eine Erwerbergruppe mit gleichgerichteten Interessen.[85] Die Finanzverwaltung nimmt ein gleichgerichtetes Interesse an, wenn eine Abstimmung zwischen den Erwerbern stattfindet.[86] Dies ist bei Abschluss eines Konsortialvertrags der Fall. Folglich kann die gemeinsame Angebotsabgabe durch eine Bietergemeinschaft den Untergang eines möglichen Verlustvortrags der Zielgesellschaft nicht verhindern.

d) Zwischenergebnis

Bei der Übernahme der home24 SE ist die XXXLutz Gruppe durch die Mitglieder der Bietergemeinschaft als strategischer Bieter aufgetreten. Dabei scheint eine gemeinsame Angebotsabgabe einer Bietergemeinschaft nicht im Voraus geplant gewesen zu sein. Vielmehr haben die Notwendigkeit der Aufteilung der Finanzierung sowie des dinglichen Erwerbs, der in das Angebot eingelieferten Aktien, die Bildung der nachträglichen Bietergemeinschaft erforderlich gemacht. Gründe für die Aufteilung der Finanzierung sowie des dinglichen Erwerbs sind der Angebotsunterlage nicht zu entnehmen.

2. Fallbeispiel ALNO Aktiengesellschaft

a) Sachverhalt

Am 16. November 2016 haben die Tahoe Investors GmbH und die Brillant 1953. GmbH eine Angebotsunterlage veröffentlicht, die ein gemeinschaftliches Übernahmeangebot zum Erwerb der Aktien der ALNO Aktiengesellschaft enthält.[87] Die ALNO Aktiengesellschaft zählte als Teil des ALNO-Konzern zu den führenden Küchenherstellern Europas. Im Geschäftsjahr 2015 wurde ein Umsatz von über 500 Millionen Euro erwirtschaftet. Im Zeitpunkt der Veröffentlichung der Angebotsunterlage befand sich die ALNO Aktiengesellschaft jedoch in erheblichen finanziellen Schwierigkeiten. Bereits im Juli 2016 hat sich die Tahoe Investors GmbH durch die Gewährung eines Darlehens in Höhe von 20 Millionen Euro sowie weiterer Finanzinstrumente bei der

---

[85] Zur Auslegung des § 8c Abs. 1 S. 1 KStG s. *Thonemann-Micker/Kanders*, in BeckOK KStG, Stand 25.11.2024, § 8c Rn. 144 ff. mwN.

[86] Ausführlich *Suchanek*, in Hermann/Heuer/Raupach EstG/KStG, Stand 11/2024, § 8c KStG Rn. 39; *Thonemann-Micker/Kanders*, in BeckOK KStG, Stand 25.11.2024, § 8c Rn. 168 ff.

[87] Angebotsunterlage der Tahoe Investors GmbH und der Brillant 1953. GmbH an die Aktionäre der ALNO Aktiengesellschaft v. 16.11.2016.

ALNO Aktiengesellschaft engagiert.[88] Trotz dieses Engagements wurde am 1. Oktober 2017 das Insolvenzverfahren über das Vermögen der ALNO Aktiengesellschaft eröffnet.

Die Tahoe Investors GmbH hat ihre Entscheidung zur Abgabe des Übernahmeangebots gemäß § 10 Abs. 1 Satz 1 und Abs. 3 WpÜG am 6. Oktober 2016 veröffentlicht. Die Brillant 1953. GmbH hat sich dem Angebot am 1. November 2016 angeschlossen, indem eine gemeinsame Veröffentlichung gemäß § 10 Abs. 1 Satz 1 und Abs. 3 WpÜG veröffentlicht wurde.[89] Es handelt sich also wie bei der Übernahme der home24 SE um eine nachträgliche Bietergemeinschaft.[90]

Vor der Veröffentlichung der Angebotsunterlage hat die Tahoe Investors GmbH mehrere Vorerwerbe getätigt. Unter anderem hat die Tahoe Investors GmbH zwei Stimmbindungsvereinbarungen geschlossen. Aufgrund dieser Stimmbindungsvereinbarung hatte die Tahoe Investors GmbH das alleinige Recht zur Ausübung von 16,52% der Stimmrechte der ALNO Aktiengesellschaft. In den Stimmbindungsvereinbarungen war ferner vereinbart, dass die erfassten ALNO-Aktien nicht in das Übernahmeangebot eingeliefert werden durften. Ferner hat die Tahoe Investors GmbH eine Call-Option ausgeübt, mittels derer sie Aktien im Umfang von 14,08% des Grundkapitals und der Stimmrechte an der ALNO Aktiengesellschaft erworben hat. Darüber hinaus hat die Tahoe Investors GmbH im Rahmen eines Paketerwerbs Aktien entsprechend 2,65% der Stimmrechte an der ALNO Aktiengesellschaft erworben. Insgesamt hat die Tahoe Investors GmbH sich 33,25% der Stimmrechte der ALNO Aktiengesellschaft im Voraus des Angebots gesichert.[91]

Das Übernahmeangebot wurde für insgesamt 7.467.822 ALNO-Aktien angenommen. Dies entspricht einem Anteil von ca. 9,88% der ALNO-Aktien.[92]

---

[88] Angebotsunterlage der Tahoe Investors GmbH und der Brillant 1953. GmbH an die Aktionäre der ALNO Aktiengesellschaft v. 16.11.2016, S. 36.

[89] Angebotsunterlage der Tahoe Investors GmbH und der Brillant 1953. GmbH an die Aktionäre der ALNO Aktiengesellschaft v. 16.11.2016, S. 9.

[90] Zur Zulässigkeit der nachträglichen Bietergemeinschaft s. Teil III D.I.2.b); zur nachträglichen Bietergemeinschaft insgesamt s. *Hippeli*, NZG 2016, 1207 ff.

[91] Angebotsunterlage der Tahoe Investors GmbH und der Brillant 1953. GmbH an die Aktionäre der ALNO Aktiengesellschaft v. 16.11.2016, S. 20, 22 ff.

[92] Bekanntmachung der Tahoe Investors GmbH gemäß § 23 Abs. 1 S. 1 Nr. 3 WpÜG, abrufbar unter https://www.bundesanzeiger.de.

Die Gesamtzahl der ALNO-Aktien, für die das Übernahmeangebot angenommen wurde, zuzüglich der ALNO-Aktien, die von der Tahoe Investors GmbH unmittelbar gehalten wurden oder dieser zugerechnet wurden, entsprechen 43,13% der ALNO-Aktien. Da sämtliche Vollzugsbedingungen eingetreten sind, war das Angebot erfolgreich.

b) Mitglieder der Bietergemeinschaft

Die Mitglieder der Bietergemeinschaft sind die Tahoe Investors GmbH und die Brillant 1953. GmbH.

Die Tahoe Investors GmbH ist eine am 9. Februar 2016 gegründete deutsche Gesellschaft mit beschränkter Haftung. Die alleinige Gesellschafterin der Tahoe Investors GmbH ist die Eastern Horizon Group Netherlands B.V., eine niederländische Kapitalgesellschaft mit beschränkter Haftung. Bei der Tahoe Investors GmbH handelt es sich um eine Beteiligungsgesellschaft.[93] Über die Gesellschafterstruktur der Eastern Horizon Group Netherlands B.V. werden in der Angebotsunterlage keine Angaben gemacht. Nach Medienangaben handelt es sich bei der Gesellschaft um eine Beteiligungsgesellschaft der bosnischen Unternehmerfamilie Hastor. Ein „Hauptgeschäft" der Familie ist die unternehmerische Tätigkeit als Automobilzulieferer, daneben ist die Familie Hastor im Möbelgeschäft tätig.[94] In der Angebotsunterlage wird die Tahoe Investors GmbH als strategischer Investor bezeichnet.[95] Im Ergebnis handelt es sich jedoch um eine Beteiligungsgesellschaft einer Unternehmerfamilie, die abseits des „Legacy-Business" wie ein Finanzinvestor auftritt.[96]

Die Brillant 1953. GmbH ist eine am 18. Juni 2014 gegründete deutsche Gesellschaft mit beschränkter Haftung. Alleiniger Gesellschafter ist Herr Dr. Volkmar Rode. Ausweislich der Angebotsunterlage verfolgt die Brillant

---

93 Angebotsunterlage der Tahoe Investors GmbH und der Brillant 1953. GmbH an die Aktionäre der ALNO Aktiengesellschaft v. 16.11.2016, S. 19.

94 Vgl. dazu Manager Magazin v. 22.8.2016, abrufbar unter https://www.manager-magazin.de/unternehmen/autoindustrie/prevent-gruppe-dieses-unternehmen-a-1108623.html und Spiegel v. 19.8.2016, abrufbar unter https://www.spiegel.de/wirtschaft/unternehmen/volkswagen-das-ist-vws-herausforderer-prevent-a-1108626.html.

95 Angebotsunterlage der Tahoe Investors GmbH und der Brillant 1953. GmbH an die Aktionäre der ALNO Aktiengesellschaft v. 16.11.2016, S. 38.

96 Zu dieser Vorgehensweise von Unternehmerfamilien ausführlich *Seibt/Jander-McAlister*, in Münchener Hdb GesR Bd. 9, 6. Aufl. 2021, § 25 Rn. 22 ff.

1953. GmbH in Bezug auf die ALNO-Aktiengesellschaft keine strategischen Ziele, sondern betrachtet die Übernahme als reine Finanzanlage.[97]

c) Grund für die Bildung der Bietergemeinschaft

Im Gegensatz zu der home24-Übernahme wird in der Angebotsunterlage der Tahoe Investors GmbH und der Brillant 1953. GmbH offengelegt, warum die Bietergemeinschaft gebildet wurde.

aa) Aufteilung des dinglichen Erwerbs

Die gemeinsame Angebotsabgabe als Bietergemeinschaft ermöglicht die Aufteilung der eingelieferten ALNO-Aktien auf die Mitglieder der Bietergemeinschaft. Im Ergebnis soll keiner der Bieter mehr als 49,5% der Stimmrechte an der ALNO Aktiengesellschaft erwerben. Dies wird durch die Aufteilung der in das Angebot eingelieferten ALNO-Aktien auf die Bieter sowie weitere Maßnahmen auf Seiten der Tahoe Investors GmbH sichergestellt.

Die Aufteilung der eingelieferten ALNO-Aktien erfolgt im Innenverhältnis der Bieter. Die Tahoe Investors GmbH soll bis zu 49,5% der Stimmrechte der ALNO Aktiengesellschaft erwerben. Die maximal zu erwerbenden 49,5% der Stimmrechte der ALNO Aktiengesellschaft setzen sich dabei aus den bereits von der Tahoe Investors GmbH gehaltenen Stimmrechten sowie den ihr zuzurechnenden Stimmrechten und den in das Angebot eingelieferten, von der Tahoe Investors GmbH erworbenen, ALNO-Aktien zusammen. Die Vorerwerbe der Tahoe Investors GmbH belaufen sich auf 33,25% der ALNO-Aktien.[98] Die Tahoe Investors GmbH könnte also, sofern keine weiteren ALNO-Aktien erworben oder zugerechnet werden, bis zu 16,25% der in das Angebot eingelieferten ALNO-Aktien erwerben. Die übrigen eingelieferten ALNO-Aktien sollen bis zu einem Anteil von 25% der Stimmrechte von der Brillant 1953. GmbH erworben werden. Alle darüberhinausgehend eingelieferten Stimmrechte würden dann wieder von der Tahoe Investors GmbH erworben.[99] Für den Fall, dass die Brillant 1953.

---

[97] Angebotsunterlage der Tahoe Investors GmbH und der Brillant 1953. GmbH an die Aktionäre der ALNO Aktiengesellschaft v. 16.11.2016, S. 37.

[98] S. Teil I C.I.2.a).

[99] Angebotsunterlage der Tahoe Investors GmbH und der Brillant 1953. GmbH an die Aktionäre der ALNO Aktiengesellschaft v. 16.11.2016, S. 14.

GmbH den Stimmrechtsanteil von 25% erwerben würde und die Tahoe Investors GmbH die darüberhinausgehend eingelieferten Aktien erwerben müsste, wurden verschiedene Maßnahmen getroffen, um ein Überschreiten der 49,5%-Schwelle bei der Tahoe Investors GmbH zu verhindern. So hätte die Tahoe Investors GmbH die Stimmrechtsvereinbarungen kündigen[100] sowie eine Put-Option mit einer Drittgesellschaft ausüben können. Diese Maßnahmen hätten es der Tahoe Investors GmbH ermöglicht, den Anteil der unmittelbar gehaltenen und zugerechneten ALNO-Aktien vor Vollzug des Angebots auf bis zu 0% zu reduzieren.

Aufgrund von Nichtandienungsverpflichtungen (auch Non-Tender-Agreement) war zu erwarten, dass nicht mehr als 66,75% der ALNO-Aktien in das Angebot eingeliefert werden. Die Tahoe Investors GmbH hätte in diesem Fall die Stimmrechtsvereinbarungen über 16,52% der Stimmrechte gekündigt und die Put-Option über die von ihr gehaltenen ALNO-Aktien im Umfang von 8,98% der ALNO-Aktien ausgeübt.[101] Dadurch hätte sich der Anteil, der von der Tahoe Investors GmbH direkt gehaltenen und zugerechneten ALNO-Aktien, auf 7,75% reduziert. Die Tahoe Investors GmbH hätte dann bis zum Erreichen der 49,5%-Schwelle eingelieferte ALNO-Aktien im Umfang von 41,75% der Stimmrechte erwerben können. Die Brillant 1953. GmbH hätte 25% minus eine Aktie des Grundkapitals und der Stimmrechte der ALNO-Aktiengesellschaft erworben. Hierdurch hätten sämtliche angedienten ALNO-Aktien erworben werden können.

bb) Grund für die Aufteilung des dinglichen Erwerbs

Mit der Aufteilung des dinglichen Erwerbs der ALNO-Aktien sollte ein Kontrollwechsel im Sinne zweier Change-of-Control-Klauseln vermieden werden.[102] Die ALNO Aktiengesellschaft hat 2013 eine Mittelstandsanleihe und 2014 eine Wandelschuldverschreibung begeben. Sowohl die Anleihe als auch die Wandelschuldverschreibung enthielten Klauseln, die bei einer Beteiligung eines Aktionärs von mehr als 50% des Grundkapitals und der Stimmrechte der ALNO-Aktiengesellschaft, die Anleihegläubiger beziehungsweise die

---

100 Zu der Stimmrechtsvereinbarung s. Teil I C.I.2.a).

101 Angebotsunterlage der Tahoe Investors GmbH und der Brillant 1953. GmbH an die Aktionäre der ALNO Aktiengesellschaft v. 16.11.2016, S. 27 f.

102 S. auch *Seibt*, CFL 2011, 213 (229) zu Strukturen zur Aktienmehrheitsvermeidung.

Inhaber der Wandelschuldverschreibung zur sofortigen Fälligstellung ihrer Forderungen berechtigen. Bei einem Kontrollwechsel hätten Forderungen von bis zu 59 Millionen Euro zuzüglich Zinsen gegen die ALNO Aktiengesellschaft entstehen können. Diese Rückzahlungsbegehren sollten vermieden werden, indem die Beteiligten der Bietergemeinschaft jeweils weniger als 50% des Grundkapitals und der Stimmrechte an der ALNO-Aktiengesellschaft erwerben.[103]

cc) Aufteilung der Finanzierung?

Eine Aufteilung der Finanzierung war nicht maßgeblicher Grund für die Bildung der Bietergemeinschaft. Die Tahoe Investors GmbH hat ein Darlehen über 32 Millionen Euro abgerufen, um die Angebotskosten vollständig zu finanzieren. Nur für den Fall, dass die Brillant 1953. GmbH ALNO-Aktien erwerben muss, um die 49,5%-Schwelle zu wahren, hat diese mit der Tahoe Investors GmbH als Darlehensgeberin einen Darlehensvertrag geschlossen. Im Ergebnis hat die Tahoe Investors GmbH das Übernahmeangebot vollständig finanziert.

dd) Rechtliche Risiken

Die Bietergemeinschaft wurde gebildet, um zu vermeiden, dass eine Change-of-Control-Klausel ausgelöst wird. Es ist jedoch fraglich, ob das Vorgehen rechtssicher zu einer Vermeidung des Kontrollwechsels geführt hätte. Zunächst müsste hierfür unterstellt werden, dass die Change-of-Control-Klausel den Kontrollwechsel so definiert, dass eine Bietergemeinschaft nicht erfasst ist. Darüber hinaus dürften die durch die Brillant 1953. GmbH erworbenen Stimmrechte der Tahoe Investors GmbH nicht gemäß § 30 Abs. 2 Satz 1 WpÜG („acting in concert") zugerechnet werden. Dies versuchen die Mitglieder der Bietergemeinschaft zu vermeiden, indem sie betonen, dass es keine Abstimmung in Bezug auf die Zielgesellschaft gibt und die Brillant 1953. GmbH lediglich eine Investitionsmöglichkeit genutzt hat.[104] Darüber hinaus ist es entscheidend, ob ein getrennter dinglicher Erwerb im Rahmen

---

103 Angebotsunterlage der Tahoe Investors GmbH und der Brillant 1953. GmbH an die Aktionäre der ALNO Aktiengesellschaft v. 16.11.2016, S. 26.

104 Angebotsunterlage der Tahoe Investors GmbH und der Brillant 1953. GmbH an die Aktionäre der ALNO Aktiengesellschaft v. 16.11.2016, S. 37.

einer Bietergemeinschaft überhaupt möglich ist oder ob die Bietergemeinschaft als solche die Aktien erwirbt.[105]

Im Ergebnis kam es auf diese Fragen bei der Übernahme der ALNO Aktiengesellschaft nicht an, da so wenige ALNO-Aktien in das Angebot eingeliefert wurden, dass die 49,5%-Schwelle durch die Tahoe Investors GmbH nicht überschritten wurde.

d) Zwischenergebnis

Bei dem Übernahmeangebot der Tahoe Investors GmbH und der Brillant 1953. GmbH an die Aktionäre der ALNO Aktiengesellschaft handelt es sich, in wirtschaftlicher Hinsicht, um ein Angebot einer Unternehmerfamilie durch ihre Beteiligungsgesellschaft. Die Finanzierung lief vollständig über die Tahoe Investors GmbH und bei Vollzug des Übernahmeangebots hat die Brillant 1953. GmbH keine ALNO-Aktien erworben.

Die Brillant 1953. GmbH wurde als Mittel zum Zweck der Vermeidung des Kontrollwechsels im Sinne der Change-of-Control-Klauseln genutzt, um die anderweitig eintretenden existenzbedrohenden finanziellen Belastungen zu vermeiden. In anderen Worten fungierte die Brillant 1953. GmbH, deren einziger Gesellschafter der langjährige Steuerberater der Unternehmerfamilie war, als eine Art „Change-of-Control-Blocker“.

3. Fallbeispiel Wild Bunch AG

a) Sachverhalt

Am 13. Januar 2022 haben Herr Ingmarus Johannes Maria Snijders und die Voltaire Finance B.V. eine gemeinsame Angebotsunterlage veröffentlicht. Die Angebotsunterlage enthielt ein Pflichtangebot von Herrn Snijders und ein freiwilliges Erwerbsangebot der Voltaire Finance B.V., jeweils gerichtet an die Aktionäre der Wild Bunch AG. Die Wild Bunch AG ist die Holdinggesellschaft der Wild Bunch-Gruppe. Die Wild Bunch-Gruppe ist ein Filmverleih und Produktionsunternehmen.[106]

---

105 S. dazu Teil III D.III.4.

106 Angebotsunterlage des Ingmarus Johannes Maria Snijders und der Voltaire Finance B.V. an die Aktionäre der Wild Bunch AG v. 13.1.2022, S. 24; zur Zulässigkeit der Kombination von Pflicht- und freiwilligem Erwerbsangbeot s. unten Teil II B.II.2.a).

Dem Angebot ist der Erwerb der mittelbaren Kontrolle im Sinne von § 29 Abs. 2 WpÜG von Herrn Snijders über die Wild Bunch AG am 11. Mai 2021 vorausgegangen. Der Kontrollerwerb ist erfolgt, indem Herr Snijders 100% der Anteile und Stimmrechte an der Zuglex Trustee AG erworben hat, die ihrerseits mittelbare Kontrolle über die Voltaire Finance B.V. hat. Die Voltaire Finance B.V. hat wiederum durch ein vorausgegangenes freiwilliges öffentliches Übernahmeangebot im Frühjahr 2019 ca. 96,20% der Aktien an der Wild Bunch AG erworben. Von dem ehemaligen Vorstandsvorsitzenden der Wild Bunch AG hat die Voltaire Finance B.V. weitere 0,73% an der Wild Bunch AG erworben, sodass sie vor Bildung der Bietergemeinschaft mit 96,93% der Stimmrechte an der Wild Bunch AG beteiligt war.[107]

Herr Snijders hat den Kontrollerwerb über die Wild Bunch AG am 25. November 2021 gemäß § 35 Abs. 1 WpÜG in Verbindung mit § 10 Abs. 3 WpÜG veröffentlicht. Die Voltaire Finance B.V. hat am selben Tag ihre Entscheidung zur Abgabe eines freiwilligen Erwerbsangebots gemäß § 10 Abs. 1 WpÜG veröffentlicht.[108] Es handelt sich also um eine anfängliche Bietergemeinschaft.

Am 25. November 2021 hat die Voltaire Finance B.V. der Wild Bunch AG das förmliche Verlangen gemäß § 327a Abs. 1 Satz 1 AktG übermittelt, dass die Hauptversammlung der Wild Bunch AG einen aktienrechtlichen Squeeze-out beschließen soll.[109] Das Squeeze-out-Verlangen wurde am 24. Januar 2023 widerrufen.[110]

b) Mitglieder der Bietergemeinschaft

Die Mitglieder der Bietergemeinschaft sind Herr Ingmarus Johannes Maria Snijders und die Voltaire Finance B.V.

---

107 Angebotsunterlage des Ingmarus Johannes Maria Snijders und der Voltaire Finance B.V. an die Aktionäre der Wild Bunch AG v. 13.1.2022, S. 12.

108 Angebotsunterlage des Ingmarus Johannes Maria Snijders und der Voltaire Finance B.V. an die Aktionäre der Wild Bunch AG v. 13.1.2022, S. 2.

109 Angebotsunterlage des Ingmarus Johannes Maria Snijders und der Voltaire Finance B.V. an die Aktionäre der Wild Bunch AG v. 13.1.2022, S. 8.

110 Vgl. Ad-Hoc Mitteilung der Wild Bunch AG v. 24. 1.2023, abrufbar unter https://wildbunch.eu/de/investor-relations/publikationen/.

Herr Snijders ist Rechtsanwalt und treuhänderischer Alleinaktionär und einziges Verwaltungsratsmitglied der Zuglex Trustee AG. Die Voltaire Finance B.V. ist eine Gesellschaft mit beschränkter Haftung (*Besloten Vennootschap*) nach niederländischem Recht. Alleinige Gesellschafterin ist die Voltaire Investment B.V. Diese wird wiederum zu 100% von der Zuglex Trustee AG gehalten. Die Zuglex Trustee AG hält die Anteile an der Voltaire Investment B.V. als Treuhänder des Allto Trust. Der Allto Trust ist ein Trust nach dem Recht der Kanalinsel Jersey und hat als solcher keine eigene Rechtspersönlichkeit. Begründer (Settlor) des Trusts ist die Serene Holdings Ltd., deren Alleingesellschafter Herr Lars Windhorst ist. Die Voltaire Finance B.V. ist eine Beteiligungsgesellschaft. An Gesellschaften außer der Wild Bunch AG ist die Voltaire Finance B.V. nicht beteiligt.[111]

Zum besseren Verständnis der Truststruktur soll ein kurzer Exkurs dienen: Der Trust ist ein Synonym für ein schuldrechtlich-vertragliches Rechtsverhältnis zwischen den Personen, die in die Errichtung des Trusts und die Verwaltung des Trustvermögens einbezogen sind.[112] Eine eigene Rechtspersönlichkeit hat der Allto Trust nicht. Daraus folgt, dass er nicht rechtlicher Eigentümer der Gesellschaftsanteile an der Voltaire Investment B.V. ist. Das Vermögen des Allto Trust ist ein Sondervermögen, dessen Eigentümer der Trustee (Zuglex Trustee AG) ist. Wirtschaftlicher Begünstigter des Trustvermögens (Beneficiary) ist Herr Lars Windhorst und die Lars Windhorst Foundation. Der Protector (Herr Mike Beatie) überwacht den Trustee (Zuglex Trustee AG) bei der Verwaltung des Trust.[113]

In Anlehnung an die Angebotsunterlage lässt sich die Struktur wie folgt dargestellt:[114]

[111] Angebotsunterlage des Ingmarus Johannes Maria Snijders und der Voltaire Finance B.V. an die Aktionäre der Wild Bunch AG v. 13.1.2022, S. 10, 12, 15.

[112] Dazu ausführlich *Wilk*, ZIP 2013, 1549 f.

[113] Angebotsunterlage des Ingmarus Johannes Maria Snijders und der Voltaire Finance B.V. an die Aktionäre der Wild Bunch AG v. 13.1.2022, S. 14; s. auch *Wilk*, ZIP 2013, 1549 (1550).

[114] Vgl. die Abbildung in der Angebotsunterlage des Ingmarus Johannes Maria Snijders und der Voltaire Finance B.V. an die Aktionäre der Wild Bunch AG v. 13.1.2022, S. 13.

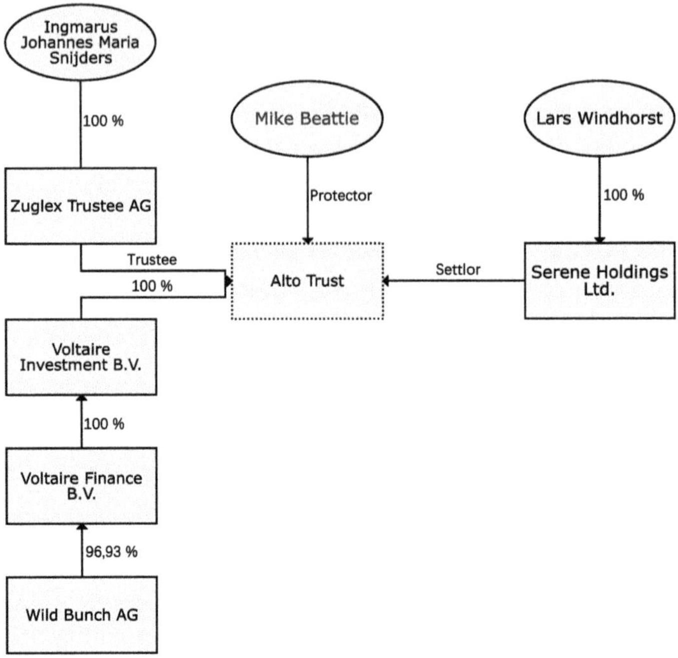

Abbildung 2 Beteiligungsstruktur Alto Trust

Herr Snijders ist folglich weder strategischer Investor noch Finanzinvestor. Er ist der Verwalter des Trustvermögens, dessen wirtschaftlich begünstigter Lars Windhorst ist. Vermittelt durch die Voltaire Finance B.V. tritt Lars Windhorst als Finanzinvestor auf.

c) Grund für die Bildung der Bietergemeinschaft

Vor der Veröffentlichung des Kontrollerwerbs durch Herrn Snijders hat dieser bei der Bundesanstalt für Finanzdienstleistungsaufsicht (BaFin) beantragt, seine Stimmrechte nicht zu berücksichtigen und hilfsweise eine Befreiung von der Angebotspflicht auszusprechen. Der Grund hierfür ist, dass Herr Snijders die Anteile an der Zuglex Trustee AG lediglich als Treuhänder für Herrn Windhorst hält. Diese Anträge wurden von der BaFin abgelehnt.[115]

[115] Angebotsunterlage des Ingmarus Johannes Maria Snijders und der Voltaire Finance B.V. an die Aktionäre der Wild Bunch AG v. 13.1.2022, S. 13, 27.

Herr Snijders war also zu der Abgabe eines Pflichtangebots gezwungen. Um zu verhindern, dass Herr Snijders als „Verwalter" des Trustvermögens Aktien an der Wild Bunch AG erwerben muss, wurde die gemeinschaftliche Angebotsabgabe mit der Voltaire Finance B.V. vereinbart. Durch das inhaltsgleiche freiwillige Erwerbsangebot der Voltaire Finance B.V. musste Herr Snijders die, in das Pflichtangebot eingelieferten, Wild Bunch-Aktien nicht erwerben. In der gemeinsamen Angebotsunterlage war festgelegt, dass die Voltaire Finance B.V. sämtliche eingelieferten Wild Bunch-Aktien erwerben und Herrn Snijders im Innenverhältnis von sämtlichen Kosten freistellen würde.[116]

Auch die Bietergemeinschaft zwischen Herrn Snijders und der Voltaire Finance B.V. dient also der Steuerung des dinglichen Erwerbs der eingelieferten Wild Bunch-Aktien. Dieses Vorgehen hätte das weitere Vorgehen bezüglich des geplanten aktienrechtlichen Squeeze-outs vereinfacht.[117]

Die Abgabe eines inhaltsgleichen Erwerbsangebots parallel zu einem Pflichtangebot (sogenanntes gemeinsames gemischtes Pflicht- und freiwilliges Erwerbsangebot) wurde bereits vor dem Fall „Wild Bunch" durchgeführt. Erstmals aufgekommen ist diese Gestaltung bei den Angeboten der Thüga Holding GmbH & Co. KGaA (Pflichtangebot), der Stadtwerke Frankfurt und der Thüga AG an die Aktionäre der Mainova AG sowie den Angeboten von Herrn Wolfgang Dinkelacker und der Sedlmayr Grund und Immobilien KGaA an die Aktionäre der Dinkelacker AG.[118] Auch bei dem Pflichtangebot von Herrn Michael Steuler an die Aktionäre der Norddeutsche Steingut Aktiengesellschaft vom 23. August 2013 hat die Steuler-Fliesen GmbH ein freiwilliges Erwerbsangebot abgegeben, um die eingelieferten Aktien zu erwerben.[119] Ein weiterer Fall des gemeinsamen gemischten Pflicht- und freiwilligen Erwerbsangebots ist das Pflichtangebot von Herrn Günther Skrzypek und das freiwillige Erwerbsangebot der Augur Financial Holding Zwei GmbH & Co. KG an die Aktionäre der Schnigge Wertpapierhandelsbank AG vom 17. März 2014. Die Konstruktion ermöglicht das wirtschaftlich

---

116 Angebotsunterlage des Ingmarus Johannes Maria Snijders und der Voltaire Finance B.V. an die Aktionäre der Wild Bunch AG v. 13.1.2022, S. 34 f., 38.

117 Vgl. Angebotsunterlage des Ingmarus Johannes Maria Snijders und der Voltaire Finance B.V. an die Aktionäre der Wild Bunch AG v. 13.1.2022, S. 27.

118 *Seibt*, CFL 2011, 213 (223); *Cascante*, in FS Wegen, 2015, S. 175 (190).

119 Vgl. die inhaltsgleichen Angebotsunterlagen des Herrn Michael Steuler und der Steuler-Fliesen GmbH an die Aktionäre der Norddeutsche Steingut Aktiengesellschaft v. 23.8.2013.

vernünftige Ergebnis, dass sich die Angebote in faktischer Hinsicht auf die wenigen wirklich ausstehenden Aktien beschränken können und von dem Bieter erworben werden, der als Erwerber wirtschaftlich „sinnvoll“ ist.[120]

d) Zwischenergebnis

Die Bietergemeinschaft aus Herrn Snijders und der Voltaire Finance B.V. verhindert, dass Herr Snijders als Kontrollerwerber die, in das Pflichtangebot eingelieferten, Wild Bunch-Aktien erwerben muss. Einen Erwerb von Herrn Snijders zu verhindern, liegt im Interesse der Voltaire Finance B.V., da es sich bei Herrn Snijders nur um den Treuhänder einer Vermögensmasse von Herrn Windhorst handelt. Durch die Voltaire Finance B.V. handelt Herr Windhorst als Finanzinvestor.

4. Ergebnis der ausgewählten Fallbeispiele

Den drei dargestellten Fällen – Home24 SE, ALNO Aktiengesellschaft und Wild Bunch AG – ist gemein, dass die gemeinsame Angebotsabgabe als Bietergemeinschaft bezweckt, den dinglichen Erwerb der in das Angebot eingelieferten Aktien zu steuern. Mittelbar werden damit verschiedene Zwecke verfolgt. Die Angebote gehen in wirtschaftlicher Hinsicht sowohl von Finanzinvestoren (Familie Hastor durch die Tahoe Investors GmbH; Lars Windhorst durch die Voltaire Finance B.V.) als auch strategischen Investoren (XXXLutz-Gruppe durch die drei Erwerbergesellschaften) aus. Auffällig ist jedoch, dass alle Fälle als Gestaltungsvariante und nicht als originäre Kooperationsform genutzt werden. Es geht nicht um Kooperation verschiedener Marktteilnehmer durch die Bündelung gemeinsamer Ressourcen oder von Know-how, sondern um die Umgehung von Rechtsfolgen, die bei alleinigem Auftreten als Bieter eintreten würden.

II. Weitere Einsatzmöglichkeiten der Bietergemeinschaft

Über die, in den ausgewählten Fallbeispielen hinaus dargestellten, Einsatzmöglichkeiten kann es sich noch in weiteren Konstellationen anbieten, auf eine Bietergemeinschaft zurückzugreifen.

---

120 Vgl. *Cascante*, in FS Wegen, 2015, S. 175 (190).

1. Change-of-Control-Klauseln

Die Bietergemeinschaft aus der Tahoe Investors GmbH und der Brillant 1953. GmbH wurde gebildet, um bei dem Übernahmeangebot an die Aktionäre der ALNO Aktiengesellschaft das Auslösen einer Change-of-Control-Klausel einer Mittelstandsanleihe sowie einer Wandelschuldverschreibung zu vermeiden.[121] Auch über diesen Einzelfall hinaus kann es sich anbieten, durch Bildung einer Bietergemeinschaft das Auslösen solcher Change-of-Control-Klauseln zu vermeiden.[122]

a) Ausgangspunkt: Verbreitung und Folgen von Change-of-Control-Klauseln

Eine Change-of-Control-Klausel ist eine vertragliche Vereinbarung, die ein außerordentliches Kündigungsrecht oder anderweitiges Gestaltungsrecht einer Vertragspartei begründet, wenn es bei der anderen Partei zu einem Kontrollwechsel kommen sollte. Solche, insbesondere bei Dauerschuldverhältnissen vorkommenden, Klauseln können dazu führen, dass die Zielgesellschaft für potenzielle Bieter unattraktiv wird.[123] Negative Folgen für den Bieter können zum Beispiel ein erheblicher Refinanzierungsbedarf infolge der Kündigung eines Kreditvertrags oder wirtschaftliche Nachteile infolge der Kündigung eines Joint-Ventures sein.[124] Im Zusammenhang mit der Implementierung in Wandelanleihebedingungen werden Change-of-Control-Klauseln gar als Abwehrmaßnahme gegen öffentliche Übernahmen genannt.[125]

Über Anleihen und Wandelschuldverschreibungen hinaus sind Change-of-Control-Klauseln weit verbreitet. Üblich sind Change-of-Control-Klauseln insbesondere bei langfristigen Finanzierungs- und Kreditverträgen. Sie werden regelmäßig auch bei Gemeinschaftsunternehmen zum Schutz des jeweiligen

---

[121] S. C.I.2.c)bb).

[122] *Seibt*, CFL 2011, 213 (229).

[123] *Schlitt*, in MüKo AktG, 5. Aufl. 2021, § 33 WpÜG Rn. 119; *Paschos*, in Paschos/Fleischer Hdb Übernahmerecht, 1. Aufl. 2017, § 24 Rn. 68; daher rät *Seibt*, in BeckFormb M&A, 4. Aufl. 2025, B.VI.3 Anm. 2 dazu, besonderes Augenmerk auf diese Klauseln zu richten.

[124] *Paschos*, in Paschos/Fleischer Hdb Übernahmerecht, 1. Aufl. 2017, § 24 Rn. 68.

[125] *Brandi*, in Angerer/Brandi/Süßmann WpÜG, 4. Aufl. 2023, § 33 Rn. 68; *Paschos*, in Paschos/Fleischer Hdb Übernahmerecht, 1. Aufl. 2017, § 24 Rn. 69 spricht von „übernahmeprophylaktischer Wirkung".

Joint-Venture-Partners vereinbart.[126] Auch in Vertriebs- und Lizenzverträgen sowie in gewerblichen Mietverträgen kommen Change-of-Control-Klauseln vor.[127] Ebenfalls können Zuwendungsbescheide oder Verträge über öffentliche Förderungen und Zuschüsse Change-of-Control-Klauseln enthalten.[128]

Häufig werden Change-of-Control-Klauseln auch in Anstellungsverträgen von Vorstandsmitgliedern vereinbart.[129] Die Klausel räumt dem Vorstandsmitglied für den Fall des Kontrollwechsels ein befristetes Sonderkündigungsrecht ein und gewährt für den Fall der Ausübung einen Zahlungsanspruch. Oftmals beläuft sich der Zahlungsanspruch aus der Change-of-Control-Klausel auf das Zweifache der Jahresvergütung.[130] Beispielhaft zu nennen ist hier die Übernahme der Hochtief AG durch die Actividades de Construcción y Servicos S.A. im Jahr 2010. Zahlreiche Anstellungsverträge der Vorstandsmitglieder der Hochtief AG enthielten Change-of-Control-Klauseln. Die Abfindungszahlungen summierten sich auf 35 Millionen Euro. Auch wesentliche Finanzierungsverträge und Projektverträge der Hochtief AG enthielten Change-of-Control-Klauseln, die den Vertragspartner unter anderem Kündigungs-, Verkaufs- und Andienungsrechte einräumten.[131]

Auch bei der Übernahme der Continental AG durch Schaeffler erlangten Change-of-Control-Klauseln besondere Bedeutung. Die Continental AG hatte einen syndizierten Kreditvertrag über 13,5 Milliarden Euro abgeschlossen. Der Kreditvertrag berechtigte jeden Kreditgeber das gewährte Darlehen vorzeitig zu kündigen und Rückzahlung zu verlangen, soweit eine Person oder

---

126 *Paschos*, in Paschos/Fleischer Hdb Übernahmerecht, 1. Aufl. 2017, § 24 Rn. 68; zu Change-of-Control-Klauseln bei Kreditverträgen *Kremer/Heukamp*, in BeckFormb M&A, 4. Aufl. 2025, I.I.6.1.g; *Bono/Hüther/Josenhans*, in Eilers/Koffka/Mackensen/Paul/Josenhans Private Equity, 4. Aufl. 2022, Teil V. Rn. 80; vgl. *Elsner*, in BeckFormb M&A, 4. Aufl. 2025, G.II, § 20.2 lit. c zu einer Musterformulierung einer Change-of-Control-Klausel i.R. eines Joint Venture.

127 *Disput*, NZM 2008, 305; zu Change-of-Control-Klauseln in Mietverträgen *Flatow*, in Schmidt-Futterer, Mietrecht, 16. Aufl. 2024, § 540 BGB Rn. 84.

128 Vgl. *Seibt*, in BeckFormb M&A, 4. Aufl. 2025, B.VI.3 XII.

129 *Wentrup*, in Münchener Hdb GesR Bd. 4, 6. Aufl. 2024, § 21 Rn. 84; *Mülbert/Kiem* in ZHR 177 (2013), 819 (820 f.).

130 Zur Change-of-Control-Klausel in Vorstandsanstellungsverträgen *Wentrup*, in Münchener Hdb GesR Bd. 4, 6. Aufl. 2024, § 21 Rn. 84 f.

131 *Mülbert/Kiem*, ZHR 177 (2013), 819 (823).

gemeinsam handelnde Personen mehr als 50% der Stimmrechte der Continental AG erworben hätten. Eine solche Change-of-Control-Klausel enthielt auch eine von der Conti-Gummi Finance B.V. und von der Continental AG garantierte Wandelanleihe. Vorgesehen war, dass im Falle eines Kontrollwechsels das Wandlungsverhältnis angepasst wird.[132] Um die Auslösung dieser Klauseln zu vermeiden, hat die Schaeffler-Gruppe, auch auf Druck der Continental AG, eine Abwicklungsstruktur gewählt, bei der Schaeffler zu keinem Zeitpunkt 50% oder mehr der Aktien an der Continental AG erwarb und die darüberhinausgehenden, eingelieferten Aktien an die Privatbanken Metzler und Sal. Oppenheim übertrugen wurden (sogenanntes „staggered settlement").[133]

Eine Change-of-Control-Klausel enthielt auch die revolvierende Kreditlinie der Demag Cranes AG. Der Kreditvertrag, mit der die Gesellschaft ihren Kapitalbedarf deckte, gab jedem Kreditgeber das Recht, im Falle eines Kontrollwechsels seine Beteiligung an dem Kreditvertrag zu kündigen und fällig zu stellen.[134]

Bei der Rhön-Klinikum AG bestanden ebenfalls mehrere Verträge mit Servicegesellschaften, die Change-of-Control-Klauseln vorsahen. Insbesondere der Konsortialvertrag mit dem Land Hessen bezüglich des Erwerbs des Universitätsklinikums Gießen und Marburg enthielt eine Klausel, die im Falle des Kontrollwechsels die Rhön-Klinikum AG verpflichtete, dem Land Hessen die Rückübertragung der Betreibergesellschaft anzubieten.[135]

b) Bietergemeinschaft zur Vermeidung des Kontrollwechsels

Oftmals führt der Kontrollerwerb dazu, dass Vertragspartner der Zielgesellschaft ihr, durch die Change-of-Control-Klausel begründetes, Kündigungsrecht ausüben. Aufgrund der damit einhergehenden negativen wirtschaftlichen Folgen wird dem Bieter in der Regel daran gelegen sein, ein Auslösen der Change-of-Control-Klausel zu vermeiden. Für den Bieter ist es jedoch wichtiger, nach Abschluss des Übernahmeangebots, die Zielgesellschaft zu kontrollieren. Dieser Zielkonflikt kann, wie bei der Übernahme der ALNO

132 *Mülbert/Kiem*, ZHR 177 (2013), 819 (822).
133 *Seibt*, CFL 2011, 213 (229).
134 *Mülbert/Kiem*, ZHR 177 (2013), 819 (823).
135 *Mülbert/Kiem*, ZHR 177 (2013), 819 (824).

Aktiengesellschaft, durch das Auftreten als Bietergemeinschaft und der Aufteilung des dinglichen Erwerbs der eingelieferten Aktien aufgelöst werden.

Dies setzt jedoch voraus, dass der Erwerb der „kumulierten Kontrolle" durch die Mitglieder der Bietergemeinschaft nicht von dem Kontrollwechselbegriff der Change-of-Control-Klausel erfasst ist. In der Regel werden in den Klauseln Maßnahmen, die wirtschaftlich der Übertragung der Anteile entsprechen, wie zum Beispiel Stimmbindungsvereinbarungen oder Treuhandabreden, in den Anwendungsbereich mit einbezogen.[136] Die Definition des maßgeblichen Kontrollwechsels ist jedoch für jede Change-of-Control-Klausel individuell zu betrachten. Eine grobe Einschätzung, ob die Umgehung durch die Bietergemeinschaft funktionieren könnte, erlaubt die Betrachtung von Musterklauseln: Im Beck'schen Formularbuch M&A wird der Kontrollwechsel im Rahmen eines Joint-Venture-Vertrags wie folgt definiert: *„Eine Kündigung aus wichtigem Grund ist insbesondere möglich, wenn eine Person oder eine Gesellschaft, die am Unterzeichnungstag keinen beherrschenden Einfluss im Sinne des § 17 Abs. 1 AktG auf die andere Partei ausübt, einen solchen beherrschenden Einfluss erlangt."*[137] Hier wäre die Bietergemeinschaft, sofern sie nicht als eigenständiges Rechtssubjekt einzuordnen ist[138] nicht erfasst, da keine Person beherrschenden Einfluss ausübt. Nur wenn die Beteiligungen der Mitglieder der Bietergemeinschaft kumuliert werden, findet eine Beherrschung durch die Mitglieder der Bietergemeinschaft statt. Zu einer möglichen Zurechnung äußert sich die Musterklausel nicht, sodass sie hier außen vor bleiben kann. Eine ähnliche Formulierung findet sich in den Beck'Online-Formularen, nach denen ein Kontrollwechsel vorliegt, wenn ein Dritter oder mehrere gemeinsam handelnde Dritte mehr als eine festzulegende Prozentzahl der Stimmrechte erwerben.[139] Sofern die Bieter jeweils die Stimmrechtszahl nicht überschreiten, was durch Aufspaltung des dinglichen Erwerbs im Rahmen erfolgen könnte, würde die Musterklausel die Bietergemeinschaft ebenfalls nicht erfassen, soweit die Mitglieder der Bietergemeinschaft nicht als „gemeinsam handelnde Dritte" im Sinne der Klausel gelten. Ähnlich könnte der Fall bei einer Formulierung wie zum Beispiel der Change-of-Control-Klausel

---

136 Vgl. *Nolte*, in Meyer-Sparenberg/Jäckle, BeckHdb M&A, 2. Aufl. 2022, § 63 Rn. 131.

137 *Elsner*, in BeckFormb M&A, 4. Aufl. 2025, G.II, § 20.2 lit. c.

138 S. dazu unten Teil II B.III.

139 *Nack*, in BeckO-Formulare Vertrag, 70. Edition 2024, 12.2.1 § 24 Abs. 1.

des syndizierten Kreditvertrags der Continental AG liegen. Hier konnte der Kreditgeber das Darlehen kündigen, sobald eine Person oder gemeinsam handelnde Personen mehr als 50% der Stimmrechte erworben hätten.[140] Die Erstreckung auf gemeinsam handelnde Personen war auch in den Anleihebedingungen einer Unternehmensanleihe der Constantin Medien AG vereinbart.[141] Soweit die Mitglieder der Bietergemeinschaft gemeinsam handelnde Personen im Sinne der Klausel sind, würde die Aufspaltung des dinglichen Erwerbs das Entstehen des Kündigungsrechts nicht verhindern. Eine ähnliche Formulierung findet sich auch in dem Rechtshandbuch Leitende Angestellte, Geschäftsführer und Vorstände.[142]

Die Abgabe eines Angebots durch eine Bietergemeinschaft vermag die Auslösung einer Change-of-Control-Klausel nur dann zu vermeiden, wenn die Aufspaltung des dinglichen Erwerbs überhaupt wirksam möglich ist,[143] der Kontrollwechselbegriff die Bietergemeinschaft nicht erfasst und die Stimmrechte der Mitglieder der Bietergemeinschaft nicht untereinander wechselseitig zugerechnet werden.[144]

2. Senkung der Finanzierungslast

Zinserhöhungen bewirken in der Regel einen Rückgang der Übernahmeaktivitäten.[145] In dem Zeitraum von dem 27. Juli 2022 bis zum 10. Mai 2023 hat die Europäische Zentralbank den Leitzins siebenmal erhöht. Im Jahr 2022 hat die EZB den Leitzins viermal verändert, so häufig wie zuletzt 2011.[146] So verwundert es nicht, dass es im Jahr 2022 nur 18 öffentliche Übernahmen mit einem Gesamtvolumen von 21,4 Milliarden Euro gab. Ohne das Übernahmeangebot der Oak Holdings GmbH an die Aktionäre der Vantage Towers AG hätte das Volumen bei nur 5,3 Milliarden Euro gelegen. Im Jahr 2021 gab es noch 33 öffentliche Übernahmen mit einem Gesamtvolumen

---

140 *Mülbert/Kiem*, ZHR 177 (2013), 819 (822).

141 Angebotsunterlage der Studhalter Investment AG und der Highlight Communications AG an die Aktionäre der Constantin Medien AG v. 18.12.2017, S. 31.

142 Vgl. Musterformulierung von *Velten*, in RechtsHdb Leitende Angestellte, Geschäftsführer und Vorstände, 2. Aufl. 2023, Teil 3 Rn. 664.

143 S. dazu Teil III D.III.4.b).

144 Dazu *Seibt*, CFL 2011, 213 (229).

145 *Blättchen*, in FS Wegen, 2015, S. 119 (121).

146 *Herfs/Nitschmann*, AG 2023, 435.

von 67,1 Milliarden Euro.[147] In einer Studie des Deutschen Aktieninstituts in Kooperation mit White & Case wurden 32 börsennotierte Unternehmen aus Dax40, MDAX und SDAX gefragt, welche externen Faktoren sich wie auf die Übernahmetätigkeit auswirken. Dabei haben die Hälfte der Umfrageteilnehmer die Geldpolitik und die Zinswende als Grund für die verringerte Übernahmeaktivität angegeben. Damit waren die gestiegenen Finanzierungskosten der am häufigsten angegebene Faktor.[148]

a) Aufteilung der Finanzierungslast

Die Strukturierung des öffentlichen Angebots mit dem Ziel die Gesamtkosten für den geplanten Aktienerwerb zu minimieren hat für den Bieter herausragende Bedeutung.[149] Insbesondere in Zeiten hoher Finanzierungskosten kann es vorteilhaft sein, die Finanzierung der Übernahme auf mehrere Mitglieder einer Bietergemeinschaft aufzuteilen. Ein Praxisbeispiel einer Bietergemeinschaft zur Aufteilung der Finanzierung ist das Übernahmeangebot der Studhalter Investment AG und der Highlight Communications AG an die Aktionäre der Constantin Medien AG vom 18. Dezember 2017. Zu dem Zeitpunkt der Veröffentlichung der Angebotsunterlage war Alexander Studhalter alleiniger Aktionär der Studhalter Investment AG.[150] An der Highlight Communications AG war die Highlight Event and Entertainment AG zu 25% beteiligt. Diese wurde wiederum zu 28,7% von der Studhalter Investment AG und zu 22,24% durch Bernhard und Rosemarie Burgener gehalten.[151] Die Highlight Event and Entertainment AG hielt 29,99% der Stimmrechte an der Constantin Medien AG.[152] Der erwartete Finanzierungsbedarf der Transaktion wurde mit 152.209.000 Euro angegeben. Die zur Aufbringung erforderlichen Mittel wurden auf zweckgebundenen Konten bereitgestellt, die für

---

147 DAI, Ready for Takeover 2.0?, S. 10.

148 DAI, Ready for Takeover 2.0?, S. 13; vgl. zu der eingeschränkten Verfügbarkeit von Akquisitionsfinanzierungen im Jahr 2022 auch *Hasselbach/Stepper*, BB 2023, 515 (516).

149 *Seibt*, CFL 2011, 213 (218).

150 Angebotsunterlage der Studhalter Investment AG und der Highlight Communications AG an die Aktionäre der Constantin Medien AG v. 18.12.2017, S. 14.

151 Angebotsunterlage der Studhalter Investment AG und der Highlight Communications AG an die Aktionäre der Constantin Medien AG v. 18.12.2017.

152 Angebotsunterlage der Studhalter Investment AG und der Highlight Communications AG an die Aktionäre der Constantin Medien AG v. 18.12.2017, S. 23.

diesen Zweck von der begleitenden Bank verpfändet wurden. Die Highlight Communications AG hat 116.209.000 Euro hinterlegt, die Studhalter Investment AG 34.188.000 Euro und die Highlight Event and Entertainment AG 1.812.000 Euro. Die zu erbringende Gegenleistung sollte zunächst aus den von der Highlight Communications AG zur Verfügung gestellten Mitteln erbracht werden. Sollte dieser Betrag nicht ausreichen, sollen die von der Highlight Event and Entertainment AG bereitgestellten Mittel verwendet werden und erst im Anschluss die von der Studhalter Investment AG gestellten Mittel.[153] Ein Vorgehen als Bietergemeinschaft wäre demnach geeignet, die Finanzierungskosten auf mehrere Mitglieder der Bietergemeinschaft zu verteilen.

Eine Verteilung der Finanzierungskosten ist vor dem Hintergrund der potenziell gesamtschuldnerischen Haftung der Mitglieder der Bietergemeinschaft jedoch nur unter der Annahme möglich, dass nicht jedes Mitglied der Bietergemeinschaft den vollen Finanzierungsbetrag aufbringen muss.[154] Ausreichen könnte die Sicherheitsleistung bei der begleitenden Bank in einer Höhe, die den erwarteten Finanzierungsbedarf abdeckt.

Allerdings kann eine Aufteilung der Finanzierung auch ohne den Weg über die Bietergemeinschaft erfolgen. In der weit überwiegenden Zahl der Fälle wird ein öffentliches Kaufangebot nicht durch eine natürliche Person, sondern durch eine allein als Bieter auftretende juristische Person oder, seltener, Personengesellschaft abgegeben.[155] Die an diesen Gesellschaften beteiligten Gesellschafter können die Finanzierung des Übernahmeangebots im Innenverhältnis aufteilen. In der Praxis erfolgt ist dies beispielsweise bei der Übernahme der Aareal Bank AG durch die Atlantic BidCo GmbH. In wirtschaftlicher Hinsicht handelte es sich dabei um ein Angebot des Private-Equity-Investors Advent International, der Centerbridge-Gruppe und

---

153 Angebotsunterlage der Studhalter Investment AG und der Highlight Communications AG an die Aktionäre der Constantin Medien AG v. 18.12.2017, S. 36.

154 Zu dieser Problematik s. Teil III D.II; vgl. zur gesamtschuldnerischen Haftung auch die Angebotsunterlage der Studhalter Investment AG und der Highlight Communications AG an die Aktionäre der Constantin Medien AG v. 18.12.2017, S. 51.

155 Seit dem 21.1.2013 gab es nur 16 öffentliche Angebote von Bietergemeinschaften, also Angebote bei denen mehrere gemeinsam das Angebot abgeben. In demselben Zeitraum wurden lediglich 5 Angebote von einer natürlichen Person alleine abgegeben; zur Gründung einer Bietergesellschaft zu Erwerbszwecken s. auch *Baums/Hecker*, in Baums/Thoma/Verse WpÜG, 13. Lieferung 12.2020, § 2 Rn. 105.

CPPIB.[156] Ein weiteres Beispiel ist das Angebot der Nidda Healthcare Holding AG an die Aktionäre der STADA Arzneimittel Aktiengesellschaft. Bei diesem Angebot wurde die Bietergesellschaft im Ergebnis zu je 50% von den Private-Equity-Unternehmen Bain Capital und Cinven gehalten.[157] Für die Verteilung der Finanzierungslast ist die Errichtung einer Bietergemeinschaft folglich nicht zwingend erforderlich.

b) Umfang des Angebots

Die Finanzierungslast könnte auch gesenkt werden, indem die Anzahl der Aktien, auf die sich das Angebot erstrecken muss, reduziert wird. Grundsätzlich müssen sich Übernahme- und Pflichtangebote gemäß § 32 WpÜG beziehungsweise § 39 WpÜG i.V.m. § 32 WpÜG auf sämtliche Zielgesellschaftsaktien erstrecken (Vollangebotsgrundsatz).[158] Das Angebot muss sich jedoch nicht auf Aktien erstrecken, die von den Bietern selbst gehalten werden. Insbesondere bei einem Pflichtangebot kann dies zur Absenkung der Anzahl der zu erwerbenden Aktien und folglich zur Senkung des Finanzierungsaufwands führen.[159] Deutlich wird dies am Beispiel der Bietergemeinschaft bestehend aus dem Pflichtangebot von Herrn Snijders und dem freiwilligen Erwerbsangebot der Voltaire Finance B.V. an die Aktionäre der Wild Bunch AG. Der Bruttofinanzierungsbetrag der gemeinsamen Angebote betrug 7.503.207,18 Euro. Dieser Betrag ergibt sich aus der Summe

---

156 Vgl. Angebotsunterlage der Atlantic BidCo GmbH an die Aktionäre der Aareal Bank AG v. 26.4.2022, S. 15.

157 Vgl. Angebotsunterlage der Nidda Healthcare Holding AG an die Aktionäre der STADA Arzneimittel Aktiengesellschaft v. 19.07.2017, S. 20 ff.

158 Vgl. auch *Cascante/Tyrolt*, AG 2012, 97 (106); zum Vollangebotsgrundsatz *Thun/Brandi*, in Angerer/Brandi/Süßmann WpÜG, 4. Aufl. 2023, § 32 Rn. 2 f.; *Hasselbach*, in KölnKomm WpÜG, 3. Aufl. 2022, § 32 Rn. 1 ff.; *Ekkenga/Schirrmacher*, in Beurskens/Ehricke/Ekkenga WpÜG, 2. Aufl. 2021, § 32 Rn. 1; *Diekmann*, in Baums/Thoma/Verse WpÜG, 14. Lieferung, Stand 9.2023, § 32 Rn. 1 ff.; *Favoccia*, in Assmann/Pötzsch/Uwe H. Schneider WpÜG, 4. Aufl. 2024, § 32 Rn. 4 ff.; *Mayer-Uellner*, AG 2012, 399 (400 f.).

159 *Süßmann/Brandi*, in Angerer/Brandi/Süßmann WpÜG, 4. Aufl. 2023, § 13 Rn. 9; *Krause*, in Assmann/Pötzsch/Uwe H. Schneider WpÜG, 4. Aufl. 2024, § 13 Rn. 17b; *Berrar/Schnorbus*, in Paschos/Fleischer Hdb Übernahmerecht, 1. Aufl. 2017, § 10 Rn. 21; *Boucsein/Schmiady*, AG 2016, 597 (608); *Mayer-Uellner*, AG 2012, 399 (403); *Cascante/Tyrolt*, AG 2012, 97 (107).

der 23.942.755 insgesamt ausgegebenen Wild Bunch-Aktien, abzüglich der 23.208.586 von der Voltaire Finance B.V. selbst gehaltenen Aktien, die im Anschluss mit dem Angebotspreis von 10,22 Euro je Aktie multipliziert wurde.[160] Ohne die Bildung der Bietergemeinschaft hätte sich das Angebot von Herrn Snijders auf alle Wild Bunch-Aktien erstrecken müssen. Der Bruttofinanzierungsbedarf hätte dann bei 244.694.956 Euro gelegen. Zwar hätte die Voltaire Finance B.V. die Aktien nicht in das Angebot eingeliefert, sodass der Betrag nicht in dieser Höhe als geschuldete Gegenleistung fällig geworden wäre, jedoch hätte sich die Finanzierungsbestätigung gemäß § 13 WpÜG auf den Bruttofinanzierungsbedarf erstrecken müssen.[161] Ohne Bildung der Bietergemeinschaft hätte Herr Snijders folglich eine Finanzierung sicherstellen müssen, die 237.191.749 Euro über der notwendigen Finanzierung nach Bildung der Bietergemeinschaft liegt.

Jedoch ist die Bildung der Bietergemeinschaft auch hier nicht zwingend erforderlich, um den Finanzierungsumfang zu senken. Durch den Abschluss qualifizierter Nichtandienungsvereinbarungen kann derselbe Effekt erreicht werden.[162] Die Gegenleistung muss nicht für Aktien der Zielgesellschaft vorgehalten werden, die einem Aktionär gehören, mit dem der Bieter eine schuldrechtliche Vereinbarung geschlossen hat, die Aktien nicht in das Angebot einzuliefern und für das Depot, auf dem sich die Aktien befinden, eine Depotsperre eingerichtet ist, und der Aktionär einer Vertragsstrafe in

160 Vgl. Angebotsunterlage des Ingmarus Johannes Maria Snijders und der Voltaire Finance B.V. an die Aktionäre der Wild Bunch AG v. 13.1.2022, S. 37.

161 *Süßmann/Brandi*, in Angerer/Brandi/Süßmann WpÜG, 4. Aufl. 2023, § 13 Rn. 9; *Krause*, in Assmann/Pötzsch/Uwe H. Schneider WpÜG, 4. Aufl. 2024, § 13 Rn. 17b.

162 Vgl. *Seibt*, CFL 2011, 213 (230); *Süßmann/Brandi*, in Angerer/Brandi/Süßmann WpÜG, 4. Aufl. 2023, § 13 Rn. 20; *Krause*, in Assmann/Pötzsch/Uwe H. Schneider WpÜG, 4. Aufl. 2024, § 13 Rn. 79a; *Berrar/Schnorbus*, in Paschos/Fleischer Hdb Übernahmerecht, 1. Aufl. 2017, § 10 Rn. 26; *Boucsein/Schmiady*, AG 2016, 597 (608); *Mayer-Uellner*, AG 2012, 399 (405 f.); *Gei/Kiesewetter*, AG 2012, 741 (746); Praxisbeispiele: Angebotsunterlage der Port of Hamburg Beteiligungsgesellschaft SE an die Aktionäre der Hamburger Hafen und Logistik Aktiengesellschaft v. 23.10.2023, S. 50 f.; Angebotsunterlage der Orchid Lux HoldCo S.à r.l. an die Aktionäre der OHB SE v. 15.9.2023, S. 34; sowie Angebotsunterlage der Fahrenheit AcquiCo GmbH an die Aktionäre der va-Q-tec AG v. 16.1.2023, S. 43; zu qualifizierten Nichtandienungsvereinbarungen s.u. Teil III C.IV.

Höhe der Gegenleistung unterliegt, soweit er seine Aktien in das Angebot einliefert.[163]

So erfolgt ist dies zum Beispiel bei dem Übernahmeangebot der Studhalter Investment AG und der Highlight Communications AG an die Aktionäre der Constantin Medien AG. Hier haben die Bieter mit der Gesellschafterin der Highlight Communications AG, die Aktien der Constantin Medien AG hielt, eine Vereinbarung geschlossen, die die Gesellschafterin dazu verpflichtet, die Aktien weder an Dritte zu veräußern noch im Rahmen des Angebots anzudienen oder mit Rechten Dritter zu belasten. Bei Verstoß gegen diese Vereinbarung wurde eine Vertragsstrafe auf erstes Anfordern in Höhe des Angebotspreises multipliziert mit der Anzahl der von der Gesellschafterin eingereichten Aktien vereinbart. Diese Vertragsstrafe wurde besichert, indem die Gesellschafterin unwiderrufliche Verfügungssperren durch ihre Depotbanken für die gehaltenen Aktien an der Constantin Medien AG hat errichten lassen.[164] Durch die Vereinbarung solcher qualifizierter Nichtandienungsvereinbarungen können die davon erfassten Zielgesellschaftsaktien bei der Berechnung des maximalen Transaktionsbetrags außer Betracht bleiben.[165]

c) Zwischenergebnis

Die Bietergemeinschaft ist ungeachtet einer möglichen Gesamtschuldnerschaft jedenfalls im Innenverhältnis geeignet die Finanzierungslast zwischen den Mitgliedern der Bietergemeinschaft aufzuteilen. Dies kann jedoch auch durch die Gesellschafter einer einzelnen Bietergesellschaft erreicht werden, ohne dafür eine Bietergemeinschaft bilden zu müssen. Durch die Bildung einer Bietergemeinschaft kann die Zahl der Aktien, auf die sich das Angebot

---

163 *Seibt*, CFL 2011, 213 (230); *Boucsein/Schmiady*, AG 2016, 597 (608); *Mayer-Uellner*, AG 2012, 399 (405 f.); vgl. auch *Süßmann/Brandi*, in Angerer/Brandi/Süßmann WpÜG, 4. Aufl. 2023, § 13 Rn. 20; *Möllers*, in KölnKomm WpÜG, 3. Aufl. 2022, § 13 Rn. 77; *Krause*, in Assmann/Pötzsch/Uwe H. Schneider WpÜG, 4. Aufl. 2024, § 13 Rn. 79a; *Wackerbarth*, in MüKo AktG, 5. Aufl. 2021, § 13 WpÜG Rn. 11; *Berrar/Schnorbus*, in Paschos/Fleischer Hdb Übernahmerecht, 1. Aufl. 2017, § 10 Rn. 28; *Mayer-Uellner*, AG 2012, 399 (405 f.); *Gei/Kiesewetter*, AG 2012, 741 (746); *Kiesewetter/Frehse*, AG 2023, 230 (235).

164 Angebotsunterlage der Studhalter Investment AG und der Highlight Communications AG an die Aktionäre der Constantin Medien AG v. 18.12.2017, S. 38.

165 *Süßmann/Brandi*, in Angerer/Brandi/Süßmann WpÜG, 4. Aufl. 2023, § 13 Rn. 20; *Krause*, in Assmann/Pötzsch/Uwe H. Schneider WpÜG, 4. Aufl. 2024, § 13 Rn. 79a.

erstrecken muss und damit der Finanzierungsaufwand reduziert werden. Dieselbe Wirkung kann jedoch auch durch den Abschluss qualifizierter Nichtandienungsvereinbarungen erzielt werden.

3. Delisting

Auch im Zusammenhang mit dem Widerruf der Zulassung von Wertpapieren zum Handel im regulierten Markt (Delisting) kann die Bietergemeinschaft ein in Betracht zu ziehendes Gestaltungsmittel sein. Gemäß § 39 Abs. 2 Satz 3 Nr. 1 BörsG ist der Widerruf der Zulassung von Wertpapieren zum Handel im regulierten Markt nur zulässig, wenn bei Antragstellung unter Hinweis auf den Antrag eine Unterlage über ein Angebot zum Erwerb aller Wertpapiere, die Gegenstand des Antrags sind, nach den Vorschriften des Wertpapiererwerbs- und Übernahmegesetzes veröffentlicht wurde. Ein Delisting auf Antrag des Emittenten erfordert also ein Delisting-Erwerbsangebot.[166] Das Angebot kann durch den Emittenten, einen seiner Großaktionäre oder einen sonstigen Dritten unterbreitet werden. Gesetzliche Vorgaben zu der Person des Bieters bestehen nicht.[167] Typischerweise wird das Delisting-Erwerbsangebot von einem Großaktionär abgegeben.[168] Das Delisting-Erwerbsangebot kann jedoch auch durch den Emittenten selbst

---

166 *Habersack*, in Habersack/Mülbert/Schlitt Unternehmensfinanzierung, 5. Aufl. 2025, § 40 Rn. 39.15.

167 *Eckhold*, in Marsch-Barner/Schäfer Hdb börsennotierte AG, 5. Aufl. 2022, § 63 Rn. 63.30; *Heidelbach*, in Schwark/Zimmer KMRK, 5. Aufl. 2020, § 39 BörsG Rn. 23; *Kocher/Seiz*, DB 2016, 153 (154).

168 *Guntermann*, NZG 2021, 1621; *Bungert/Leyendecker-Langner*, ZIP 2016, 49 (52); *Wieneke/Schulz*, AG 2016, 809 (811); *Kocher/Seiz*, DB 2016, 153 (154); Praxisbeispiele: Delisting-Erwerbsangebot der Oak Holdings GmbH an die Aktionäre der Vantage Towers AG, v. 5.4.2023; Delisting-Erwerbsangebot der Fujitsu ND Solutions AG an die Aktionäre der GK Software SE, v. 17.5.2023; auch durch Bietergemeinschaften wurden in der Vergangenheit bereits Delisting-Erwerbsangebote abgegeben: Pflicht- und Delisting-Erwerbsangebot der Shareholder Value Beteiligungen AG und der Share Value Stiftung an die Aktionäre der SMT Scharf AG vom 2.2.2021 sowie Delisting-Erwerbsangebot der RAS Beteiligungs GmbH und der LSW GmbH und der SGW-Immo-GmbH an die Aktionäre der home24 SE vom 28.7.2023 sowie Delisting-Erwerbsangebot der MedNation AG und der CHAPTERS Group AG und des Herrn Dirk Isenberg und des Herrn Mathias Niedermeier und des Herrn Peter Potocnik an die Aktionäre der MedNation AG vom 29.11.2024.

abgegeben werden (sogenanntes Self-Tender-Offer).[169] Durch eine Bietergemeinschaft ist ein solches Self-Tender-Offer am 19. November 2024 durch die MedNation AG gemeinsam mit der CHAPTERS Group AG und Dirk Isenberg, Mathias Niedermeier und Peter Potocnik an die Aktionäre der MedNation AG abgegeben worden.

a) Herausforderungen bei Abgabe eines Self-Tender-Offer und Lösungsmöglichkeit durch Bildung einer Bietergemeinschaft

Das Self-Tender-Offer stellt den Emittenten vor zwei zentrale Herausforderungen. Zum einen setzt das Self-Tender-Offer voraus, dass der Emittent über die hierfür erforderlichen finanziellen Mittel verfügt oder sich diese kurzfristig beschaffen kann. Ferner unterliegt der Erwerb eigener Aktien der 10%-Grenze des § 71 Abs. 1 Nr. 8, Abs. 2 AktG, soweit nicht eine Ermächtigung gemäß § 71 Abs. 1 Nr. 6 AktG vorliegt.[170] Vor dem Hintergrund der aktienrechtlichen Problematik wurde teilweise gar die Behauptung aufgestellt, dass ein Self-Tender-Offer kaum je praktisch relevant werden würde.[171] Ganz ohne praktische Relevanz ist das Self-Tender-Offer jedoch nicht geblieben, wie das Delisting der Rocket Internet SE im Wege eines Self-Tender-Offer zeigt.

Sowohl die Herausforderung bei der Finanzierung als auch die Problematik um die 10%-Grenze des § 71 Abs. 1 Nr. 8, Abs. 2 AktG können durch das Vorgehen als Bietergemeinschaft überwunden werden. Fehlen dem Emittenten die erforderlichen finanziellen Mittel, kann ein Dritter (zum Beispiel ein Finanzinvestor) in Bietergemeinschaft mit dem Emittenten ein Erwerbsangebot zu denselben Konditionen, wie das Delisting-Erwerbsangebot des Emittenten abgeben, oder sich dem Delisting-Erwerbsangebot der Emittentin

---

[169] So z.B. geschehen beim Delisting der Rocket Internet SE, vgl. Angebotsunterlage v. 1.10.2020; zur Zulässigkeit des Self-Tender-Offer *Eckhold*, in Marsch-Barner/Schäfer Hdb börsennotierte AG, 5. Aufl. 2022, § 63 Rn. 63.31 f.; *Guntermann*, NZG 2021, 1621 ff.; eine Zulässigkeit ebenfalls bejahend *Heidelbach*, in Schwark/Zimmer KMRK, 5. Aufl. 2020, § 39 BörsG Rn. 23; *Kocher/Seiz*, DB 2016, 153 (154).

[170] Vgl. *Guntermann*, NZG 2021, 1621 (1622 f.); eine solche Ermächtigung gemäß § 71 Abs. 1 Nr. 6 AktG nutzte die Rocket Internet SE bei ihrem Self-Tender-Offer, Angebotsunterlage der Rocket Internet SE an die Aktionäre der Rocket Internet SE v. 1.10.2020, S. 46.

[171] So *Kocher/Seiz*, DB 2016, 153 (154); ähnlich auch *Guntermann*, NZG 2021, 1621 (1628).

anschließen.[172] Dies ist für den Emittenten insofern von Vorteil, als der Finanzinvestor nach dem Delisting die weitere Finanzierung unterstützen kann.

Auch die gegebenenfalls relevanten aktienrechtlichen Beschränkungen können durch das Vorgehen als Bietergemeinschaft vermieden werden. Soweit eine Ermächtigung gemäß § 71 Abs. 1 Nr. 6 AktG nicht vorliegt, kann eine Aktiengesellschaft eigene Aktien nur innerhalb der durch § 71 Abs. 1 Nr. 8, Abs. 2 AktG festgelegten Grenzen erwerben. Diese Beschränkung des Self-Tender-Offers kann mit der Vollangebotspflicht konfligieren.[173] Gemäß § 39 Abs. 2 Satz 3 Nr. 1 BörsG muss sich das Delisting-Erwerbsangebot auf den Erwerb aller Wertpapiere erstrecken, die Gegenstand des Delisting-Antrags sind. Überschreitet die Zahl der Wertpapiere, auf die sich der Delisting-Antrag erstreckt, die Zahl der maximal erwerbbaren eigenen Aktien des Emittenten, ist dieser darauf angewiesen, dass das Self-Tender-Offer nur von einer bestimmten Anzahl an Aktionären angenommen wird. Dies könnte durch qualifizierte Nichtandienungsvereinbarungen mit einzelnen Aktionären sichergestellt werden.[174] Die Zulässigkeit qualifizierter Nichtandienungsvereinbarungen bei Delisting-Erwerbsangeboten wurde vereinzelt abgelehnt. Die Nichtandienungsvereinbarungen führen faktisch dazu, dass das Angebot nicht an alle börsennotierten Aktien des Emittenten gerichtet ist, worin ein Verstoß gegen den Vollangebotsgrundsatz liegen soll.[175] Dies wird überwie-

---

172 Das Erwerbsangebot ist genauso wie das Delisting-Erwerbsangebot auf den Erwerb aller Aktien zu richten. Allerdings ist ein Kontrollerwerb durch den Finanzinvestor hier nicht angestrebt. Wäre dies der Fall, könnte der Finanzinvestor ein kombiniertes Übernahme- und Delistingerwerbsangebot abgeben. Das Self-Tender-Offer wäre dann nicht nötig; dem Delisting-Erwerbsangebot der MedNation AG als Emittentin angeschlossen haben sich die CHAPTERS Group AG sowie Dirk Isenberg, Mathias Niedermeier und Peter Potocnik; s. Angebotsunterlage der MedNation AG und der CHAPTERS Group AG und des Dirk Isenberg und des Mathias Niedermeier und des Peter Potocnik an die Aktionäre der MedNation AG v. 29.11.2024.

173 Zum Begriff des Vollangebots s. *Eckhold*, in Marsch-Barner/Schäfer Hdb börsennotierte AG, 5. Aufl. 2022, § 63 Rn. 63.26.

174 Vgl. *Guntermann*, NZG 2021, 1621 (1627). Auch bei dem Self-Tender-Offer der Rocket Internet SE haben die Global Founders GmbH sowie Herr Oliver Samwer als Großaktionär und der Aufsichtsratsvorsitzende, Herr Prof. Dr. Marcus Englert sowie Herr Norbert Lang (Mitglied des Aufsichtsrats) solchen qualifizierten Nichtandienungsvereinbarungen mit der Rocket Internet SE abgeschlossen, s. Angebotsunterlage der Rocket Internet SE an die Aktionäre der Rocket Internet SE v. 1.10.2020, S. 46 f.

175 *Heidel*, BKR 2021, 438 (441).

gend zurückgewiesen.[176] Es wird richtigerweise eingewandt, dass sich das Angebot formal an alle Aktionäre richtet. Rechtlich ist der Aktionär, der sich zur Nichtannahme verpflichtet, nicht gehindert, das Angebot anzunehmen.[177] Ferner sollten Anleger auf ihren Individualschutz verzichten können.[178] Wird entgegen überzeugender Argumente die Zulässigkeit der Vereinbarung von Nichtandienungsvereinbarungen bei Delisting-Erwerbsangeboten abgelehnt, verschärft das die Problematik der Erwerbsgrenzen eigener Aktien bei einem Self-Tender-Offer. Die Überwindung dieser Problematik durch ein parallel in Bietergemeinschaft von einem Dritten abgegebenes Erwerbsangebot würde dadurch noch bedeutsamer.

Unabhängig von der Zulässigkeit qualifizierter Nichtandienungsvereinbarungen bei Delisting-Erwerbsangeboten sind Konstellationen denkbar, in denen es nicht möglich oder praktikabel ist, qualifizierte Nichtandienungsvereinbarungen zu schließen. Etwa, wenn die ausstehenden Aktien von einer Vielzahl kleiner Aktionäre gehalten werden oder Großaktionäre kein Interesse an dem Abschluss einer solchen Vereinbarung haben. Hier würde der Emittent Gefahr laufen, dass er mehr eigene Aktien erwerben muss als gemäß § 71 Abs. 1 Nr. 8, Abs. 2 AktG zulässig. Die Bildung der Bietergemeinschaft mit einem parallel abgegebenen Erwerbsangebot ermöglicht im Innenverhältnis die Aufteilung der Aktien zwischen den Mitgliedern der Bietergemeinschaft.[179] Es könnte im Innenverhältnis der Mitglieder der Bietergemeinschaft vereinbart werden, dass der Emittent eingelieferte Aktien bis hin zu der Grenze des § 71 Abs. 1 Nr. 8, Abs. 2 AktG erwirbt und das andere Mitglied der Bietergemeinschaft alle übrigen eingelieferten Aktien. So erfolgt ist dies bei dem Delisting-Erwerbsangebot der MedNation AG und der CHAPTERS Group AG und Dirk Isenberg, Mathias Niedermeier und Peter Potocnik an die Aktionäre der MedNation AG vom 29. November 2024.[180]

---

176 *Eckhold*, in Marsch-Barner/Schäfer Hdb börsennotierte AG, 5. Aufl. 2022, § 63 Rn. 63.29; *Guntermann*, NZG 2021, 1621 (1627); implizit auch *Kocher/Seiz*, DB 2016, 153 (156).

177 *Guntermann*, NZG 2021, 1621 (1627).

178 *Eckhold*, in Marsch-Barner/Schäfer Hdb börsennotierte AG, 5. Aufl. 2022, § 63 Rn. 63.29; *Guntermann*, NZG 2021, 1621 (1627).

179 Zur Zulässigkeit der Aufteilung des dinglichen Erwerbs s. Teil III D.III.4.b).

180 Angebotsunterlage der MedNation AG und der CHAPTERS Group AG und des Dirk Isenberg und des Mathias Niedermeier und des Peter Potocnik an die Aktionäre der MedNation AG v. 29.11.2024, S. 15 f.

Die Bietergemeinschaft ermöglicht dann die Abgabe eines Self-Tender-Offers, ohne die Grenzen des § 71 Abs. 1 Nr. 8, Abs. 2 AktG zu überschreiten.

Für einen etwaigen Großaktionär der Emittentin ist das Self-Tender-Offer von Vorteil, da er sich die Kosten für ein eigenes Erwerbsangebot spart.[181] Soll der Finanzinvestor nur eine bestimmte Anzahl an Stimmrechten (zum Beispiel 25%) erwerben, kann dies über die Aufteilung des dinglichen Erwerbs im Innenverhältnis zwischen Emittent und Finanzinvestor festgelegt werden. Die von der Emittentin erworbenen Aktien können dann eingezogen oder wertgerecht weiterveräußert werden.[182]

b) Zulässigkeit der Bietergemeinschaft bei Delisting-Erwerbsangeboten und Anforderungen an das Erwerbsangebot des Dritten

Für das oben beschriebene Vorgehen ist erforderlich, dass die Abgabe eines Erwerbsangebots durch einen Dritten in Bietergemeinschaft mit dem Self-Tender-Offer des Emittenten zulässig ist. Im Ausgangspunkt herrscht Einigkeit, dass ein Delisting-Erwerbsangebot mit einem Pflichtangebot oder auch einem Übernahmeangebot kombiniert werden kann.[183] Die Ausführungen beziehen sich dabei jedoch nicht auf die Abgabe als Bietergemeinschaft, sondern durch einen einzelnen Bieter. Dies wäre auch dann der Fall, wenn zwar davon ausgegangen wird, dass ein Delisting-Erwerbsangebot durch einen Zusammenschluss mehrerer Aktionäre abgegeben werden kann, diese sich allerdings in Anlehnung an die Squeeze-out-Regelung des § 327c Abs. 1 Nr. 1 AktG zu einer BGB-Gesellschaft zusammenschließen müssten. Als Grund hierfür wird angeführt, dass die Minderheitsaktionäre einen zuverlässigen Schuldner erhalten.[184] Insofern wird jedoch verkannt, dass es für die Aktionäre, die ihre Desinvestitionsmöglichkeit wahrnehmen wollen, keinen Unterschied macht, ob neben dem Self-Tender-Offer ein

---

[181] *Guntermann*, NZG 2021, 1621 (1624).

[182] Vgl. *Guntermann*, NZG 2021, 1621 (1622).

[183] *Bungert/Leyendecker-Langner*, ZIP 2016, 49 (52 f.); zur Kombination mit einem Pflichtangebot *Heidelbach*, in Schwark/Zimmer KMRK, 5. Aufl. 2020, § 39 BörsG Rn. 23; zur Kombination mit einem Übernahmeangebot *Eckhold*, in Marsch-Barner/Schäfer Hdb börsennotierte AG, 5. Aufl. 2022, § 63 Rn. 63.24; *Wieneke/Schulz*, AG 2016, 809 (811); *Kocher/Seiz*, DB 2016, 153 (156).

[184] *Benecke*, WM 2004, 1122 (1126).

weiteres Erwerbsangebot im Rahmen einer Bietergemeinschaft abgegeben wird.[185] Vielmehr erhalten die Aktionäre einen zusätzlichen Schuldner. Für eine Zulässigkeit des oben beschriebenen Vorgehens spricht auch, dass das Delisting-Erwerbsangebot grundsätzlich von jedem abgegeben werden kann, der tauglicher Bieter im Sinne des WpÜG ist (§ 39 Abs. 2 Satz 3 Nr. 1 BörsG i.V.m. § 2 Abs. 4 WpÜG), also auch einer Bietergemeinschaft. Es kann börsenrechtlich keinen Unterschied machen, ob die Erwerbergesellschaften eine gemeinsame Erwerbsgesellschaft errichten, die als alleinige Bieterin auftreten soll, oder eine Erwerbergemeinschaft gemeinschaftlich erwirbt. Zum Beispiel können auch Aktionäre als Erwerbergemeinschaft gemeinsam mit dem Emittenten auftreten.[186]

In der Übernahmepraxis gab es einen Fall gemeinsamen Abgabe eines Delisting-Erwerbsangebots in Form eines Self-Tender-Offers durch eine Bietergemeinschaft, nämlich das Delisting-Erwerbsangebot der MedNation AG und der CHAPTERS Group AG, des Dirk Isenberg, Mathias Niedermeier und des Peter Potocnik an die Aktionäre der MedNation AG.

Vor dem Hintergrund des genannten Praxisfalles und der obigen Argumente ist die Abgabe eines Erwerbsangebots durch einen Dritten in Bietergemeinschaft mit dem Self-Tender-Offer des Emittenten grundsätzlich zulässig.

Die Zulässigkeit im Einzelfall hängt von der Ausgestaltung des durch den Dritten abgegebenen Erwerbsangebots ab. Die Angebotsunterlage des Erwerbsangebots muss dabei den strengsten der einschlägigen Vorschriften entsprechen.[187] Das heißt, dass das Erwerbsangebot des Dritten zu denselben Konditionen abgegeben werden, muss wie das Delisting-Erwerbsangebot des Emittenten. Insbesondere ist der gleiche Angebotspreis anzubieten.[188] Eine Kombination von Pflicht- und freiwilligem Erwerbsangebot ist nur zulässig,

---

185 Vgl. *Guntermann*, NZG 2021, 1621.

186 *Eckhold*, in Marsch-Barner/Schäfer Hdb börsennotierte AG, 5. Aufl. 2022, § 63 Rn. 63.30 f.

187 S. *Seibt*, in BeckFormb M&A, 4. Aufl. 2025, Form E.III.4 für ein Muster einer Angebotsunterlage.

188 Vgl. *Seibt*, CFL 2011, 213 (223) zu der Kombination aus Pflicht- und freiwilligen Übernahmeangebot; *Kiesewetter/Kiefner*, CFL 2011, 284 (286) zu der Kombination aus Pflicht- und freiwilligen Erwerbsangebot.

soweit sich die Rechtsposition der Aktionäre der Zielgesellschaft durch die Abgabe des gemeinsamen Angebots unter keinen Umständen verschlechtert. Beispielsweise darf durch die Bildung der Bietergemeinschaft kein Kartellvorbehalt entstehen.[189] Diese Überlegung ist auf die Bietergemeinschaft im Falle eines Self-Tender-Offers zu übertragen.

Das Delisting-Erwerbsangebot gemäß § 39 Abs. 3 Satz 1 BörsG ist grundsätzlich bedingungsfeindlich. Folglich kann auch das in Bietergemeinschaft abgegebene Erwerbsangebot des Dritten nicht von Bedingungen abhängig gemacht werden. Von der Bedingungsfeindlichkeit des Delisting-Erwerbsangebot soll allerdings dahingehend eine Ausnahme gemacht werden, als das Angebot davon abhängig gemacht werden kann, ob der Vorstand des Emittenten tatsächlich den Widerrufsantrag stellt und dieser von der Börse positiv beschieden wird. Beides liegt nicht in der Kontrolle des Bieters, der aber in Vorleistung treten muss, da bereits bei Antragstellung das Delisting-Erwerbsangebot abgegeben worden sein muss. Es wäre unangemessen dem Bieter dieses Risiko aufzubürden, da die Aktionäre aus der Nichtdurchführung des Angebots keinen Nachteil haben, wenn es nicht zum Delisting kommt.[190] Wenn das Self-Tender-Offer unter die Bedingung gestellt werden kann, dass tatsächlich ein positiv beschiedener Delisting-Antrag vorliegt, muss dies auch für das Erwerbsangebot des Dritten gelten.

c) Zwischenergebnis

Die praktischen Hürden, die einem Delisting Self-Tender-Offer oftmals entgegenstehen, können durch ein parallel in Bietergemeinschaft von einem Dritten abgegebenes Erwerbsangebot überwunden werden. Ein solches Vorgehen ist zulässig, wenn das Erwerbsangebot des Dritten zu denselben Konditionen abgegeben wird, wie das Self-Tender-Offer.

---

189 *Kiesewetter/Kiefner*, CFL 2011, 284 (286).

190 *Kocher/Seiz*, DB 2016, 153 (156); vgl. auch *Eckhold*, in Marsch-Barner/Schäfer Hdb börsennotierte AG, 5. Aufl. 2022, § 63 Rn. 63.35.

4. Strategische Erwägungen

Wie bereits oben dargelegt,[191] sind die Geschäftsleiter deutscher Unternehmen verpflichtet Unternehmensübernahmen risikoadäquat zu gestalten.[192] Hierzu kann sich die Bildung einer Bietergemeinschaft anbieten, um etwa eine Exit-Möglichkeit durch die Vereinbarung von Put-Optionen zu schaffen.[193]

Die Kooperation kann dabei durch das Vorgehen als Bietergemeinschaft erfolgen. Natürlich können die Partner sich auch gemeinsam an einer Bietergesellschaft beteiligen. Allerdings bietet die Bietergemeinschaft den Mitgliedern die Möglichkeit, unmittelbar Aktien des Zielunternehmens zu erwerben. Die unmittelbare Beteiligung vermittelt den Mitgliedern jeweils größere Flexibilität. So können zum Beispiel die börsennotierten Aktien der Zielgesellschaft im materialisierten Risikofall einfacher abgestoßen werden als Anteile an einer nichtbörsennotierten Bietergesellschaft. Die gemeinsame Kontrolle der Zielgesellschaft kann durch Stimmbindungsverträge sichergestellt werden.

Andererseits bedeutet ein Kooperationspartner auch immer ein Risiko.[194] Diesem Risiko muss mit sorgfältiger Auswahl des Partners und vorausschauenden vertraglichen Abreden zwischen den Mitgliedern der Bietergemeinschaft begegnet werden.

D. Ergebnis Teil I

Die bieterseitige Kooperation bei der Übernahme börsennotierter Unternehmen kann zahlreiche finanzielle und strategische Vorteile mit sich bringen. So ermöglicht die Kooperation die Aufteilung der Finanzierung, was große Transaktionen oftmals erst ermöglicht. Auch zeigen Untersuchungen aus den USA, dass der Angebotspreis bei Kooperation auf Bieterseite oftmals deutlich geringer ausfällt. Auf strategischer Ebene verstärkt die Kooperation die Verhandlungsposition der Bieter und ermöglicht die Nutzung von Wissen und Erfahrung der Kooperationspartner. Entscheidend für den Erfolg

---

[191] S. Teil I B.I.2.

[192] *Seibt*, AG 2022, 833 (835 f.); zum Begriff des Geschäftsleiters s. *Seibt*, DB 2016, 1978 ff.; *Seibt*, AG 2022, 833 ff.

[193] *Seibt*, AG 2022, 833 (835 f.); s. dazu auch Teil I B.I.2.

[194] Vgl. *Seibt*, AG 2022, 833 (836).

der Übernahme ist die Wahl der richtigen Kooperationspartner. Hier ist der Pool möglicher Kooperationspartner größer als je zuvor. In Betracht kommen insbesondere Unternehmen, die als strategische Bieter auftreten, Private-Equity-Unternehmen selbst aber auch Family Offices und Staatsfonds.

Die am weitaus häufigsten gewählte Struktur der bieterseitigen Kooperation ist das Zusammenwirken mehrerer Kooperationspartner durch eine hierfür errichtete Bietergesellschaft. Eine Kooperation kann aber auch durch Vereinbarung vor Angebotsabgabe mit dem Bestandsaktionär erfolgen, wenn dieser in der Zielgesellschaft verbleiben soll. Auch mit oder nach Vollzug des öffentlichen Angebots kann der Bieter mit Dritten kooperieren. Dies erfolgt in der Praxis zumeist durch Beteiligung des Kooperationspartners an der Bietergesellschaft, oder einer diese beherrschenden Gesellschaft, nach Vollzug des Angebots.

Zu Beginn des Kapitels wurde die Frage gestellt, wann und von wem die Bietergemeinschaft im öffentlichen Übernahmerecht genutzt wird. Nach Analyse der Praxisfälle ist festzustellen, dass Bietergemeinschaften sowohl von strategischen Investoren als auch Finanzinvestoren gebildet werden. Angesichts der geringen Fallzahl ist es nicht verwunderlich, dass sich die analysierten Fallbeispiele auf selten Ausnahmefälle beschränken. Die Bietergemeinschaft dient dabei mehr als Gestaltungsmittel zur Bewältigung von Sonderkonstellationen, denn als Kooperationsform. In der Regel wird mit der Bietergemeinschaft die Verteilung des dinglichen Erwerbs der eingelieferten Zielgesellschaftsaktien auf die Mitglieder der Bietergemeinschaft bezweckt. Insbesondere kann dies bedeutende Vorteile bei der Abgabe von Delisting-Self-Tender-Offers mit sich bringen. Über die analysierten Gestaltungsmöglichkeiten hinaus bieten sich auch weitere Kooperationsmöglichkeiten an. So kann zum Beispiel die Verteilung des finanziellen Aufwands einer Übernahme durch die Bildung einer Bietergemeinschaft erreicht werden.

Die Analyse der Fallbeispiele zeigt, dass die in der Praxis bezweckten Gestaltungsvarianten der Bietergemeinschaft von einigen offenen Rechtsfragen abhängen. So ist zunächst zu klären, wann ein Angebot einer Bietergemeinschaft überhaupt vorliegt und warum dies von Bedeutung ist.[195] Ferner ist zu erörtern, ob das Vorgehen als nachträgliche Bietergemeinschaft zulässig ist.[196]

---

[195] S. dazu Teil II.

[196] S. dazu Teil III D.I.2.b).

Weiterhin ist zu klären, ob die Aufspaltung des dinglichen Erwerbs wirksam möglich ist.[197] Außerdem ist zu überlegen, welche Besonderheiten im Zuge der gemeinsamen Abgabe eines Angebots im Verlauf des Angebotsverfahrens auftreten.[198] Dabei ist insbesondere zu erörtern, wie die Aufteilung der Finanzierungskosten vor dem Hintergrund der potenziell gesamtschuldnerischen Haftung der Mitglieder der Bietergemeinschaft erfolgen kann.[199]

197 S. dazu Teil III D.III.4.b).
198 Dazu insgesamt Teil III.
199 S. dazu Teil III D.II.

Begriff und Anwendungsbereich der Bietergemeinschaft

A. Einführung

Die Praxisfälle, die als „Bietergemeinschaft“ bezeichnet werden, sind freiwillige Zusammenschlüsse von natürlichen oder juristischen Personen.[200] Ob es sich dabei tatsächlich um Bietergemeinschaften im Sinne von § 2 Abs. 4 WpÜG handelt, wird im folgenden Kapitel herausgearbeitet. Die Frage, ob es sich bei den Praxisfällen um Bietergemeinschaften im Sinne von § 2 Abs. 4 WpÜG handelt, ist dafür relevant, ob die mit der Bildung der Bietergemeinschaft verfolgten, in Teil I herausgearbeiteten, Ziele erreicht werden. So könnte sich die Frage, ob das Angebot durch einen Bieter allein oder mehrere Bieter gemeinsam abgeben wird, darauf auswirken, ob die Aufteilung des dinglichen Erwerbs der eingelieferten Aktien möglich ist.[201] Auch bestimmt das Vorliegen oder Nichtvorliegen einer Bietergemeinschaft darüber, ob mehrere Angebote nebeneinander abgegeben werden können oder nur ein Bieter ein einzelnes Angebot abgibt. Letztlich könnte das Vorliegen einer Bietergemeinschaft auch über die Zulässigkeit entscheiden, einem ursprünglichen

200 S. z.B. Angebot der RAS Beteiligungs GmbH und der LSW GmbH und der SGW-Immo-GmbH an die Aktionäre der home24 SE, Angebotsunterlage v. 11.11.2022, S. 7; Angebot der Tahoe Investors GmbH und der Brillant 1953. GmbH an die Aktionäre der ALNO Aktiengesellschaft, Angebotsunterlage v. 16.11.2016, S. 8; Angebot des Herrn Ingmarus Johannes Maria Snijders und der Voltaire Finance B.V. an die Aktionäre der Wild Bunch AG, Angebotsunterlage v. 13.1.2022, S. 9; zu einem vollständigen Überblick über die von Bietergemeinschaften abgegebenen öffentlichen Übernahmeangebote seit 2013 s. Anlage 1.

201 S. dazu Teil III D.III.4.b).

Bieter weitere Bieter an die Seite zu stellen (nachträgliche Bietergemeinschaft).[202] Um diese Fragen beantworten zu können, wird zunächst der Begriff der Bietergemeinschaft mit Inhalt gefüllt (Teil II B). Anschließend werden die eben aufgeworfenen Punkte auf ihre Konsequenzen überprüft (Teil II C). Auf der Basis der dann gefundenen Ergebnisse wird herausgearbeitet, wie ein Bietergemeinschaft zu gestalten ist, um die Kooperations- und Gestaltungsmöglichkeiten der Bietergemeinschaft voll ausnutzen zu können (Teil II D).

B. Begriff der Bietergemeinschaft

Gemäß § 2 Abs. 4 WpÜG kann ein Angebot von einem Bieter gemeinsam mit anderen Personen abgegeben werden. Dieses gemeinsame Abgeben eines Angebots wird als Bietergemeinschaft bezeichnet.[203] Wann eine solche Bietergemeinschaft vorliegt, ist gesetzlich nicht weiter geregelt. Um die Frage, ob es sich bei sämtlichen seit 2013 in der Praxis abgegebenen Angeboten mehrerer Personen um Bietergemeinschaften im Sinne von § 2 Abs. 4 WpÜG handelt, beantworten zu können, ist ein Konkretisierung des Begriffs der Bietergemeinschaft erforderlich.

I. Personenzahl und erforderliche Bietereignung

Die Konkretisierung des Begriffs der Bietergemeinschaft erfordert zunächst eine Auseinandersetzung mit der Frage, wie viele Personen für die Bildung der Bietergemeinschaft erforderlich sind und ob diese Personen jeweils selbst Bieter sein können müssen.

Die Bietergemeinschaft erfordert gemäß § 2 Abs. 4 WpÜG die Angebotsabgabe durch den Bieter und andere Personen. Es müssen also mindestens zwei Personen an der Bietergemeinschaft beteiligt sein.

Nach dem Wortlaut des § 2 Abs. 4 WpÜG muss mindestens eine Person Bieter im Sinne von § 2 Abs. 4 WpÜG sein. Der zweite Beteiligte der

---

202 Zur Zulässigkeit der nachträglichen Bietergemeinschaft s. Teil III D.I.2.b).

203 Vgl. Begr. RegE, BT-Drucks. 14/7034, S. 34; *Angerer*, in Angerer/Brandi/Süßmann WpÜG, 4. Aufl. 2023, § 2 Rn. 19; *Heinrich/Mock*, in KölnKomm WpÜG, 3. Aufl. 2022, § 2 Rn. 139; *Favoccia*, in Assmann/Pötzsch/Uwe H. Schneider WpÜG, 4. Aufl. 2024, § 2 Rn. 91; *Baums/Hecker*, in Baums/Thoma/Verse WpÜG, 13. Lieferung 12.2020, § 2 Rn. 109.

Bietergemeinschaft muss nach dem Gesetzeswortlaut eine andere Person sein. Auffällig ist, dass nicht die Formulierung „*gemeinsam mit anderen Bietern*" gewählt wurde. Dies setzt sich in der Regierungsbegründung zum Gesetzesentwurf fort: „*Treten mehrere Personen gemeinsam als Bieter auf*".[204] Auch hier wäre die Formulierung „*Treten mehrere Bieter gemeinsam auf*" naheliegender gewesen, soweit der zweite Beteiligte der Bietergemeinschaft ein Bieter im Sinne von § 2 Abs. 4 WpÜG sein müsste. Dies wirft die Frage auf, ob der zweite Beteiligte überhaupt Bieter sein muss. Nach der Formulierung in der Regierungsbegründung hat jeder Beteiligte an der Bietergemeinschaft die den Bieter treffenden Verpflichtungen nach dem WpÜG zu erfüllen.[205] Dies könnte einerseits so ausgelegt werden, dass ein Beteiligter, der keine Bietereigenschaft hat, ebenfalls die Pflichten des Beteiligtenbieters zu erfüllen hat. Jedoch erscheint es fernliegend einer Person Bieterpflichten aufzuerlegen, die nicht auch selbst Bieter im Sinne von § 2 Abs. 4 WpÜG sein kann. Demnach müssten alle Beteiligten an der Bietergemeinschaft auch selbst Bieter sein (können). Zu diesem Ergebnis kommt auch die einhellige Meinung in der Literatur.[206] Auch in der Praxis wurde in dem Zeitraum vom 1. Januar 2013 bis zum 31. Januar 2025 kein Angebot durch eine Bietergemeinschaft abgegeben, deren Beteiligte nicht auch selbst Bieterqualität im Sinne von § 2 Abs. 4 WpÜG hatten.[207]

In einem ersten Schritt ist festzuhalten, dass die Bietergemeinschaft mindestens zwei Personen erfordert, die jeweils für sich Bieter im Sinne von § 2 Abs. 4 WpÜG sein können.

II. Erforderliche Angebotsanzahl

Dem Wortlaut des § 2 Abs. 4 WpÜG nach erfordert die Bietergemeinschaft die Abgabe eines Angebots gemeinsam mit anderen Personen. Die Formulierung

---

204 Begr. RegE, BT-Drucks. 14/7034, S. 34.

205 Begr. RegE, BT-Drucks. 14/7034, S. 34.

206 Vgl. *Favoccia*, in Assmann/Pötzsch/Uwe H. Schneider WpÜG, 4. Aufl. 2024, § 2 Rn. 91; *Heinrich/Mock*, in KölnKomm WpÜG, 3. Aufl. 2022, § 2 Rn. 139; *Angerer*, in Angerer/Brandi/Süßmann WpÜG, 4. Aufl. 2023, § 2 Rn. 19; *Baums/Hecker*, in Baums/Thoma/Verse WpÜG, 13. Lieferung 12.2020, § 2 Rn. 110; *Wackerbarth*, in MüKo AktG, 6. Aufl. 2024, § 2 WpÜG Rn. 36; *Beurskens/Oechsler*, in Beurskens/Ehricke/Ekkenga WpÜG, 2. Aufl. 2021, § 2 Rn. 25.

207 Vgl. Anlage 1.

lässt die Mindestanzahl der für eine Bietergemeinschaft erforderlichen Angebote im Sinne von § 2 Abs. 1 WpÜG offen. Eine Bietergemeinschaft könnte bereits vorliegen, wenn mindestens *zwei* Personen gemeinsam *ein* Angebot abgeben oder auch wenn mindestens *zwei* Personen jeweils *ein* Angebot abgeben, also zwei Angebote nebeneinander abgegeben werden. Möglich wäre auch, dass eine Bietergemeinschaft unabhängig von der Zahl der abgegebenen Angebote vorliegt.

1. Bietergemeinschaft bei *einem* Angebot

Um die Frage nach der erforderlichen Angebotszahl beantworten zu können, ist zunächst die Mindestanzahl an Angeboten zu ermitteln, die für eine Bietergemeinschaft erforderlich sind. Hier könnte dem Wortlaut des § 2 Abs. 4 WpÜG nach („eines Angebots") bereits *ein* Angebot ausreichen. Auch in der Literatur wird vertreten, dass *ein* Angebot für das Vorliegen einer Bietergemeinschaft erforderlich ist. So wird geschrieben, dass die „gemeinsame" Abgabe eines Angebots im Sinne von § 2 Abs. 4 WpÜG die gemeinschaftliche Vorbereitung, Erstellung und Veröffentlichung *einer* Angebotsunterlage durch mehrere natürliche oder juristische Personen oder Personengesellschaften meint.[208] Fraglich ist jedoch, ob *ein* Angebot tatsächlich von mehreren Personen abgegeben werden kann, erforderlich sind schließlich mindestens zwei Bieter.[209] Ein Angebot im Sinne des WpÜG ist gemäß § 2 Abs. 1 WpÜG ein öffentliches Kauf- oder Tauschangebot zum Erwerb von Wertpapieren einer Zielgesellschaft. Die rechtsgeschäftliche Einordnung eines solchen Kauf- oder Tauschangebots wird in der Literatur mit geringen Abweichungen dargestellt. Teilweise wird das Kauf- oder Tauschangebot als *eine* nicht empfangsbedürftige Willenserklärung (§§ 116 ff., 145 ff. BGB), gerichtet auf den Abschluss eines gemischten Sach-/Rechtskaufvertrags (§§ 433, 453 BGB) oder eines Tauschvertrags eingeordnet.[210] Das Angebot im Sinne von § 2 Abs. 1 WpÜG richtet sich jedoch an eine Vielzahl von Aktionären,

208 So *Baums/Hecker*, in Baums/Thoma/Verse WpÜG, 13. Lieferung 12.2020, § 2 Rn. 110; vgl. auch *Heinrich/Mock*, in KölnKomm WpÜG, 3. Aufl. 2022, § 2 Rn. 141.

209 S.o. Teil II B.I.

210 *Noack/Holzborn*, in Schwark/Zimmer KMRK, 5. Aufl. 2020, § 2 WpÜG Rn. 2; *Meyer/Kiesewetter*, in Assmann/Pötzsch/Uwe H. Schneider WpÜG, 4. Aufl. 2024, § 11 Rn. 18; vgl. auch *Krause*, in FS Krieger, 2020, S. 555, mit der Folgerung, dass mit der Annahme eine Vielzahl von Verträgen zustande kommt; für eine Einordnung des Angebots

die dem Bieter vollständig oder größtenteils unbekannt sind. Der Bieter gibt mit der Veröffentlichung der Angebotsunterlage einen Antrag ad incertas personas ab, der wiederum aus einer Vielzahl identischer Anträge gegenüber den einzelnen Angebotsadressaten besteht.[211] Die Einordnung des Angebots im Sinne von § 2 Abs. 1 WpÜG als Bündel einzelner Willenserklärungen ist daher treffender.[212] Dabei geben die verschiedenen Mitglieder der Bietergemeinschaft jeweils eine Anzahl dieser Willenserklärungen allein oder gemeinsam ab. Das Bündel der Willenserklärungen verschiedener Personen ist dann das gemeinsame Angebot im Sinne von § 2 Abs. 4 WpÜG. Durch eine solche Aufteilung der Willenserklärungen, die gemeinsam das Angebot im Sinne des § 2 Abs. 1 WpÜG bilden, wird sich das Angebot durch die jeweiligen Mitglieder der Bietergemeinschaft auch bürgerlich-rechtlich zu eigen gemacht, sodass die Mitglieder als Bieter qualifiziert werden können.[213] Die weit überwiegende Anzahl der Bietergemeinschaften in der Praxis gibt *ein* gemeinsames Angebot ab.[214]

Folglich kann eine Bietergemeinschaft im Sinne von § 2 Abs. 4 WpÜG bereits vorliegen, wenn lediglich *ein* öffentliches Angebot im Sinne von § 2 Abs. 1 WpÜG mehrerer Bieter vorliegt.

2. Bietergemeinschaft bei *mehreren* Angeboten

Für eine Bietergemeinschaft im Sinne von § 2 Abs. 4 WpÜG genügt bereits das Vorliegen *eines* öffentlichen Angebots mehrerer Bieter. Über die festgestellte Mindestzahl der Angebote hinaus bleibt zu klären, ob eine Bietergemeinschaft auch dann vorliegt, wenn mindestens *zwei* Personen jeweils *ein* Angebot abgeben, also zwei oder mehr Angebote nebeneinander abgegeben werden. In der Praxis ist dies seltener der Fall als die Abgabe nur

als Willenserklärung auch *Favoccia*, in Assmann/Pötzsch/Uwe H. Schneider WpÜG, 4. Aufl. 2024, § 2 Rn. 6.

211 *Thoma*, in Baums/Thoma/Verse WpÜG, 13. Lieferung 12.2020, § 11 Rn. 7; s. *Seibt*, in BeckFormb M&A, 4. Aufl. 2025, Form E.III.4 für ein Muster einer Angebotsunterlage.

212 So auch *Beurskens/Oechsler*, in Beurskens/Ehricke/Ekkenga WpÜG, 2. Aufl. 2021, § 11 Rn. 1; *Thoma*, in Baums/Thoma/Verse WpÜG, 13. Lieferung 12.2020, § 11 Rn. 7. *Oechsler*, ZIP 2003, 1330.

213 So gefordert von *Heinrich/Mock*, in KölnKomm WpÜG, 3. Aufl. 2022, § 2 Rn. 145.

214 S. für eine Auflistung aller Bietergemeinschaften nach Anzahl der veröffentlichten Angebote Anlage 1.

eines Angebots durch eine Bietergemeinschaft.[215] Soweit mehrere Angebote im Zuge einer als Bietergemeinschaft bezeichneten Konstellation abgegeben wurden, war dies seit dem 1. Januar 2013 stets eine Kombination eines Pflichtangebots mit einem freiwilligen Erwerbsangebot.[216]

Zu untersuchen ist zunächst ob eine Kombination eines Pflichtangebots mit einem freiwilligen Erwerbsangebot überhaupt zulässig ist (Teil II B.II.2.a), ob es sich hierbei tatsächlich um die gemeinsame Abgabe eines Angebots im Sinne von § 2 Abs. 4 WpÜG, also eine Bietergemeinschaft, handelt (Teil II B.II.2.b) und schließlich wie die Angebote miteinander verknüpft sein müssen, um als „gemeinsam" abgegeben zu gelten (Teil II B.II.2.c).

a) *Zulässigkeit der Kombination eines Pflichtangebots mit einem freiwilligen Erwerbsangebot*

Wie bereits festgestellt, waren die Konstellationen, in denen mehrere parallel gerichtete Angebote im Sinne von § 2 Abs. 1 WpÜG von mehreren Personen abgegeben wurden, stets eine Kombination aus Pflichtangebot und freiwilligem Erwerbsangebot.[217]

Erstmals aufgekommen ist eine solche Konstellation im Jahr 2010. Die aus dem Jahr 2010 stammenden Fälle sind das Pflichtangebot der Thüga Holding GmbH & Co. KGaA und das öffentliche Angebot der Stadtwerke Frankfurt und der Thüga AG an die Aktionäre der Mainova AG sowie das Angebot von Wolfgang Dinkelacker und der Sedlmayer Grund und Immobilien KGaA an die Aktionäre der Dinkelacker AG.[218] Weitere Fälle sind:

---

215 S. für eine Gegenüberstellung aller Bietergemeinschaften nach Anzahl der veröffentlichten Angebote Anlage 1.

216 Pflichtangebot des Ingmarus Johannes Maria Snijders und freiwilliges Erwerbsangebot der Voltaire Finance B.V. an die Aktionäre der Wild Bunch AG vom 13.1.2022; Pflichtangebot des Günther Skrzypek und Erwerbsangebot der Augur Financial Holding Zwei GmbH & Co. KG an die Aktionäre der Schnigge Wertpapierhandelsbank AG vom 17.3.2014; Erwerbsangebot der Steuler-Fliesen GmbH und Pflichtangebot des Herrn Michael Steuler an die Aktionäre der Norddeutsche Steingut Aktiengesellschaft vom 23.8.2013.

217 S. dazu die Nachweise in der vorstehenden Fn. 214.

218 *Seibt*, CFL 2011, 213 (223); *Cascante*, in FS Wegen, 2015, S. 175 (190); BaFin, Jahresbericht 2010, 225 f.

- Pflichtangebot von Herrn Michael Steuler und freiwilliges Erwerbsangebot der Steuler-Fliesen GmbH an die Aktionäre der Norddeutsche Steingut Aktiengesellschaft vom 23. August 2013;
- Pflichtangebot von Herrn Günther Skrzypek und freiwilliges Erwerbsangebot der Augur Financial Holding Zwei GmbH & Co. KG an die Aktionäre der Schnigge Wertpapierhandelsbank vom 17. März 2014;
- Pflichtangebot von Herrn Ingmarus Johannes Maria Snijders und freiwilliges Erwerbsangebot der Voltaire Finance B.V. an die Aktionäre der Wild Bunch AG vom 13. Januar 2022.

Die Abgabe einer solchen Angebotskombination ist – auch nach BaFin-Praxis – zulässig.[219] Für die Zulässigkeit müssen jedoch einige von der BaFin aufgestellte Voraussetzungen vorliegen: Zunächst ist erforderlich, dass alle Angebote den strengsten der für jeden einzelnen Bieter einschlägigen Vorschriften entsprechen. Bei einer Kombination aus Erwerbs- und Pflichtangebot muss das Erwerbsangebot folglich den strengeren Vorschriften, die für das Pflichtangebot gelten, entsprechen. Weiterhin darf sich die Rechtsposition der Aktionäre der Zielgesellschaft durch die gemeinsame Abgabe der Angebote nicht verschlechtern. Eine Verschlechterung läge beispielsweise vor, wenn ein Bieter, der nicht zur Abgabe des Pflichtangebots verpflichtet ist, in die Bietergemeinschaft aufgenommen wird und dessen Beteiligung eine sonst nicht benötigte behördliche Genehmigung erforderlich machen würde.[220] Zu denken ist insbesondere an kartellrechtliche oder außenwirtschaftliche Anforderungen.[221] Seit Mitte 2023 sind zusätzlich die Anforderungen auf der Grundlage der EU-Verordnung über den Binnenmarkt verzerrende drittstaatliche Subventionen (DSVO),[222] die gewichtige Auswirkungen für

---

219 *Seibt*, CFL 2011, 213 (223); *Berrar/Schnorbus*, in Paschos/Fleischer Hdb Übernahmerecht, 1. Aufl. 2017, § 10 Rn. 21; BaFin, Jahresbericht 2010, 225 f.; *Klepsch/Schmiady/von Buchwaldt*, in Kämmerer/Veil Übernahme- und Kapitalmarktrecht in der Reformdiskussion, 2013, S. 15 f.

220 BaFin, Jahresbericht 2010, 226.

221 BaFin, Jahresbericht 2010, 226; umfassend zu außenwirtschaftsrechtlichen Prüfungen bei öffentlichen Übernahmen *Seibt*, in KölnKomm WpÜG, 3. Aufl. 2022, Anh. I zu § 18, Rn. 1 ff.

222 VO (EU) 2022/2560 des Europäischen Parlaments und des Rates vom 14.12.2022 über den Binnenmarkt verzerrende drittstaatliche Subventionen.

M&A-Transaktionen haben wird, zu berücksichtigen.[223] So wird ein Nachteil auch dann anzunehmen sein, wenn ein gewillkürter Bieter den Anwendungsbereich der DSVO auslöst. Solche Anforderungen würden zu einer Verschlechterung der Position der Zielgesellschaftsaktionäre führen, da die behördlichen Genehmigungen zulässige Bedingung des Pflichtangebots sein können,[224] sodass eine Zunahme der Anzahl der erforderlichen behördlichen Genehmigungen zu einer geringeren Bindung der Bieter führen würde.[225]

Nach Auffassung der BaFin sollte zwischen den Mitgliedern der Bietergemeinschaft ferner ein enges Näheverhältnis bestehen. Ein solches ist insbesondere bei Personen gegeben, die über ein Mutter-Tochter-Verhältnis miteinander verbunden sind (§ 30 Abs. 1 Satz 1 Nr. 1 WpÜG) oder ihr Verhalten miteinander abstimmen (§ 30 Abs. 2 WpÜG).[226] Dies wird zu Recht nicht unkritisch betrachtet.[227] Die Formulierung „sollte" der BaFin zeigt überdies, dass hierin keine zwingende Voraussetzung liegt.

Die BaFin verlangt ferner, dass im Einzelfall sichergestellt wird, dass ein Bieter, der ein freiwilliges Angebot abgibt, keine Rechtsposition (zum Beispiel das Recht einen Squeeze-out durchzuführen) erlangt, die nach den gesetzlichen Vorgaben dem zur Abgabe eines Pflichtangebots verpflichteten Bieter vorbehalten ist. Dies sollte gegenüber den Aktionären der Zielgesellschaft in der Angebotsunterlage ausdrücklich deutlich gemacht werden.[228]

Liegen diese Voraussetzungen vor, ist die Kombination eines Pflichtangebots mit einem freiwilligen Erwerbsangebot zulässig.

b) Vorliegen einer Bietergemeinschaft bei Abgabe mehrerer Angebote

Die Kombination eines Pflichtangebots mit einem freiwilligen Erwerbsangebot ist zulässig. Ob darüber hinaus in einem solchen Fall auch eine

223 Zu den Auswirkungen der DSVO auf M&A Transaktion s. *Molestina/Gülmez*, BB 2023, 1475 ff.; *Arhold*, EWS 2022, 310 (312 f.).

224 *Süßmann*, in Angerer/Brandi/Süßmann WpÜG, 4. Aufl. 2023, § 18 Rn. 56; *Noack/Holzborn*, in Schwark/Zimmer KMRK, 5. Aufl. 2020, § 18 WpÜG, Rn. 22.

225 *Seibt*, CFL 2011, 213 (223); BaFin, Jahresbericht 2010, 226.

226 BaFin, Jahresbericht 2010, 226.

227 *Seibt*, CFL 2011, 213 (223).

228 BaFin, Jahresbericht 2010, 226; s. *Seibt*, BeckFormB M&A, 4. Aufl. 2025, E.III.4 für ein Muster einer Angebotsunterlage.

Bietergemeinschaft im Sinne von § 2 Abs. 4 WpÜG vorliegt oder ob eine solche nur im Falle *eines* gemeinsamen Angebots vorliegt, ist nachfolgend zu ergründen.

Für das Vorliegen einer Bietergemeinschaft auch bei der Abgabe mehrerer Angebote könnte sprechen, dass der Wortlaut des § 2 Abs. 4 WpÜG dem nicht eindeutig entgegensteht: Die Abgabe eines Angebots gemeinsam mit anderen Personen könnte bei weiter Auslegung dahingehend ausgelegt werden, dass der Bieter ein Angebot abgibt, die andere Person ebenfalls ein Angebot abgibt und die zwei Angebote über die gemeinsame Abgabe verbunden sind.

Eine solche Auslegung ist jedoch nicht frei von Zweifeln: Es wird argumentiert, dass eine gemeinsame Abgabe im Sinne von § 2 Abs. 4 WpÜG nur dann vorliegt, wenn *ein* rechtlich einheitliches Angebot von mehreren „gemeinsam" unterbreitet wird. Hierfür wird der Gesetzeswortlaut (gemeinsame Abgabe *eines* Angebots) angeführt. Ferner sei die Bieterstellung bei der Abgabe von *jeweils* einem Angebot durch mindestens zwei Personen ohnehin selbstverständlich. Selbiges gelte für die Berechtigung zu solchen im weiten Sinne „gemeinsamen" Angeboten. Die Festlegung des Gesetzes, dass auch Bieter ist, wer gemeinsam mit anderen Personen ein Angebot abgibt, ergebe daher nur für den Fall der Abgabe *eines* rechtlich einheitlichen Angebots durch mindestens zwei Personen, Sinn.[229] Diese Argumentation verkennt jedoch, dass die Einordnung als Bietergemeinschaft im Sinne von § 2 Abs. 4 WpÜG im weiteren Verlauf des Angebotsprozesses Rechtsfragen aufwirft und Rechtsfolgen nach sich zieht, die bei isolierten, nebeneinander bestehenden Angeboten nicht eintreten würden.[230] Ferner spricht die Handhabung in der Übernahmepraxis dafür, dass die Kombination aus Pflicht- und Erwerbsangebot eine Bietergemeinschaft darstellen kann. Seit dem 1. Januar 2013 wurde in drei Fällen ein Pflichtangebot gemeinsam mit einem Erwerbsangebot abgegeben.[231] In zwei Fällen wurde die Kombination ausdrücklich

---

229 *Heinrich/Mock*, in KölnKomm WpÜG, 3. Aufl. 2022, § 2 Rn. 141.

230 Zu den Auswirkungen auf den Angebotsprozess s. Teil III.

231 Pflichtangebot des Ingmarus Johannes Maria Snijders und freiwilliges Erwerbsangebot der Voltaire Finance B.V. an die Aktionäre der Wild Bunch AG vom 13.1.2022; Pflichtangebot des Günther Skrzypek und Erwerbsangebot der Augur Financial Holding Zwei GmbH & Co. KG an die Aktionäre der Schnigge Wertpapierhandelsbank AG vom 17.3.2014; Erwerbsangebot der Steuler-Fliesen GmbH und Pflichtangebot

als Bietergemeinschaft im Sinne des § 2 Abs. 4 WpÜG bezeichnet.[232] Auch die BaFin ist der Auffassung, dass es sich bei der Kombination aus Pflicht- und Erwerbsangebot um eine Bietergemeinschaft handelt.[233]

c) Verbindung mehrerer Angebote zu einer Bietergemeinschaft

Mehrere in Bietergemeinschaft abgegebene Angebote sind von lediglich zeitgleich abgegebenen Angeboten abzugrenzen. Diese Abgrenzung muss anknüpfend an die „gemeinsame“ Abgabe (§ 2 Abs. 4 WpÜG) über ein, die Angebote verbindendendes, Element erfolgen. Es wird vertreten, dass die „gemeinsame“ Abgabe eines Angebots im Sinne von § 2 Abs. 4 WpÜG die gemeinschaftliche Vorbereitung, Erstellung und Veröffentlichung *einer* Angebotsunterlage durch mehrere natürliche oder juristische Personen oder Personengesellschaften meint.[234] Wird diese Annahme zugrunde gelegt, wäre eine Bietergemeinschaft von mehreren Personen, die mehrere Angebote abgeben, nur möglich, indem die Angebote in einer Angebotsunterlage abgegeben werden. Seit dem 1. Januar 2013 wurde in der Praxis eine Angebotsunterlage veröffentlicht, die eine Kombination aus einem Pflicht- und einem Erwerbsangebot enthielt.[235] Eine Verbindung mehrerer Angebote, die gemeinsam im Sinne von § 2 Abs. 4 WpÜG abgegeben werden, könnte jedoch auch möglich sein, ohne *eine* gemeinsame Angebotsunterlage zu veröffentlichen. Zu erörtern ist, wie dieses Verbindungselement beschaffen sein muss.

---

des Herrn Michael Steuler an die Aktionäre der Norddeutsche Steingut Aktiengesellschaft vom 23.8.2013.

232 Angebotsunterlagen des Günther Skrzypek und der Augur Financial Holding Zwei GmbH & Co. KG an die Aktionäre der Schnigge Wertpapierhandelsbank AG, v. 17.3.2014, S. 1; Angebotsunterlagen der Steuler-Fliesen GmbH und des Herrn Michael Steuler an die Aktionäre der Norddeutsche Steingut Aktiengesellschaft vom 23.8.2013, S. 1.

233 Vgl. die Formulierungen in *Seibt*, CFL 2011, 213 (223); BaFin, Jahresbericht 2010, 225 f.

234 So *Baums/Hecker*, in Baums/Thoma/Verse WpÜG, 13. Lieferung 12.2020, § 2 Rn. 110; vgl. außerdem die Formulierungen in *Seibt*, CFL 2011, 213 (223) und BaFin, Jahresbericht 2010, 225 f; s. *Seibt*, BeckFormB M&A, 4. Aufl. 2025, Form E.III.4 für ein Muster einer Angebotsunterlage.

235 Angebotsunterlage des Ingmarus Johannes Maria Snijders und der Voltaire Finance B.V. an die Aktionäre der Wild Bunch AG vom 13.1.2022.

Gemeinsames Handeln der Bieter im Sinne von § 2 Abs. 5 WpÜG kann als Verbindungselement nicht ausreichen. Grund hierfür ist, dass gemeinsames Handeln im Sinne von § 2 Abs. 5 WpÜG nicht notwendig impliziert, dass die Beteiligten auch gemeinsam ein Angebot abgeben.[236] Auch kann eine bloß interne Verständigung der Bieter darauf, die Angebote gemeinsam im Sinne von § 2 Abs. 4 WpÜG abzugeben, für die Einordnung als Bietergemeinschaft nicht ausreichen.[237] Entscheidend ist ein rechtsgeschäftliches gemeinsames Tätigwerden nach außen.[238] Ein solches gemeinsames Tätigwerden nach außen erfolgt bei der Veröffentlichung einer gemeinsamen Angebotsunterlage.

Wäre die gemeinsame Angebotsunterlage die einzig mögliche Verknüpfung mehrerer Angebote zu einer Bietergemeinschaft, wären Fälle, in denen zwei inhaltlich identische Angebotsunterlagen veröffentlicht wurden, keine Bietergemeinschaft.[239] Es kann aber für das Vorliegen einer Bietergemeinschaft nicht bloß auf eine Formalität wie die Veröffentlichung von einer oder zwei, inhaltlich übereinstimmender, Angebotsunterlagen ankommen. Vielmehr wäre naheliegend für die Verknüpfung zweier Angebote auf den Inhalt der Angebotsunterlage(n) abzustellen. Soweit die zwei Angebotsunterlagen inhaltlich übereinstimmen und jeweils auf das andere Angebot hinweisen, wird für die Zielgesellschaftsaktionäre hinreichend deutlich, dass die beiden Angebote verknüpft sind und eine Bietergemeinschaft vorliegt. Dasselbe muss auch gelten, wenn in den Angebotsunterlagen unter „Rechtsfolgen der Annahme" darauf hingewiesen wird, dass die Übereignung der eingelieferten Zielgesellschaftsaktien im Innenverhältnis auf die Bieter aufgeteilt wird.

---

236 Vgl. *Heinrich/Mock*, in KölnKomm WpÜG, 3. Aufl. 2022, § 2 Rn. 145.

237 *Wackerbarth*, in MüKo AktG, 6. Aufl. 2024, § 2 WpÜG Rn. 36; *Noack/Holzborn*, in Schwark/Zimmer KMRK, 5. Aufl. 2020, § 2 WpÜG Rn. 31.

238 Vgl. *Wackerbarth*, in MüKo AktG, 6. Aufl. 2024, § 2 WpÜG Rn. 35 f.; *Favoccia*, in Assmann/Pötzsch/Uwe H. Schneider WpÜG, 4. Aufl. 2024, § 2 Rn. 92.

239 Bei dem Pflichtangebot von Günther Skrzypek und dem Erwerbsangebot der Augur Financial Holding Zwei GmbH & Co. KG an die Aktionäre der Schnigge Wertpapierhandelsbank AG vom 17.3.2014 sowie dem Erwerbsangebot der Steuler-Fliesen GmbH und dem Pflichtangebot des Herrn Michael Steuler an die Aktionäre der Norddeutsche Steingut Aktiengesellschaft vom 23.8.2013 wurden jeweils zwei inhaltlich übereinstimmende Angebotsunterlagen veröffentlicht.

Darüber hinaus ist zu klären, ob es für das Vorliegen einer Bietergemeinschaft bereits genügt, das Angebot als gemeinsames Angebot oder die Bieter als Bietergemeinschaft im Sinne von § 2 Abs. 4 WpÜG zu bezeichnen. Wenn dem Zielgesellschaftsaktionär hinreichend verdeutlicht wird, dass es sich um ein gemeinsames Angebot handelt und die Konditionen der Angebote, wie von der BaFin gefordert,[240] den strengsten Anforderungen entsprechen, ist nicht ersichtlich, wieso das Vorliegen einer Bietergemeinschaft abgelehnt werden sollte.

Folglich genügt als das mehrere Angebote zu einer Bietergemeinschaft verbindende Element sowohl die Veröffentlichung einer gemeinsamen Angebotsunterlage[241] als auch die Veröffentlichung mehrerer, sich inhaltlich entsprechender Angebotsunterlagen oder die dingliche Aufteilung der Aktien oder die Bezeichnung als gemeinsames Angebot.

d) Zwischenergebnis

Die Abgabe mehrerer Angebote durch eine Bietergemeinschaft ist zulässig. Für die Annahme einer Bietergemeinschaft ist dann das Vorliegen eines, die Angebote verbindenden, Elements erforderlich.

3. Zwischenergebnis

Eine Bietergemeinschaft kann dann vorliegen, wenn mindestens *zwei* Personen gemeinsam *ein* Angebot abgeben oder wenn mindestens *zwei* Personen *jeweils* ein Angebot abgeben. Bei mehreren Angeboten müssen diese jedoch durch ein Verbindungselement verknüpft sein, um eine Bietergemeinschaft zu begründen.

III. Keine rechtsfähige Personengesellschaft

Die Bietergemeinschaft erfordert die gemeinsame Abgabe *eines* Angebots oder mehrerer miteinander verknüpfter Angebote durch mindestens zwei Personen oder Personenzusammenschlüsse. Durch den Zusammenschluss mehrerer Personen oder Personenzusammenschlüsse könnte jedoch eine

---

240 Vgl. BaFin, Jahresbericht 2010, 226.

241 Vgl. auch *Baums/Hecker*, in Baums/Thoma/Verse WpÜG, 13. Lieferung 12.2020, § 2 Rn. 110; vgl. außerdem die Formulierungen in *Seibt*, CFL 2011, 213 (223) und BaFin, Jahresbericht 2010, 225 f.

rechtsfähige Gesellschaft bürgerlichen Rechts entstehen. Soweit dies der Fall ist, wäre die Gesellschaft als eigener Rechtsträger selbst der Bieter. Es liegt dann gerade keine Bietergemeinschaft vor.[242] Auch die Gesellschafter der rechtsfähigen Personengesellschaft bilden keine Bietergemeinschaft. Die Bieterstellung nimmt allein die Personengesellschaft ein. Dies kommt in der Systematik des § 2 Abs. 4 WpÜG zum Ausdruck: Im Gegensatz zum Referentenentwurf differenziert § 2 Abs. 4 WpÜG zwischen dem Angebot einer Personengesellschaft und einem gemeinsam mit einer anderen Person abgegebenen Angebot. Diese Differenzierung wäre überflüssig, wenn ein Angebot einer Personengesellschaft stets ein Angebot seiner Gesellschafter und damit mehrerer Personen gemeinschaftlich wäre.[243] Wie mehrere Personen ihr Angebot auszugestalten haben, um keine rechtsfähige Außengesellschaft zu bilden, wird unten (Teil II D.II.3) erörtert.

IV. Ergebnis

Eine Bietergemeinschaft im Sinne von § 2 Abs. 4 WpÜG liegt vor, wenn mindestens zwei Personen oder rechtsfähige Personenzusammenschlüsse *ein* Angebot oder mehrere miteinander verknüpfte Angebote abgeben und dabei keine rechtsfähige Personengesellschaft bilden.

C. Relevanz des Anwendungsbereichs der Bietergemeinschaft

Die Abgrenzung eines gemeinsamen Angebots einer Bietergemeinschaft von dem Angebot einer rechtsfähigen Gesellschaft bürgerlichen Rechts (GbR) ist von entscheidender Bedeutung. Die mit dem Vorgehen als Bietergemeinschaft verfolgten Ziele wären nicht zu erreichen, wenn das eigentlich geplante Vorgehen als Bietergemeinschaft tatsächlich eine rechtsfähige Gesellschaft bürgerlichen Rechts (früher Außen-GbR) begründen würde.

---

242 *Angerer*, in Angerer/Brandi/Süßmann WpÜG, 4. Aufl. 2023, § 2 Rn. 20; *Heinrich/Mock*, in KölnKomm WpÜG, 3. Aufl. 2022, § 2 Rn. 142; *Beurskens/Oechsler*, in Beurskens/Ehricke/Ekkenga WpÜG, 2. Aufl. 2021, § 2 Rn. 25; *Baums/Hecker*, in Baums/Thoma/Verse WpÜG, 13. Lieferung 12.2020, § 2 Rn. 110; s. auch *Noack/Holzborn*, in Schwark/Zimmer KMRK, 5. Aufl. 2020, § 2 WpÜG Rn. 30 die dennoch von einer „Bietergemeinschaft" schreiben, jedoch die BGB-Außengesellschaft als Bieter bezeichnen.

243 *Heinrich/Mock*, in KölnKomm WpÜG, 3. Aufl. 2022, § 2 Rn. 142.

Seit dem 1. Januar 2013 ist die einzig relevante Konstellation der Bietergemeinschaft der freiwillige Zusammenschluss mehrerer rechtsfähiger Personen zur Abgabe eines gemeinsamen Angebots.[244] Durch das gemeinsame Abgeben des Angebots entstehen jedoch rechtliche Verbindungen zwischen den Beteiligten.[245] In der Literatur wird geschrieben, dass die gemeinsame Abgabe eines Angebots durch mehrere Personen eine rechtsfähige (Außen) gesellschaft begründen würde.[246] Wäre dies zutreffend, wären die meisten in der Praxis als „Bietergemeinschaft" bezeichneten Konstellationen jedoch keine Bietergemeinschaft, sondern ein Angebot einer rechtsfähigen (Außen-) GbR. Dies hätte wiederum bedeutende Auswirkungen für die mit der gemeinsamen Angebotsabgabe verfolgten Ziele.

I. Keine Aufteilung des Eigentumserwerbs an den Zielgesellschaftsaktien

Mit der Abgabe eines gemeinsamen Angebots durch die Mitglieder der Bietergemeinschaft wird in aller Regel eine Aufteilung des dinglichen Erwerbs der eingelieferten Zielgesellschaftsaktien bezweckt.[247] Liegt jedoch kein gemeinsames Angebot der Mitglieder der Bietergemeinschaft vor, sondern ein Angebot der rechtsfähigen (Außen-)GbR, bestünde das Angebot aus einem Bündel von Willenserklärungen,[248] die allesamt durch die rechtsfähige (Außen-)GbR selbst abgegeben würden. Die Gesellschafter der rechtsfähigen (Außen-)GbR

[244] S. Anlage 1.

[245] Zwar wird von *Noack/Holzborn*, in Schwark/Zimmer KMRK, 5. Aufl. 2020, § 2 WpÜG Rn. 29 vertreten, dass § 2 Abs. 4 WpÜG hinsichtlich der Bietergemeinschaft lediglich klarstellende Bedeutung habe, jedoch kann es im Angebotsprozess zu verschiedenen durch die Mehrzahl der Bieter verursachten Rechtsfolgen kommen.

[246] *Heinrich/Mock*, in KölnKomm WpÜG, 3. Aufl. 2022, § 2 Rn. 142; *Beurskens/Oechsler*, in Beurskens/Ehricke/Ekkenga WpÜG, 2. Aufl. 2021, § 2 Rn. 25; *Noack/Holzborn*, in Schwark/Zimmer KMRK, 5. Aufl. 2020, § 2 WpÜG Rn. 30; *Rothley/Kurth*, in Heidel Aktien- u. Kapitalmarktrecht, 6. Aufl. 2024, § 2 WpÜG Rn. 18 Fn. 34; *Favoccia*, in Assmann/Pötzsch/Uwe H. Schneider WpÜG, 4. Aufl. 2024, § 2 Rn. 92; vgl. auch *Santelmann*, in Steinmeyer WpÜG, 4. Aufl. 2019, § 35 Rn. 95.

[247] S. Teil I D.

[248] Zu der rechtsgeschäftlichen Einordnung eines Angebots i.S.v. § 2 Abs. 1 WpÜG als Bündel aus Willenserklärungen, s. *Beurskens/Oechsler*, in Beurskens/Ehricke/Ekkenga WpÜG, 2. Aufl. 2021, § 11 Rn. 1; *Thoma*, in Baums/Thoma/Verse WpÜG, 13. Lieferung 12.2020, § 11 Rn. 7; *Oechsler*, ZIP 2003, 1330.

wären gerade nicht Bieter.[249] Sowohl die schuldrechtlichen Verträge über den Kauf der Zielgesellschaftsaktien als auch die dinglichen Verträge über den Eigentumserwerb an den eingelieferten Zielgesellschaftsaktien würden zwischen den Zielgesellschaftsaktionären und der rechtsfähigen (Außen-)GbR als Bieterin und nicht deren Gesellschaftern geschlossen. Infolgedessen wäre die unmittelbare Aufteilung des dinglichen Erwerbs auf die einzelnen Gesellschafter nicht möglich. Ein Vorgehen wie bei den bereits beschriebenen Übernahmen der Home24 SE, der ALNO Aktiengesellschaft und der Wild Bunch AG wäre dann nicht möglich.[250] Folglich würde die Einordnung eines von mehreren Personen gemeinsam abgegebenen Angebots als Angebot einer rechtsfähigen (Außen-)GbR anstelle einer Bietergemeinschaft dem in der Praxis bedeutendsten Ziel der Bietergemeinschaft im Weg stehen.

II. Möglichkeit der Abgabe mehrerer Angebote

Häufig wird mit dem Vorgehen als Bietergemeinschaft die parallele Abgabe mehrerer Angebote, wie es bei der Kombination eines Pflicht- mit einem Erwerbsangebot der Fall ist, bezweckt.[251] Die Einordnung einer vermeintlichen Bietergemeinschaft als rechtsfähige Gesellschaft bürgerlichen Rechts würde sich auf die Frage auswirken, wie viele Angebote abgegeben werden. Die rechtsfähige Gesellschaft bürgerlichen Rechts wäre selbst Bieter,[252] sodass nur ein Angebot durch die rechtsfähige Gesellschaft bürgerlichen Rechts selbst

---

[249] S. auch *Angerer*, in Angerer/Brandi/Süßmann WpÜG, 4. Aufl. 2023, § 2 Rn. 20; *Heinrich/Mock*, in KölnKomm WpÜG, 3. Aufl. 2022, § 2 Rn. 142; *Beurskens/Oechsler*, in Beurskens/Ehricke/Ekkenga WpÜG, 2. Aufl. 2021, § 2 Rn. 25; *Baums/Hecker*, in Baums/Thoma/Verse WpÜG, 13. Lieferung 12.2020, § 2 Rn. 110; s. auch *Noack/Holzborn*, in Schwark/Zimmer KMRK, 5. Aufl. 2020, § 2 WpÜG Rn. 30 die dennoch von einer „Bietergemeinschaft" schreiben, jedoch die BGB-Außengesellschaft als Bieter bezeichnen.

[250] Zu den Praxisbeispielen s. Teil I C.I.1 und C.I.2.

[251] S. die Praxisbeispiele in Anlage 1; zu den Voraussetzungen unter denen die parallele Abgabe zulässig ist, s. Teil II B.II.2.a).

[252] *Angerer*, in Angerer/Brandi/Süßmann WpÜG, 4. Aufl. 2023, § 2 Rn. 20; *Heinrich/Mock*, in KölnKomm WpÜG, 3. Aufl. 2022, § 2 Rn. 142; *Beurskens/Oechsler*, in Beurskens/Ehricke/Ekkenga WpÜG, 2. Aufl. 2021, § 2 Rn. 25; *Baums/Hecker*, in Baums/Thoma/Verse WpÜG, 13. Lieferung 12.2020, § 2 Rn. 110; s. auch *Noack/Holzborn*, in Schwark/Zimmer KMRK, 5. Aufl. 2020, § 2 WpÜG Rn. 30 die dennoch von einer „Bietergemeinschaft" schreiben, jedoch die BGB-Außengesellschaft als Bieter bezeichnen.

abgegeben würde. Die sich zusammenschließenden Personen wären jeweils selbst keine Bieter, sodass diese kein eigenes Angebot abgeben würden. Eine Kombination aus Pflicht- und Erwerbsangebot wäre dann nicht möglich.

III. Unzulässiger Bieterwechsel

Wird ein Angebot durch mehrere Personen abgegeben, kann es vorkommen, dass die Veröffentlichungen der Entscheidung zur Abgabe eines Angebots im Sinne von § 10 Abs. 1 Satz 1 WpÜG zeitlich auseinanderfallen. Hat die erste Person die Veröffentlichung gemäß § 10 Abs. 1 Satz 1 WpÜG bereits vorgenommen und fasst eine zweite Person danach den Beschluss, sich dem Angebot anzuschließen und veröffentlicht ebenfalls eine Meldung im Sinne von § 10 Abs. 1 Satz 1 WpÜG kann dies zu der Bildung einer rechtsfähigen Gesellschaft bürgerlichen Rechts führen. Bei Abgabe des Angebots wäre dann aber die rechtsfähige Gesellschaft bürgerlichen Rechts selbst Bieterin und nicht derjenige, der die Entscheidung zur Abgabe eines Angebots veröffentlicht hat. Es läge ein nachträglicher Bieterwechsel vor.[253] Ein solcher nachträglicher Bieterwechsel könnte unzulässig sein.

Der nachträgliche Bieterwechsel wäre insbesondere dann der Fall, wenn der ursprüngliche Bieter zur Abgabe des Angebots verpflichtet ist. Mit Veröffentlichung der Entscheidung zur Abgabe eines Angebots gemäß § 10 Abs. 1 Satz 1 WpÜG beginnt bei freiwilligen Angeboten die Bietereigenschaft.[254] Durch die Veröffentlichung gemäß § 10 Abs. 1 Satz 1 WpÜG wird folglich die Person des Bieters festgelegt.[255] Es ist in der Literatur umstritten, ob der festgelegte Bieter nach der Veröffentlichung gemäß § 10 Abs. 1 Satz 1 WpÜG zur Durchführung des Angebotsverfahrens verpflichtet ist. Eine gesetzliche Regelung zu der Frage, ob und unter welchen Voraussetzungen sich der Bieter einseitig von dem Angebotsverfahren zurückziehen kann, besteht nicht.[256]

---

[253] Vgl. *Hippeli*, NZG 2016, 1207 (1208).

[254] *Louven*, in Angerer/Brandi/Süßmann WpÜG, 4. Aufl. 2023, § 2 Rn. 15; *Favoccia*, in Assmann/Pötzsch/Uwe H. Schneider WpÜG, 4. Aufl. 2024, § 2 Rn. 89; *Riehmer/Binder*, in Habersack/Mülbert/Schlitt Hdb Kapitalmarktinformation, 3. Aufl. 2020, § 14 Rn. 8; s. auch *Baums/Hecker*, in Baums/Thoma/Verse WpÜG, 13. Lieferung 12.2020, § 2 Rn. 104, die von einem noch früheren Zeitpunkt ausgehen.

[255] *Hippeli*, NZG 2016, 1207.

[256] *Louven*, in Angerer/Brandi/Süßmann WpÜG, 4. Aufl. 2023, § 10 Rn. 135.

Teilweise wird vertreten, dass der Bieter nach der Veröffentlichung der Entscheidung zur Abgabe eines Angebots zur Durchführung des Angebotsverfahrens verpflichtet ist.[257] Schließlich wäre ein einseitiges Abstandnehmen auch nach einer rein zivilrechtlichen Betrachtung in Bezug auf ein zweiseitiges Rechtsgeschäft nicht statthaft. Die Zweiseitigkeit des Rechtsgeschäfts soll sich dabei nicht aus dem weiten Adressatenkreis der Übernahmepublizität, also den außenstehenden Aktionären der Zielgesellschaft und dem gesamten Kapitalmarkt ergeben, sondern aus der durch den Bieter begründeten Beteiligteneigenschaft in einem Verwaltungsverfahren im Sinne des § 13 VwVfG.[258] Dies ist insofern jedoch nicht überzeugend, als die Beteiligteneigenschaft im Verwaltungsverfahren gerade kein zweiseitiges Rechtsgeschäft begründet. Der Antrag zum Abschluss des Rechtsgeschäfts, also das Angebot, ist mit der Veröffentlichung gemäß § 10 Abs. 1 Satz 1 WpÜG noch nicht abgegeben.[259]

Eine Bindungswirkung der Veröffentlichung soll sich über den zivilrechtlichen Aspekt hinausgehend aus der kapitalmarktrechtlichen Komponente

---

257 So *Müller-Michaels*, in Hölters Hdb Unternehmenskauf, 10. Aufl. 2022, Kap. 12 S. 1121 Rn. 12.75; *Strunk/Salomon/Holst*, in Veil Übernahmerecht in Praxis und Wissenschaft, 2009, S. 3; *Hippeli*, NZG 2016, 1207; *Boucsein/Schmiady*, AG 2016, 597 (598); *Cascante/Tyrolt*, AG 2012, 97 (102 f.); eine Ausnahme nur bei Störung der Geschäftsgrundlage zulassend *Schröder/Niggemann*, in MAH Aktienrecht, 4. Aufl. 2024, § 51 Rn. 51 f.; vgl. auch *Klepsch/Schmiady/von Buchwaldt*, in Kämmerer/Veil Übernahme- und Kapitalmarktrecht in der Reformdiskussion, 2013, S. 5 ff; **aA:** *Hirte/Heinrich*, in KölnKomm WpÜG, 3. Aufl. 2022, § 10 Rn. 20; *Drinkuth*, in Marsch-Barner/Schäfer Hdb börsennotierte AG, 5. Aufl. 2022, S. 2180, Rn. 62.68; *Assmann*, in Assmann/Pötzsch/Uwe H. Schneider WpÜG, 4. Aufl. 2024, § 10 Rn. 51 ff.; *Noack/Holzborn*, in Schwark/Zimmer KMRK, 5. Aufl. 2020, § 10 WpÜG Rn. 2; *Rothley/Kurth*, in Heidel Aktien- u. Kapitalmarktrecht, 6. Aufl. 2024, § 10 WpÜG Rn. 13; *Riehmer/Binder*, in Habersack/Mülbert/Schlitt Hdb Kapitalmarktinformation, 3. Aufl. 2020, § 15 Rn. 2; *Santelmann/Steinhardt*, in Steinmeyer WpÜG, 4. Aufl. 2019, § 10 Rn. 45; *Technau/Berrar*, in Paschos/Fleischer Hdb Übernahmerecht, 1. Aufl. 2017, § 13 Rn. 81; *Beurskens/Oechsler*, in Beurskens/Ehricke/Ekkenga WpÜG, § 10 Rn. 27 ff.; *Thoma*, in Baums/Thoma/Verse WpÜG, 14. Lieferung 9.2023 § 10 Rn. 61; *Scholl/Siekmann*, BKR 2013, 316 f.

258 *Hippeli*, NZG 2016, 1207 (1208); Vgl. zur Beiderseitigkeit im Verhältnis Antragsteller/Behörde hinsichtlich eines Verfahrens nach dem VwVfG *Pünder*, in Ehlers/Pünder Allgemeines Verwaltungsrecht, 16. Aufl. 2022, § 14 Rn. 11.

259 *Hirte/Heinrich*, in KölnKomm WpÜG, 3. Aufl. 2022, § 10 Rn. 20; *Assmann*, in Assmann/Pötzsch/Uwe H. Schneider WpÜG, 4. Aufl. 2024, § 10 Rn. 11.

des § 10 Abs. 1 WpÜG ergeben.[260] Das öffentlich-rechtliche Angebotsverfahren im Sinne der §§ 14 ff. WpÜG liefe selbst bei Anerkennung einer zivilrechtlichen Rücktrittsmöglichkeit und der Ausübung der Rücktrittsmöglichkeit durch den Bieter weiter.[261] Grund hierfür sei, dass die Veröffentlichung gemäß § 10 Abs. 1 Satz 1 WpÜG eine verfahrenseröffnende Funktion für ein Verwaltungsverfahren habe, welches nicht einseitig durch den Bieter beendet werden kann.[262] Für die Beendigung des Verfahrens im Anschluss an die Veröffentlichung gemäß § 10 Abs. 1 Satz 1 WpÜG sieht das Gesetz nur zwei Möglichkeiten vor: Entweder reicht der Bieter eine das Angebot beinhaltende Angebotsunterlage ein oder aber das Angebot wird durch die BaFin gemäß § 15 Abs. 1 Nr. 3 WpÜG untersagt. Von diesen zwei Optionen sind im WpÜG keine Ausnahmen angelegt.[263] Der Vorschlag, dem Bieter ein zu veröffentlichendes Abstandnehmen von der Veröffentlichung der Entscheidung zur Abgabe eines Angebots zu ermöglichen, dann aber von einem (praktisch leerlaufenden) Fortbestehen der Pflicht zur Einreichung einer Angebotsunterlage auszugehen, stelle keine konsequente Lösung dar.[264]

Ganz überwiegend wird jedenfalls eine zivilrechtliche Pflicht, ein Angebot abzugeben, verneint.[265]

Über die Frage der zivilrechtlichen Pflicht zur Abgabe eines Angebots nach der Veröffentlichung gemäß § 10 Abs. 1 Satz 1 WpÜG hinaus ist ferner

---

260 *Hippeli*, NZG 2016, 1207 (1208); aA *Assmann*, in Assmann/Pötzsch/Uwe H. Schneider WpÜG, 4. Aufl. 2024, § 10 Rn. 52.

261 *Hippeli*, NZG 2016, 1207 (1208).

262 *Hippeli*, NZG 2016, 1207 (1208); vgl. *Louven*, in Angerer/Brandi/Süßmann WpÜG, 4. Aufl. 2023, § 10 Rn. 137 f.

263 *Hippeli*, NZG 2016, 1207 (1208); vgl. *Strunk/Salomon/Holst*, in Veil Übernahmerecht in Praxis und Wissenschaft, 2009, S. 3; *Cascante/Tyrolt*, AG 2012, 97 (102 f.).

264 *Hippeli*, NZG 2016, 1207 (1208); vgl. zum von *Hippelli* ebenfalls abgelehnten, umgekehrten Fall eines fehlenden Gleichlaufs, *Drinkuth*, in Marsch-Barner/Schäfer Hdb börsennotierte AG, 5. Aufl. 2022, S. 2181, Rn. 62.69.

265 *Louven*, in Angerer/Brandi/Süßmann WpÜG, 4. Aufl. 2023, § 10 Rn. 135; *Noack/Holzborn*, in Schwark/Zimmer KMRK, 5. Aufl. 2020, § 10 WpÜG Rn. 2; *Hirte/Heinrich*, in KölnKomm WpÜG, 3. Aufl. 2022, § 10 Rn. 20; *Wackerbarth*, in MüKo AktG, 5. Aufl. 2021, § 10 WpÜG Rn. 6; *Assmann*, in Assmann/Pötzsch/Uwe H. Schneider WpÜG, 4. Aufl. 2024, § 10 Rn. 51 f.; *Santelmann/Steinhardt*, in Steinmeyer WpÜG, 4. Aufl. 2019, § 10 Rn. 45; *Technau/Berrar*, in Paschos/Fleischer Hdb Übernahmerecht, 1. Aufl. 2017, § 13 Rn. 81; *Beurskens/Oechsler*, in Beurskens/Ehricke/Ekkenga WpÜG, § 10 Rn. 27 ff.; für eine mögliche zivilrechtliche Haftung *Scholl/Siekmann*, BKR 2013, 316 f.

umstritten, welche öffentlich-rechtlichen Konsequenzen den Bieter treffen, soweit dieser das Verfahren einseitig beendet. Dabei werden bußgeldrechtliche Konsequenzen vereinzelt abgelehnt.[266] Dem entgegnend wird teilweise vertreten, dass die einseitige Beendigung des Angebotsverfahrens, außerhalb von Sonderfällen, eine Ordnungswidrigkeit nach § 60 Abs. 1 Nr. 2a WpÜG darstellt.[267] Begründet wird dies mit dem Verweis auf die Systematik des WpÜG und der vom Gesetz intendierten Bindungswirkung der Veröffentlichung der Entscheidung zur Abgabe eines Angebots. Mit der Veröffentlichung gemäß § 10 Abs. 1 Satz 1 WpÜG wird ein geordnetes Angebotsverfahren in Gang gesetzt, das nicht durch eine willkürliche Entscheidung des Bieters beendet werden kann. Dies gilt insbesondere vor dem Hintergrund, dass mit der Veröffentlichung der Entscheidung zur Abgabe eines Angebots die Zielgesellschaft gemäß § 33 Abs. 1 WpÜG in ihrer Handlungsmöglichkeit beschränkt wird.[268]

Unabhängig von der Möglichkeit das Angebotsverfahren einseitig zu beenden, besteht jedoch bei allen Ansätzen Einigkeit darüber, dass als Folge des Abstandnehmens von dem Angebot, das Angebot gemäß § 15 Abs. 1 Nr. 3 WpÜG untersagt und die Sperrfrist des § 26 WpÜG ausgelöst wird.[269] Der Grund hierfür liegt darin, dass die Person, die ursprünglich die

---

266 *Assmann*, in Assmann/Pötzsch/Uwe H. Schneider WpÜG, 4. Aufl. 2024, § 10 Rn. 54; *Scholl/Siekmann*, BKR 2013, 316.

267 *Louven*, in Angerer/Brandi/Süßmann WpÜG, 4. Aufl. 2023, § 10 Rn. 138; zu den Sonderfällen Rn. 140 f.; *Santelmann/Steinhardt*, in Steinmeyer WpÜG, 4. Aufl. 2019, § 10 Rn. 48; *Schröder/Niggemann*, in MAH Aktienrecht, 4. Aufl. 2024, § 51 Rn. 51.

268 *Louven*, in Angerer/Brandi/Süßmann WpÜG, 4. Aufl. 2023, § 10 Rn. 137.

269 *Louven*, in Angerer/Brandi/Süßmann WpÜG, 4. Aufl. 2023, § 10 Rn. 139; *Drinkuth*, in Marsch-Barner/Schäfer Hdb börsennotierte AG, 5. Aufl. 2022, S. 2181, Rn. 62.70; *Assmann*, in Assmann/Pötzsch/Uwe H. Schneider WpÜG, 4. Aufl. 2024, § 10 Rn. 51 ff.; *Noack/Holzborn*, in Schwark/Zimmer KMRK, 5. Aufl. 2020, § 10 WpÜG Rn. 2; *Santelmann/Steinhardt*, in Steinmeyer WpÜG, 4. Aufl. 2019, § 10 Rn. 48; *Schröder/Niggemann*, in MAH Aktienrecht, 4. Aufl. 2024, § 51 Rn. 51; *Technau/Berrar*, in Paschos/Fleischer Hdb Übernahmerecht, 1. Aufl. 2017, § 13 Rn. 81; *Scholl/Siekmann*, BKR 2013, 316; *Cascante/Tyrolt*, AG 2012, 97 (103); erstmals klargestellt wurde dies von der BaFin im Rahmen des feindlichen Übernahmeversuchs der Merck KGaA an die Aktionäre der Schering AG und dem daran anschließenden Übernahmeangebot der Bayer AG an die Aktionäre der Schering AG. S. dazu *Cascante*, in FS Wegen, 2015, S. 175 (182).

Veröffentlichung gemäß § 10 Abs. 1 Satz 1 WpÜG vorgenommen hat, keine Angebotsunterlage einreicht.

Demnach erfolgt bei dem nachträglichen Bieteraustausch eine Untersagung nach § 15 WpÜG infolge derer ein erneutes Angebot innerhalb der Sperrfrist des § 26 WpÜG unzulässig ist.[270] Würde durch die Veröffentlichung gemäß § 10 Abs. 1 WpÜG des später hinzukommenden „Bieters" eine rechtsfähige Gesellschaft bürgerlichen Rechts entstehen, würde nur diese eine Angebotsunterlage einreichen und nicht die ursprünglich festgelegten „Bieter". Ein Bieteraustausch nach erfolgter Veröffentlichung der Entscheidung zur Abgabe eines Angebots gemäß § 10 Abs. 1 Satz 1 WpÜG kommt demnach nicht in Betracht.[271]

Fallen die Veröffentlichungen der Entscheidung zur Abgabe eines Angebots mehrerer Personen, die gemeinsam ein Angebot abgeben wollen, zeitlich auseinander und entsteht durch den Beitritt der weiteren Person eine rechtsfähige Gesellschaft bürgerlichen Rechts, die selbst zum Bieter wird, liegt darin ein unzulässiger Bieteraustausch.

IV. Zwischenergebnis

Wenn die gemeinsame Abgabe eines Angebots durch mehrere Personen eine rechtsfähige Gesellschaft bürgerlichen Rechts begründet,[272] liegt keine Bietergemeinschaft, sondern ein Angebot der rechtsfähigen Gesellschaft bürgerlichen Rechts vor. Bei einem Angebot einer rechtsfähigen Gesellschaft bürgerlichen Rechts wäre die dingliche Aufteilung des Erwerbs der in das Angebot eingelieferten Zielgesellschaftsaktien im Wege eines Direkterwerbs

---

270 Vgl. *Hirte/Heinrich*, in KölnKomm WpÜG, 3. Aufl. 2022, § 10 Rn. 20; *Noack/Holzborn*, in Schwark/Zimmer KMRK, 5. Aufl. 2020, § 10 WpÜG Rn. 2; *Strunk/Salomon/Holst*, in Veil Übernahmerecht in Praxis und Wissenschaft, 2009, S. 3; *Scholl/Siekmann*, BKR 2013, 316.

271 *Müller-Michaels*, in Hölters Hdb Unternehmenskauf, 10. Aufl. 2022, Kap. 12 S. 1121 Rn. 12.75; *Assmann*, in Assmann/Pötzsch/Uwe H. Schneider WpÜG, 4. Aufl. 2024, § 10 Rn. 55; *Hippeli*, NZG 2016, 1207 (1208).

272 So *Heinrich/Mock*, in KölnKomm WpÜG, 3. Aufl. 2022, § 2 Rn. 142; *Beurskens/Oechsler*, in Beurskens/Ehricke/Ekkenga WpÜG, 2. Aufl. 2021, § 2 Rn. 25; *Noack/Holzborn*, in Schwark/Zimmer KMRK, 5. Aufl. 2020, § 2 WpÜG Rn. 30; *Rothley/Kurth*, in Heidel Aktien- u. Kapitalmarktrecht, 6. Aufl. 2024, § 2 WpÜG Rn. 18 Fn. 34; *Favoccia*, in Assmann/Pötzsch/Uwe H. Schneider WpÜG, 4. Aufl. 2024, § 2 Rn. 92; vgl. auch *Santelmann*, in Steinmeyer WpÜG, 4. Aufl. 2019, § 35 Rn. 95.

nicht möglich. Außerdem könnte nur ein Angebot abgegeben werden. Eine Kombination aus Pflicht- und Erwerbsangebot wäre nicht möglich. Ferner wäre die Konstellation, dass die Meldungen gemäß § 10 Abs. 1 Satz 1 WpÜG zeitlich auseinanderfallen ein nachträglicher Bieteraustausch und somit unzulässig.

D. Anwendungsbereich der Bietergemeinschaft

Für die einzig relevante praktische Konstellation der Bietergemeinschaft, dem freiwilligen Zusammenschluss mehrerer rechtsfähiger Personen zur Abgabe eines gemeinsamen Angebots, ist es von entscheidender Bedeutung, keine rechtsfähige Gesellschaft bürgerlichen Rechts zu begründen. Vor dem Hintergrund der oben dargestellten Auswirkungen[273] ist herauszuarbeiten, in welchen Fällen die Abgabe eines Angebots gemeinsam mit anderen Personen eine rechtsfähige Gesellschaft bürgerlichen Rechts begründet und umgekehrt: Wann der Anwendungsbereich der Bietergemeinschaft tatsächlich eröffnet ist.

I. Ausgangslage: Nicht rechtsfähige Personenzusammenschlüsse

Eine Bietergemeinschaft im Sinne von § 2 Abs. 4 WpÜG liegt vor, wenn mindestens zwei Personen oder rechtsfähige Personenzusammenschlüsse *ein* Angebot oder mehrere miteinander verknüpfte Angebote abgeben und dabei keine rechtsfähige Personengesellschaft bilden. Zu ergründen ist zunächst, in welchen Konstellationen keine rechtsfähige Gesellschaft bürgerlichen Rechts durch den Zusammenschluss mehrerer Personen zur gemeinsamen Abgabe eines Angebots entsteht.

In Betracht kommen hier insbesondere die nicht rechtsfähige Gesellschaft bürgerlichen Rechts (vgl. § 705 Abs. 2 BGB, vor dem MoPeG, die „Innen-GbR") sowie die stille Gesellschaft, die mangels Rechtsfähigkeit nicht selbst Bieter sind.[274] Gleiches gilt bei der Bruchteilsgemeinschaft.[275] Allerdings

---

[273] S. zu den Auswirkungen Teil II C.

[274] *Angerer*, in Angerer/Brandi/Süßmann WpÜG, 4. Aufl. 2023, § 2 Rn. 11; vgl. auch *Baums/Hecker*, in Baums/Thoma/Verse WpÜG, 13. Lieferung 12.2020, § 2 Rn. 101.

[275] *Angerer*, in Angerer/Brandi/Süßmann WpÜG, 4. Aufl. 2023, § 2 Rn. 12; *Heinrich/Mock*, in KölnKomm WpÜG, 3. Aufl. 2022, § 2 Rn. 129; *Favoccia*, in Assmann/Pötzsch/Uwe

kann der Beschluss der Bruchteilseigentümer ein freiwilliges Erwerbsangebot gerichtet auf den Erwerb weiterer Zielgesellschaftsaktien abzugeben, zu der Bildung einer rechtsfähigen Gesellschaft bürgerlichen Rechts führen, die dann selbst Bieter ist.[276]

Auch die eheliche Gütergemeinschaft scheidet mangels Rechtsfähigkeit als Bieter aus.[277] Dies ist auch bei der Erbengemeinschaft der Fall. Aufgrund fehlender Rechtsfähigkeit ist nicht die Erbengemeinschaft selbst Bieterin, sondern ihre Mitglieder.[278] Dies wird vereinzelt abweichend vertreten, indem eine Erbengemeinschaft als taugliche Trägerin von Rechten und Pflichten und damit auch als Bieter angesehen wird.[279] Teilweise wird auch zwischen freiwilligen Angeboten und Pflichtangeboten differenziert: So soll grundsätzlich zweifelhaft sein, ob die Pflichten aus dem WpÜG die Gemeinschaft als solche oder sämtliche Mitglieder treffen. Hingegen soll dies bei freiwilligen Angeboten der Entscheidung der Mitglieder der Gemeinschaft überlassen sein.[280]

Ob eine Bietergemeinschaft im Sinne von § 2 Abs. 4 WpÜG vorliegt, wird insbesondere mit Blick auf Pflichtangebote durch die Mitglieder der Gemeinschaften diskutiert. Dies verwundert insofern, als die diskutierten Konstellationen immerhin seit 2013 in der Praxis nicht relevant geworden sind. Eine gemeinsame Verpflichtung zur Abgabe eines Angebots dürfte auch in Zukunft kaum jemals in Betracht kommen.[281] Allerdings bietet sich hier, in theoretischer Hinsicht, ein Anwendungsbereich der Bietergemeinschaft im Sinne von § 2 Abs. 4 WpÜG, sodass die Problematik im Folgenden dargestellt wird.

H. Schneider WpÜG, 4. Aufl. 2024, § 2 Rn. 83; *Baums/Hecker*, in Baums/Thoma/Verse WpÜG, 13. Lieferung 12.2020, § 2 Rn. 100.

276 Vgl. *Baums/Hecker*, in Baums/Thoma/Verse WpÜG, 13. Lieferung 12.2020, § 2 Rn. 100.

277 *Favoccia*, in Assmann/Pötzsch/Uwe H. Schneider WpÜG, 4. Aufl. 2024, § 2 Rn. 83; *Baums/Hecker*, in Baums/Thoma/Verse WpÜG, 13. Lieferung 12.2020, § 2 Rn. 98.

278 *Angerer*, in Angerer/Brandi/Süßmann WpÜG, 4. Aufl. 2023, § 2 Rn. 20; *Heinrich/Mock*, in KölnKomm WpÜG, 3. Aufl. 2022, § 2 Rn. 129; *Favoccia*, in Assmann/Pötzsch/Uwe H. Schneider WpÜG, 4. Aufl. 2024, § 2 Rn. 83; *Baums/Hecker*, in Baums/Thoma/Verse WpÜG, 13. Lieferung 12.2020, § 2 Rn. 98.

279 So *Wackerbarth*, in MüKo AktG, 6. Aufl. 2024, § 2 WpÜG Rn. 35.

280 *Santelmann*, in Steinmeyer WpÜG, 4. Aufl. 2019, § 2 Rn. 13.

281 *Favoccia*, in Assmann/Pötzsch/Uwe H. Schneider WpÜG, 4. Aufl. 2024, § 2 Rn. 93; *Baums/Hecker*, in Baums/Thoma/Verse WpÜG, 13. Lieferung 12.2020, § 2 Rn. 112.

Im Ausgangspunkt kann ein Pflichtangebot durch eine Bietergemeinschaft abgegeben werden, wenn mehrere Personen gemeinschaftlich die Kontrolle über die Zielgesellschaft erlangen und damit den Tatbestand des § 35 Abs. 1 WpÜG erfüllen. Dies ist nicht der Fall, wenn die Kontrolle aufgrund von Stimmbindungsverträgen oder infolge von „acting in concert" gemäß § 30 Abs. 2 WpÜG erlangt wird. Aufgrund der Stimmrechtszurechnung sind die beteiligten Kontrollerwerber jeweils einzeln nach § 35 Abs. 1 WpÜG zur Abgabe des Pflichtangebots verpflichtet. Eine gemeinschaftliche Kontrollerlangung liegt dann nicht vor. Die gemeinsame Verpflichtung zur Abgabe eines Pflichtangebots aufgrund gemeinschaftlichen Kontrollerwerbs erfordert vielmehr die gemeinschaftliche Inhaberschaft der Stimmrechte der Zielgesellschaft durch mehrere Personen.[282]

Auf den gemeinschaftlichen Kontrollerwerb folgend, muss dann ein gemeinsames Angebot durch die Mitglieder der Bruchteils-, Erben- oder ehelichen Gütergemeinschaft folgen, damit diese auch Mitglieder einer Bietergemeinschaft im Sinne von § 2 Abs. 4 WpÜG sind.[283]

Bei der Erbengemeinschaft ist die Konstellation denkbar, dass der Nachlass eine kontrollierende Beteiligung im Sinne von § 29 WpÜG umfasst. Soweit mehrere Erben vorhanden sind, erwerben diese als Miterbe die Kontrolle über die Zielgesellschaft. Infolgedessen sind die Miterben gemeinschaftlich verpflichtet, ein Pflichtangebot abzugeben. Die Miterben bilden dann eine Bietergemeinschaft.[284] Dabei wird die gemeinschaftliche Verpflichtung aus § 2038 Abs. 1 BGB abgeleitet.[285] Dies wird vereinzelt bezweifelt, da die Verpflichtung jeden Miterben einzeln trifft, sofern dieser die Kontrolle trotz nur quotaler Zurechnung seiner Anteile erwirbt.[286] Anstelle einer gemeinschaftlichen Verpflichtung wird teils auch ein Wahlrecht der Miterben

---

282 Zum Ganzen *Heinrich/Mock*, in KölnKomm WpÜG, 3. Aufl. 2022, § 2 Rn. 144.

283 *Angerer*, in Angerer/Brandi/Süßmann WpÜG, 4. Aufl. 2023, § 2 Rn. 12.

284 *Baums/Hecker*, in Baums/Thoma/Verse WpÜG, 13. Lieferung 12.2020, § 2 Rn. 99; *Noack/Holzborn*, in Schwark/Zimmer KMRK, 5. Aufl. 2020, § 2 WpÜG Rn. 32.

285 *Baums/Hecker*, in Baums/Thoma/Verse WpÜG, 13. Lieferung 12.2020, § 2 Rn. 99, 112.

286 *Favoccia*, in Assmann/Pötzsch/Uwe H. Schneider WpÜG, 4. Aufl. 2024, § 2 Rn. 93; für eine jeweilige Verpflichtung der Miterben wohl auch *Angerer*, in Angerer/Brandi/Süßmann WpÜG, 4. Aufl. 2023, § 2 Rn. 12.

angenommen.[287] Teilweise wird auch angemerkt, dass es bereits zweifelhaft sei, ob die Gesamthand als solche überhaupt Kontrolle erlangen könne und selbst wenn dies möglich sei, ob dann nicht bereits jedes der Mitglieder für sich Bieter sei, ohne dass eine „gemeinschaftliche" Verpflichtung zur Abgabe des Pflichtangebots vorläge.[288] Im Ergebnis wird eine Einzelfallbetrachtung erforderlich sein, wobei in der Literatur Kriterien zur Beurteilung fehlen.

Bei der Bruchteilsgemeinschaft ist der Fall denkbar, dass mehrere Personen das Miteigentum nach Bruchteilen an mindestens 30% der Stimmrechte einer Zielgesellschaft oder eine vergleichbare mittelbare Kontrollposition in Bezug auf die Zielgesellschaft erwerben. Dies könnte zum Beispiel durch den Vollzug einer Schenkung von Aktien in entsprechender Zahl erfolgen. Hierdurch wären die Miteigentümer dann gemeinschaftlich zur Abgabe eines Pflichtangebots verpflichtet und bilden eine Bietergemeinschaft.[289]

Im Ergebnis ist festzuhalten, dass in den Konstellationen, in denen mehrere Personen im Rahmen einer nicht rechtsfähigen Gesellschaft bürgerlichen Rechts (vor MoPeG „Innen-GbR"), stillen Gesellschaft, Bruchteils-, Erben- oder ehelichen Gütergemeinschaft, gemeinsam ein Angebot abgeben, jeweils eine Bietergemeinschaft im Sinne von § 2 Abs. 4 WpÜG vorliegt. Die praktische Relevanz dieser Fälle wird jedoch auch weiterhin sehr gering sein.

II. Die Bietergemeinschaft in der Form einer Gesellschaft bürgerlichen Rechts

Der einzige Fall der Bietergemeinschaft, der bisher praktische Relevanz erlangt hat, ist der freiwillige Zusammenschluss mehrerer rechtsfähiger Personen zur Abgabe eines gemeinsamen Angebots. Wie oben (Teil II C) festgestellt, ist es von entscheidender Bedeutung, keine rechtsfähige Gesellschaft bürgerlichen Rechts zu begründen, da anderweitig die bezweckten Gestaltungsmöglichkeiten nicht erreicht werden könnten. Soweit der freiwillige Zusammenschluss mehrerer rechtsfähiger Personen zur Abgabe eines gemeinsamen Angebots eine Gesellschaft bürgerlichen Rechts begründet,

---

287 *Santelmann*, in Steinmeyer WpÜG, 4. Aufl. 2019, § 35 Rn. 95; *Süßmann*, WM 2003, 1453 (1457).

288 *Heinrich/Mock*, in KölnKomm WpÜG, 3. Aufl. 2022, § 2 Rn. 144.

289 *Baums/Hecker*, in Baums/Thoma/Verse WpÜG, 13. Lieferung 12.2020, § 2 Rn. 100.

muss diese als nicht rechtsfähige Gesellschaft bürgerlichen Rechts ausgestaltet werden, da andernfalls kein Angebot einer Bietergemeinschaft vorliegt.

In der Literatur wird meist recht pauschal darauf verwiesen, dass es sich bei diesen Angeboten mehrerer Bieter in der Regel nicht um eine Bietergemeinschaft, sondern eine Gesellschaft bürgerlichen Rechts handelt.[290] Vereinzelt wird ohne weitere Erläuterung auch zwischen einer Bietergemeinschaft und einem Bieterkonsortium differenziert, wobei das Bieterkonsortium in aller Regel eine Gesellschaft bürgerlichen Rechts sei.[291] Dabei bleibt jedoch offen, wie sich Bietergemeinschaft und Bieterkonsortium unterscheiden. Teilweise wird dies dann noch um den Zusatz ergänzt, dass der Zusammenschluss mehrerer Personen regelmäßig eine Außengesellschaft hervorbringen würde und Bietergemeinschaften daher in der Praxis selten vorkämen.[292] Die Annahme, dass die Verbindung mehrerer Personen zu einer Bietergemeinschaft die Begründung einer Außen-GbR (nach MoPeG „rechtsfähige Gesellschaft", vgl. § 705 Abs. 2 BGB) darstellt, die dann selbst Bieter ist,[293] führt im Ergebnis dazu, dass der Bietergemeinschaft in ihrer einzig praktisch relevanten Form die Existenz abgesprochen wird.

Ob der freiwillige Zusammenschluss mehrerer Personen zur Abgabe eines gemeinsamen Angebots tatsächlich notwendigerweise eine Gesellschaft bürgerlichen Rechts begründet und ob diese Zusammenschlüsse in der Regel als rechtsfähige Gesellschaft ausgestaltet werden,[294] gilt es sowohl vor dem Hintergrund der bisher als „Bietergemeinschaft" abgegebenen Angeboten,[295] nach der bis zum 31. Dezember 2023 geltenden Rechtslage der §§ 705 ff. BGB, als auch hinsichtlich zukünftiger Bietergemeinschaften nach Geltung des Gesetzes zur Modernisierung des Personengesellschaftsrechts (MoPeG) zu überprüfen. Eine solche Überprüfung erscheint auch insofern angezeigt, als dass hinsichtlich Investorenvereinbarungen zwischen Bieter und Zielgesellschaft

---

290 So z.B. *Rothley/Kurth*, in Heidel Aktien- u. Kapitalmarktrecht, 6. Aufl. 2024, § 2 WpÜG Rn. 18 Fn. 34.

291 *Santelmann*, in Steinmeyer WpÜG, 4. Aufl. 2019, § 35 Rn. 95; *Süßmann*, WM 2003, 1453 (1457).

292 *Favoccia*, in Assmann/Pötzsch/Uwe H. Schneider WpÜG, 4. Aufl. 2024, § 2 Rn. 92; vgl. auch *Heinrich/Mock*, in KölnKomm WpÜG, 3. Aufl. 2022, § 2 Rn. 143.

293 So *Noack/Holzborn*, in Schwark/Zimmer KMRK, 5. Aufl. 2020, § 2 WpÜG Rn. 30.

294 So *Heinrich/Mock*, in KölnKomm WpÜG, 3. Aufl. 2022, § 2 Rn. 143.

295 S. dazu Anlage 1.

vertreten wird, dass diese in der Regel keine Grundlage für eine Gesellschaft bürgerlichen Rechts begründen, da die Transaktionsdurchführung kein hinreichender Gesellschaftszweck ist.[296]

1. Keine Gesellschaft sui generis

Wenn der freiwillige Zusammenschluss mehrerer Personen zur Abgabe eines einheitlichen Angebots eine Gesellschaft sui generis begründet, läge keine Gesellschaft bürgerlichen Rechts vor.

Anlass zu der Überlegung, ob der freiwillige Zusammenschluss mehrerer Personen zu einer Bietergemeinschaft eine Gesellschaft sui generis begründet, gibt eine Klausel, die in mehreren von Bietergemeinschaften veröffentlichten Angebotsunterlagen enthalten ist:

> *„Die Bieter handeln nicht gemeinsam in Form einer Personengesellschaft (insbesondere nicht in Form einer Gesellschaft bürgerlichen Rechts), sondern als sogenannte Bietergemeinschaft.“*

Eine solche Klausel findet sich in folgenden Angebotsunterlagen:

- Pflichtangebot der Technology Center Holding GmbH und der Enapter AG an die Aktionäre der MARNA Beteiligungen AG vom 24. Januar 2024, S. 6;
- Delisting-Erwerbsangebot der RAS Beteiligungs GmbH und der LSW GmbH und der SGW-Immo-GmbH an die Aktionäre der home24 SE vom 28. Juli 2023, S. 7 f.;
- Übernahmeangebot der RAS Beteiligungs GmbH und der LSW GmbH und der SGW-Immo-GmbH an die Aktionäre der home24 SE vom 11. November 2022, S. 7 f.;
- Übernahmeangebot der Studhalter Investment AG und der Highlight Communications AG an die Aktionäre der Constantin Medien AG vom 18. Dezember 2017, S. 3;
- Übernahmeangebot der AVIC International Engineering Holdings Pte. Ltd. und der Europe Project Management Pte. Ltd. und der Europe Technology Investment Pte. Ltd. und der Europe Engineering Holdings Pte.

---

296 *Seibt*, in Kämmerer/Veil Übernahme- und Kapitalmarktrecht in der Reformdiskussion, 2013, S. 109.

Ltd. an die Aktionäre der KHD Humboldt Wedag International AG vom 21. November 2013, S. 5;
- Pflichtangebot des Herrn Michael Steuler und freiwilliges Erwerbsangebot der Steuler-Fliesen GmbH an die Akitonäre der Norddeutsche Steingut Aktiengesellschaft vom 23. August 2013, S. 1.

Die wiederholte Verwendung der Klausel in verschiedenen Angebotsunterlagen könnte darauf hindeuten, dass es der BaFin ein Anliegen ist, dass der der freiwillige Zusammenschluss mehrerer Personen zu einer Bietergemeinschaft keine Innen- oder nicht rechtsfähige Gesellschaft bürgerlichen Rechts, sondern eine Gesellschaft sui generis begründet.

Schließlich wird die Angebotsunterlage vor Veröffentlichung durch die BaFin auch in inhaltlicher Hinsicht überprüft, wobei die Überprüfung durch die BaFin über die gesetzlich vorgesehene formelle Vollständigkeitsprüfung hinausgeht, indem eine weitgehende, wenn auch nicht vollständige materielle Richtigkeitsprüfung durchgeführt wird.[297] Vor diesem Hintergrund erscheinen zwei Optionen möglich: Die erste Option basiert auf der Annahme, dass die BaFin davon ausgeht, dass es sich bei dem freiwilligen Zusammenschluss mehrerer Personen zu einer Bietergemeinschaft nicht um eine Gesellschaft bürgerlichen Rechts handelt, sondern um eine Gesellschaft sui generis, was die BaFin mit Verwendung der Klausel jeweils klarstellen möchte. Der Klausel käme dann lediglich deklaratorische Wirkung zu. Die zweite Option spräche der Klausel konstitutive Wirkung zu, nämlich dann, wenn die BaFin davon ausgeht, dass der freiwillige Zusammenschluss mehrerer Personen zu einer Bietergemeinschaft eine Innen- oder nicht rechtsfähige Gesellschaft bürgerlichen Rechts begründet. Die Verwendung der Klausel soll dem vorbauen, indem diese Rechtsform ausgeschlossen wird.

a) Deklaratorische Wirkung der „GbR-Ausschlussklausel"

Soweit eine deklaratorische Wirkung der Klausel angenommen wird, gilt es zu ergründen, warum die Einordnung des freiwilligen Zusammenschlusses

---

[297] *Assmann*, in Assmann/Pötzsch/Uwe H. Schneider WpÜG, 4. Aufl. 2024, § 14 Rn. 20; *Lenz/Linke*, AG 2002, 361 (362); *Lenz/Behnke*, BKR 2003, 43 f.; vgl. auch *Seibt*, in Köln-Komm WpÜG, 3. Aufl. 2022, § 14 Rn. 38 f.; *Süßmann*, in Angerer/Brandi/Süßmann WpÜG, 4. Aufl. 2023, § 14 Rn. 31.

mehrerer Personen zu einer Bietergemeinschaft als Gesellschaft sui generis notwendig sein könnte und ob es sich tatsächlich um eine Gesellschaft sui generis handelt.

Die Notwendigkeit, die Bietergemeinschaft als Gesellschaft sui generis einzuordnen, könnte sich aus den Anforderungen des formalistischen Verfahrens des WpÜG ergeben. Diesem formalistischen Verfahren stünde im Falle der Einordnung der Bietergemeinschaft als nicht rechtsfähige Gesellschaft bürgerlichen Rechts eine Rechtsanwendung mit nur losem Rahmen gegenüber.[298] Insoweit könnte die Einordnung der Bietergemeinschaft als Gesellschaft sui generis Bedenken vorbauen, dass die nicht rechtsfähige Gesellschaft bürgerlichen Rechts im Zusammenhang mit dem Verfahren des WpÜG Komplikationen mit sich bringen könnte. Jedoch ist nicht ersichtlich, dass die Annahme einer Gesellschaft sui generis insoweit für Abhilfe sorgen würde. Schließlich umfasst die Gesellschaft bürgerlichen Rechts eine bunte Vielfalt von Zusammenschlüssen.[299] Zum Beispiel sind Beteiligungs-, Stimmrechts- und andere Finanzierungskonsortien sowie ähnliche ad-hoc-Kooperationsverhältnisse wie Poolverträge klassische Gelegenheitsgesellschaften, also solche, die nach dem einverständlichen Willen der Parteien durch Zweckerreichung oder Zweckerledigung enden sollen.[300] Die nicht rechtsfähige Gesellschaft bürgerlichen Rechts ist demzufolge mitnichten auf wirtschaftlich bedeutungslose Fälle beschränkt.[301]

Die Einordnung der Bietergemeinschaft als Gesellschaft sui generis könnte aus § 2 Abs. 4 WpÜG folgen, wenn die Norm dahingehend ausgelegt wird, dass eine implizite Anordnung für eine Gesellschaft sui generis enthalten ist. Einer solchen Auslegung steht jedoch der Normzweck des § 2 Abs. 4 WpÜG entgegen, der lediglich klarstellende Bedeutung hat.[302]

---

298 Vgl. *K. Schmidt*, Gesellschaftsrecht, 4. Aufl. 2002, § 58 I Nr. 2 lit. a, S. 1691.

299 *Bachmann*, NJW 2021, 3073 (3076); vgl. auch *K. Schmidt*, Gesellschaftsrecht, 4. Aufl. 2002, § 5 II Nr. 4 lit. a, S. 106 f.

300 Vgl. *Schöne*, in BeckOK BGB, Stand 1.11.2024, § 705 Rn. 16; *Geibel*, in BeckOGK BGB, Stand 1.1.2019, § 705 Rn. 240; *Fleischer*, DStR 2021, 430 (437); *Liebscher*, ZIP 2023, 2225 (2226); zur Rechtslage vor dem MoPeG *K. Schmidt*, Gesellschaftsrecht, 4. Aufl. 2002, § 58 II Nr. 1, S. 1695.

301 *Liebscher*, ZIP 2023, 2225 (2226).

302 Zur klarstellenden Bedeutung des § 2 Abs. 4 WpÜG *Noack/Holzborn*, in Schwark/Zimmer KMRK, 5. Aufl. 2020, § 2 WpÜG Rn. 29

Auch die Bietergemeinschaft im Vergaberecht, also der Zusammenschluss mehrerer Unternehmen zur gemeinschaftlichen Teilnahme an einer Ausschreibung, bildet eine Gesellschaft bürgerlichen Rechts.[303] Warum also gerade der freiwillige Zusammenschluss mehrerer Personen zu einer übernahmerechtlichen Bietergemeinschaft keine Gesellschaft bürgerlichen Rechts sein soll, wenn die Voraussetzungen des § 705 BGB vorliegen, ist nicht ersichtlich. Schließlich ist die Gesellschaft bürgerlichen Rechts in ihren Erscheinungsformen und Ausprägungen äußerst vielfältig, sodass die Gesellschaft bürgerlichen Rechts den Besonderheiten des Angebotsverfahrens gerecht werden kann. Der Einordnung der übernahmerechtlichen Bietergemeinschaft als Unterform der nicht rechtsfähigen Gesellschaft bürgerlichen Rechts steht auch nicht der numerus clausus der Rechtsformen im Gesellschaftsrecht entgegen. Der numerus clausus der Rechtsformen gilt nicht, soweit die rein schuldrechtliche Ebene nicht verlassen wird. Die Rechtsform der Innengesellschaft lässt daher beliebige Unterrechtsformen zu.[304]

Gegen die Annahme einer Gesellschaft bürgerlichen Rechts und für die Einordnung als Gesellschaft sui generis könnte das Argument sprechen, dass die Bietergemeinschaft keine nicht rechtsfähige Gesellschaft bürgerlichen Rechts sein könne, da insofern der Regelungsbedarf fehle. Schließlich treffen die gesetzlichen Bieterpflichten ohnehin jede bietende Person.[305] Jedoch führt die Ablehnung der Einordnung der übernahmerechtlichen Bietergemeinschaft als Gesellschaft bürgerlichen Rechts nicht zwingend zur Annahme einer Gesellschaft sui generis im Falle des freiwilligen Zusammenschlusses mehrerer Personen zu einer Bietergemeinschaft. Ferner ist das Argument an sich schon insoweit zu kritisieren, da § 2 Abs. 4 WpÜG auch keine Regelung hinsichtlich der Gesellschaftsform treffen soll, sondern lediglich klarstellende Bedeutung hat.

---

303 *Knauff/Meurers*, in MüKo WettbewerbsR, 4. Aufl. 2022, Bd. 4, § 2 VOB/A Rn. 71; *Bärwaldt*, in Beck Hdb Personengesellschaften, 5. Aufl. 2020, § 21 Rn. 20; *Gabriel*, in Gabriel/Krohn/Neun Hdb. VergabeR, 4. Aufl. 2024, § 17 Rn. 13; ausführlich *Lux*, Bietergemeinschaften im Schnittfeld von Gesellschafts- und Vergaberecht, 2009, S. 46 ff.

304 *K. Schmidt*, Gesellschaftsrecht, 4. Aufl. 2002, § 5 II Nr. 1 lit. a, S. 96; zum Rechtsformzwang *Jahnke*, ZHR 146 (1982), 595 (597).

305 Vgl. die Argumentation von *Noack/Holzborn*, in Schwark/Zimmer KMRK, 5. Aufl. 2020, § 2 WpÜG Rn. 31.

Folglich kann die „GbR-Ausschlussklausel“ mit nur deklaratorischer Wirkung nicht zu einer Einordnung des freiwilligen Zusammenschlusses mehrerer Personen zu einer Bietergemeinschaft als Gesellschaft sui generis führen.

b) Konstitutive Wirkung der „GbR-Ausschlussklausel“

Die Klausel *„nicht gemeinsam in Form einer Personengesellschaft (insbesondere nicht in Form einer Gesellschaft bürgerlichen Rechts), sondern als sogenannte Bietergemeinschaft“* zu handeln, könnte konstitutive Wirkung haben. Eine konstitutive Wirkung der Klausel würde die Einordnung der übernahmerechtlichen Bietergemeinschaft als Gesellschaft bürgerlichen Rechts ausschließen. Dieser Ausschluss würde voraussetzen, dass es möglich ist, eine Rechtsform unabhängig von dem Vorliegen von deren rechtlichen Voraussetzungen auszuschließen. Vereinzelt wird vertreten, dass das Entstehen einer Personengesellschaft ausdrücklich ausgeschlossen werden kann.[306] Für diese Aussage fehlt jedoch eine Begründung. Zwar kommt dem Willen der beteiligten Personen vor dem Hintergrund der Privatautonomie grundsätzlich Vorrang zu, jedoch kann das Vorliegen rechtlicher Voraussetzungen nicht ignoriert werden. Wenn also die Voraussetzungen der §§ 705 ff. BGB vorliegen, ist der pauschale Ausschluss der Gesellschaft bürgerlichen Rechts unwirksam. Allein maßgeblich für das Vorliegen einer Gesellschaft bürgerlichen Rechts ist das Vorliegen der in § 705 BGB normierten Voraussetzungen. Die Annahme einer nicht rechtsfähigen Gesellschaft bürgerlichen Rechts bleibt damit trotz der „GbR-Ausschlussklausel“ möglich.[307] Eine konstitutive Wirkung der Klausel ist abzulehnen.

c) Zwischenergebnis

Unabhängig von der „GbR-Ausschlussklausel“ handelt es sich bei dem freiwilligen Zusammenschlusses mehrerer Personen zu einer Bietergemeinschaft nicht um eine Gesellschaft sui generis. Folglich ist die Einordnung als Gesellschaft bürgerlichen Rechts nicht per se ausgeschlossen. Allein maßgeblich für das Vorliegen einer Gesellschaft bürgerlichen Rechts ist das Vorliegen der in § 705 BGB normierten Voraussetzungen.

---

306 *Thelen*, RnotZ 2020, 121 (125).

307 Vgl. auch *Schütz*, NZG 2023, 1494 (1498).

2. Vorliegen einer Gesellschaft bürgerlichen Rechts

Die Gesellschaft bürgerlichen Rechts ist eine *vertragliche Verbindung mehrerer Personen zur Förderung eines gemeinsamen Zwecks*.[308] In der Literatur wird die Bietergemeinschaft in ihrer Form als freiwilliger Zusammenschluss mehrerer Personen zur Abgabe eines gemeinsamen Angebots einhellig als Gesellschaft bürgerlichen Rechts eingeordnet.[309] Fraglich ist, ob dies zutreffend ist. Dabei ist zu beachten, dass nicht jede Käufermehrheit automatisch eine ad-hoc-Gesellschaft ist.[310]

Seit dem 1. Januar 2024 gilt das Gesetz zur Modernisierung des Personengesellschaftsrechts (MoPeG). An den Grundvoraussetzungen der Gesellschaft bürgerlichen Rechts hat die Reform jedoch nichts geändert.[311] Weiterhin erforderlich ist ein Gesellschaftsvertrag i.S.v. § 705 BGB, also eine vertragliche Verpflichtung von zwei oder mehr Personen, einen gemeinsamen Zweck durch Beitragsleistung oder in sonstiger Weise zu fördern.[312]

a) *Vertragsschluss und etwaiges Erfordernis einer ausdrücklichen Bietervereinbarung*

Eine Gesellschaft bürgerlichen Rechts erfordert zunächst ein Vertrag zwischen mindestens zwei Gesellschaftern.[313] Der Vertragsschluss unterfällt den allgemeinen Vorschriften über Rechtsgeschäfte (§§ 104-185 BGB).[314]

Der Abschluss des Gesellschaftsvertrags einer Gesellschaft bürgerlichen Rechts kann grundsätzlich formfrei, ausdrücklich oder konkludent, sich

---

308 *K. Schmidt*, Gesellschaftsrecht, 4. Aufl. 2002, § 58 I Nr. 1 lit. a, S. 1689.

309 *Santelmann*, in Steinmeyer WpÜG, 4. Aufl. 2019, § 35 Rn. 95; *Favoccia*, in Assmann/Pötzsch/Uwe H. Schneider WpÜG, 4. Aufl. 2024, § 2 Rn. 92; *Rothley/Kurth*, in Heidel Aktien- u. Kapitalmarktrecht, 6. Aufl. 2024, § 2 WpÜG Rn. 18 Fn. 34; *Süßmann*, WM 2003, 1453 (1457); vgl. auch *Heinrich/Mock*, in KölnKomm WpÜG, 3. Aufl. 2022, § 2 Rn. 143; *Noack/Holzborn*, in Schwark/Zimmer KMRK, 5. Aufl. 2020, § 2 WpÜG Rn. 30.

310 Zu Mehrparteienverträgen im internationalen Vertragsrecht *Mankowski*, in Ferrari IntVertragsR, 3. Aufl. 2018, CISG Vor Art. 14 Rn. 11.

311 *Röß*, NZG 2023, 401.

312 *Schäfer*, in MüKo BGB, 9. Aufl. 2024, § 705 Rn. 5; *Stürner*, in Jauernig BGB, 19. Aufl. 2023, § 705nF Rn. 1; vgl. auch *Saenger*, in Schulze BGB, 12. Aufl. 2024, § 705 Rn. 2.

313 *K. Schmidt*, Gesellschaftsrecht, 4. Aufl. 2002, § 59 I Nr. 2 lit. a, S. 1727.

314 *Geibel*, in BeckOGK BGB, Stand 01.09.2024, § 705 Rn. 52.

beispielsweise aus den Umständen ergebend, erfolgen.[315] Die besonderen Umstände der Bietergemeinschaft könnten den konkludenten Vertragsschluss jedoch ausschließen. Es könnte eine ausdrückliche Bietervereinbarung erforderlich sein, im Rahmen derer sich die Gesellschafter zur gemeinsamen Durchführung des Angebots verpflichten.[316] Die ausdrückliche Verpflichtung zur gemeinsamen Durchführung des Angebots würde eine rechtssichere Abgrenzung gemeinsam abgegebener Angebote von konkurrierenden Angeboten im Sinne von § 22 Abs. 1 WpÜG ermöglichen. Auch die BaFin wird ein Interesse daran haben, dass die Gemeinsamkeit der Abgabe des Angebots verbindlich vereinbart ist. Hierzu passt auch, dass die in der Praxis vorgekommenen Bietergemeinschaften solche Vereinbarungen im Vorfeld des Angebots geschlossen haben.[317] Dass die Regelung des Rechtsverhältnisses untereinander im Interesse der Mitglieder der Bietergemeinschaft liegt, leuchtet ein. Insofern würde sich durch das Erfordernis einer Bietervereinbarung auch keine erhebliche Mehrbelastung für die Mitglieder der Bietergemeinschaft ergeben. Ein etwaiges Erfordernis einer ausdrücklichen Bietervereinbarung ergibt sich jedoch nicht aus dem Gesetz. Weder § 2 Abs. 4 WpÜG noch §§ 705 ff. BGB sehen das Erfordernis einer Bietervereinbarung vor. Dies ist jedoch nicht verwunderlich, da eine spezielle Regelung der Bietergemeinschaft in den §§ 705 ff. BGB systemwidrig wäre und § 2 Abs. 4 WpÜG lediglich klarstellende Bedeutung hat,[318] sodass auch hier eine spezielle Regelung zu der Bietergemeinschaft nicht zu erwarten ist. Die fehlende gesetzliche Regelung kann also nicht ausschlaggebend dafür sein, ob eine ausdrückliche Bietervereinbarung erforderlich ist. Dem Zweck einer ausdrücklichen Bietervereinbarung, also der rechtssicheren Durchführung des Übernahmeverfahrens unter dem WpÜG kann jedoch auch genüge getan werden, indem die

---

315 *Schäfer*, in MüKo BGB, 9. Aufl. 2024, § 705 Rn. 5; *Stürner*, in Jauernig BGB, 19. Aufl. 2023, § 705nF Rn. 8; *Saenger*, in Schulze BGB, 12. Aufl. 2024, § 705 Rn. 6; zum konkludenten Vertragsschluss *Heidel*, in Dauner-Lieb/Langen BGB Schuldrecht, 4. Aufl. 2021, § 705 Rn. 139 ff.

316 Zum Inhalt einer Bietervereinbarung s. Teil III C.II.

317 S. z.B. Angebotsunterlage home24 SE v. 11.11.2022, S. 21 ff.; Angebotsunterlage INTERSHOP Communications Aktiengesellschaft v. 20.3.2019, S. 21 f.; Angebotsunterlage Constantin Medien AG v. 18.12.2017, S. 15 ff.

318 Vgl. *Heinrich/Mock*, in KölnKomm WpÜG, 3. Aufl. 2022, § 2 Rn. 139; *Noack/Holzborn*, in Schwark/Zimmer KMRK, 5. Aufl. 2020, § 2 WpÜG Rn. 29.

Gemeinsamkeit des Angebots in der Angebotsunterlage verankert wird.[319] Hierin läge wohl jedenfalls ein konkludenter Vertragsschluss. Demnach sollte die Praxis entscheiden können, ob eine ausdrücklichen Bietervereinbarung im Einzelfall vorzugswürdig ist oder die Festlegung der Abgabe eines gemeinsamen Angebots in der Angebotsunterlage genügt.

Der für den Vertrag im Sinne von § 705 BGB erforderliche Vertragsschluss wird in aller Regel darin liegen, dass die Beteiligten der Bietergemeinschaft vereinbaren, gemeinsam ein Angebot im Sinne von § 2 WpÜG abzugeben. Der für den konkludent abgeschlossenen Gesellschaftsvertrag erforderliche Verpflichtungswille,[320] wird bei dem Entschluss vorliegen.

In inhaltlicher Hinsicht müssen die Willenserklärungen der Gesellschafter hinreichend bestimmt auf sämtliche essentialia societatis gerichtet sein. Dabei muss noch nicht festgelegt werden, wie der gemeinsame Zweck erreicht werden soll.[321] Einigen sich die Mitglieder der Bietergemeinschaft auf die gemeinsame Abgabe eines öffentlichen Angebots, liegt dies vor. Häufig ist dies auch Inhalt der ausdrücklichen Bietervereinbarung.[322]

---

319 So z.B. in der Angebotsunterlage Angebotsunterlage des Ingmarus Johannes Maria Snijders und der Voltaire Finance B.V. an die Aktionäre der Wild Bunch AG v. 13.1.2022; Angebotsunterlage der Deutsche Balaton Biotech AG und der DELPHI Unternehmensberatung Aktiengesellschaft an die Aktionäre der Biofrontera AG vom 21.6.2019; Angebotsunterlage der Tahoe Investors GmbH und der Brillant 1953. GmbH an die Aktionäre der ALNO Aktiengesellschaft v. 16.11.2016, in denen keine ausdrückliche vertragliche Vereinbarung zwischen den Bietern erwähnt wird; für ein Muster einer Angebotsunterlage s. *Seibt*, BeckFormb M&A, 4. Aufl. 2025, Form E.III.4.

320 *K. Schmidt*, Gesellschaftsrecht, 4. Aufl. 2002, § 59 I Nr. 2 lit. b, S. 1728.

321 *Geibel*, in BeckOGK BGB, Stand 01.09.2024, § 705 Rn. 53; vgl. zum Vertragsschluss auch *Heidel*, in Dauner-Lieb/Langen BGB Schuldrecht, 4. Aufl. 2021, § 705 Rn. 132.

322 S. z.B. Angebotsunterlage der RAS Beteiligungs GmbH und der LSW GmbH und der SGW-Immo-GmbH an die Aktionäre der home24 SE v. 11.11.2022, S. 21 ff.; Angebotsunterlage der Shareholder Value Beteiligungen AG und der Shareholder Value Management AG an die Aktionäre der INTERSHOP Communications Aktiengesellschaft vom 20.3.2019, S. 21 f.; Angebotsunterlage der Studhalter Investment AG und der Highlight Communications AG an die Aktionäre der Constantin Medien AG v. 18.12.2017, S. 15 ff.

b) Gemeinsamer Zweck

Die Abgabe eines gemeinsamen öffentlichen Angebots müsste ein tauglicher gemeinsamer Zweck im Sinne von § 705 BGB sein. Für die Investorenvereinbarung zwischen Bieter und Zielgesellschaft wurde argumentiert, dass darin in der Regel keine Grundlage für eine Gesellschaft bürgerlichen Rechts liegt, da die Transaktionsdurchführung kein hinreichender Gesellschaftszweck ist.[323] Jedoch unterscheidet sich die Bietergemeinschaft nicht nur hinsichtlich der Beteiligten (mehrere Bieter anstelle von Bieter und Zielgesellschaft) von der Investorenvereinbarung. Auch inhaltlich unterscheidet sich die Bietervereinbarung von der Investorenvereinbarung, indem die gemeinsame Abgabe des Angebots vereinbart wird und nicht bloß die einseitige Abgabe. Die Abgabe eines gemeinsamen öffentlichen Angebots könnte mithin einen tauglichen Gesellschaftszweck darstellen.

Tauglicher Gesellschaftszweck ist jeder erlaubte, dauernde oder vorübergehende, eigennützige oder fremdnützige Zweck.[324]

In zeitlicher Hinsicht genügt auch ein vorübergehender Zweck. Die Übernahme börsennotierter Unternehmen ist von vornherein zeitlich begrenzt. Die konkrete Dauer des Verfahrens, von der Veröffentlichung der Entscheidung zur Abgabe eines Angebots gemäß § 10 WpÜG bis zum Vollzug des Angebots, ist einzelfallabhängig. Maßgeblich bestimmt wird die Dauer durch so genannte „Long-stop-dates". Hierbei handelt es sich um das Datum, bis zu dem die behördlichen Genehmigungen, welche zur Bedingung des Vollzugs des Angebots gemacht werden, die erst nach Ablauf der Annahmefrist erteilt werden können, eingetreten sein müssen.[325] Die konkret zulässige Länge hängt von der voraussichtlichen Dauer der behördlichen Verfahren ab.[326] Dabei kann das „Long-stop-date" sechs bis neun Monate nach Ablauf

---

323 *Seibt*, in Kämmerer/Veil Übernahme- und Kapitalmarktrecht in der Reformdiskussion, 2013, S. 109.

324 *Saenger*, in Schulze BGB, 12. Aufl. 2024, § 705 Rn. 7; *Heidel*, in Dauner-Lieb/Langen BGB Schuldrecht, 4. Aufl. 2021, § 705 Rn. 155; *K. Schmidt*, Gesellschaftsrecht, 4. Aufl. 2002, § 59 I Nr. 3 lit. a, S. 1733; *Ballerstedt*, JuS 1963, 253 (254).

325 *Oppenhoff/Illert*, in FS Marsch-Barner, 2018, S. 397 (398); *Krause*, in FS Krieger, 2020, S. 555 (558 f.); *Rieckers/Leyendecker-Langner*, NZG 2013, 167 (171); vgl. auch *Hasselbach/Stepper*, BB 2022, 643 (647).

326 *Krause*, in FS Krieger, 2020, S. 555 (559).

der Annahmefrist liegen.[327] Je nach Konstellation können zwischen Veröffentlichung der Angebotsunterlage und Vollzug des Angebots 14 Monate liegen.[328] Den Anforderungen an einen vorübergehenden Zweck wird diese Dauer jedenfalls gerecht.

In sachlicher Hinsicht genügt auch die Gelegenheitsgesellschaft, deren Zweck in der Durchführung einer begrenzten Anzahl von Einzelgeschäften auf gemeinsame Rechnung liegt.[329] Auch ein einmaliger Zweck wie zum Beispiel die Errichtung eines Bauwerks oder das Führen eines Musterprozesses genügt.[330] Tauglicher Gesellschaftszweck ist insbesondere auch eine Investition. Der Zweck muss darauf gerichtet sein, das Rechtsverhältnis der Beteiligten untereinander nicht unter das gesetzliche, sondern unter ein vertragliches Regelungswerk zu stellen. Der Zweck muss über die gesetzlichen Regelungen hinausgehen.[331]

Ein öffentliches Angebot im Sinne von § 2 Abs. 1 WpÜG entspricht von den genannten Beispielen am ehesten einer Investition. Letztlich ist das Angebot eine auf die Zahl der Zielgesellschaftsaktien begrenzte Anzahl von Einzelgeschäften, deren Gegenstand der Erwerb der Zielgesellschaftsaktien durch die Mitglieder der Bietergemeinschaft ist. Der Zweck geht auch über die gesetzlichen Regelungen hinaus, da die gemeinsame Abgabe eines öffentlichen Angebots nicht weiter im Gesetz geregelt ist. Folglich liegt ein tauglicher Zweck im Sinne von § 705 BGB vor.

Der Wortlaut sowohl des § 705 BGB a.F., als auch der des § 705 Abs. 1 BGB erfordern einen *gemeinsamen* Zweck. Die Gemeinsamkeit des Zwecks liegt darin, dass jeder Gesellschafter den Zweck, sowohl als den eigenen als auch den Zweck des anderen, zu fördern verspricht. Jeder Gesellschafter erklärt dabei den Zweck zu seinem eigenen. Eine Übereinstimmung der Interessen der Beteiligten ist dabei nicht erforderlich.[332] Allerdings muss jeder Gesellschafter die Förderung des Zwecks von seinen Mitgesellschaftern

---

327 *Rieckers/Leyendecker-Langner*, NZG 2013, 167 (171).

328 *Oppenhoff/Illert*, in FS Marsch-Barner, 2018, S. 397 (398).

329 *Saenger*, in Schulze BGB, 12. Aufl. 2024, § 705 Rn. 5.

330 *Heidel*, in Dauner-Lieb/Langen BGB Schuldrecht, 4. Aufl. 2021, § 705 Rn. 155.

331 *K. Schmidt*, Gesellschaftsrecht, 4. Aufl. 2002, § 59 I Nr. 3 lit. a, S. 1734.

332 *Ballerstedt*, JuS 1963, 253 (255); vgl. auch *K. Schmidt*, Gesellschaftsrecht, 4. Aufl. 2002, § 59 I Nr. 3 lit. b, S. 1735 f.

beanspruchen können.[333] Daran fehlt es, wenn mehrere Verträge vorliegen, die aufeinander abgestimmte Leistungen enthalten, jedoch der Verfolgung jeweils eigener Zwecke dienen.[334]

Die ausdrücklich oder konkludent abgeschlossene Bietervereinbarung verfolgt den Zweck ein gemeinsames öffentliches Angebot im Sinne von § 2 Abs. 1 WpÜG abzugeben. Jeder der Beteiligten der Bietergemeinschaft verfolgt den Zweck, das Angebot gemeinsam abzugeben und zu vollziehen. Hierdurch machen sich die Mitglieder der Bietergemeinschaft den Zweck jeweils zu eigen. Die konkreten Inhalte der Bietervereinbarung kann jedes Mitglied der Bietergemeinschaft auch von den weiteren Mitgliedern verlangen. Mithin liegt ein *gemeinsamer* Zweck im Sinne von § 705 BGB vor.

c) Zweckförderungspflicht

Über die bereits genannten Tatbestandsmerkmale hinaus fordern § 705 BGB a.F. sowie § 705 Abs. 1 BGB eine Zweckförderungspflicht. Dabei trifft die Zweckförderungspflicht jeden Gesellschafter. Für das Vorliegen einer solchen Zweckförderungspflicht genügt dabei jede Verpflichtung mit dem Inhalt der Zweckförderung.[335] In der Regel erfolgt die Förderung des gemeinsamen Zwecks durch die Gesellschafter mittels Leistung der vereinbarten Beiträge.[336] Im Falle der Bietergemeinschaft wird dies in der Beteiligung an der Abgabe und der Durchführung des gemeinsamen Angebots liegen.

d) Zwischenergebnis

Die Bietergemeinschaft in ihrer Form als freiwilliger Zusammenschluss mehrerer Personen zur Abgabe eines gemeinsamen Angebots ist eine Gesellschaft bürgerlichen Rechts.[337]

---

333 *Saenger*, in Schulze BGB, 12. Aufl. 2024, § 705 Rn. 7.

334 BGH, Urt. v. 18.10.1976 – II ZR 102/75 = BeckRS 1976, 31115354; *Saenger*, in Schulze BGB, 12. Aufl. 2024, § 705 Rn. 7.

335 *K. Schmidt*, Gesellschaftsrecht, 4. Aufl. 2002, § 59 I Nr. 4, S. 1736.

336 *Saenger*, in Schulze BGB, 12. Aufl. 2024, § 705 Rn. 4.

337 So im Ergebnis auch *Rothley/Kurth*, in Heidel Aktien- u. Kapitalmarktrecht, 6. Aufl. 2024, § 2 WpÜG Rn. 18 Fn. 34; *Santelmann*, in Steinmeyer WpÜG, 4. Aufl. 2019, § 35 Rn. 95; *Favoccia*, in Assmann/Pötzsch/Uwe H. Schneider WpÜG, 4. Aufl. 2024, § 2 Rn. 92; *Süßmann*, WM 2003, 1453 (1457); vgl. auch *Heinrich/Mock*, in KölnKomm

3. Innen- oder Außen-GbR und nicht rechtsfähige oder rechtsfähige Gesellschaft bürgerlichen Rechts?

Wie oben festgestellt ist es für die Mitglieder einer etwaigen Bietergemeinschaft von entscheidender Bedeutung keine rechtsfähige Gesellschaft bürgerlichen Rechts zu begründen, da anderweitig die bezweckten Gestaltungsmöglichkeiten nicht erreicht werden können. Der freiwillige Zusammenschluss mehrerer rechtsfähiger Personen zur Abgabe eines gemeinsamen öffentlichen Angebots ist eine Gesellschaft bürgerlichen Rechts und muss folglich als nicht rechtsfähige Gesellschaft bürgerlichen Rechts ausgestaltet werden, da andernfalls kein Angebot einer Bietergemeinschaft vorliegt.

Bietergemeinschaften, die das gemeinsame Angebot vor dem 1. Januar 2024 abgegeben haben, sind nach alter Rechtslage in die rechtsfähige Außen- und die nicht rechtsfähige Innengesellschaft zu unterscheiden.[338] Mit Geltung des MoPeG seit dem 1. Januar 2024 erfolgt die Differenzierung nicht mehr in Außen- und Innengesellschaft, sondern rechtsfähige und nicht rechtsfähige Gesellschaft (vgl. § 705 Abs. 1, 2 BGB). Daraus folgt, dass die bisherigen Praxisfälle daraufhin zu untersuchen sind, ob tatsächlich eine Bietergemeinschaft gemäß § 2 Abs. 4 WpÜG vorlag und anschließend für die Zukunft zu analysieren ist, wie eine Bietergemeinschaft ausgestaltet werden muss, um nicht eine rechtsfähige Gesellschaft bürgerlichen Rechts zu begründen.

a) Bietergemeinschaften vor Geltung des MoPeG

Nach alter Rechtslage, also bis zum 31. Dezember 2023, waren zwei Formen der Gesellschaft bürgerlichen Rechts zu unterscheiden: Die Außengesellschaft und die Innengesellschaft.[339] Dabei findet sich diese Differenzierung von Innen- und Außengesellschaft in den §§ 705 ff. BGB a.F. nicht wieder. Dem Gesetz ist die Unterscheidung fremd. Folglich bestehen auch keine gesetzlichen Kriterien, die für die Abgrenzung von Innen- und Außengesellschaft

---

WpÜG, 3. Aufl. 2022, § 2 Rn. 143; *Noack/Holzborn*, in Schwark/Zimmer KMRK, 5. Aufl. 2020, § 2 WpÜG Rn. 30.

338 Zur Außen- und Innengesellschaft *K. Schmidt*, Gesellschaftsrecht, 4. Aufl. 2002, § 60 I Nr. 1 lit. c, S. 1765; *Habersack*, BB 2001, 477 ff.; *Ulmer* ZIP 2001, 585; vgl. auch *Schöne*, in BeckOK BGB, Stand 1.11.2024, § 705 Rn. 16.

339 *K. Schmidt*, Gesellschaftsrecht, 4. Aufl. 2002, § 60 I Nr. 1 lit. c, S. 1765; *Habersack*, BB 2001, 477 ff.; *Ulmer* ZIP 2001, 585; vgl. auch *Schöne*, in BeckOK BGB, Stand 1.11.2024, § 705 Rn. 16.

herangezogen werden könnten.[340] Das Fehlen solcher gesetzlicher Kriterien führt dazu, dass die Abgrenzung der Außen- von der Innengesellschaft eine schwierige Kernproblematik im Recht der Gesellschaft bürgerlichen Rechts bildet.[341] In Ermangelung gesetzlicher Abgrenzungskriterien wurden in der Literatur zu der alten Rechtslage zahlreiche Kriterien diskutiert.[342] Als Abgrenzungskriterium genannt werden die innere Organisation der Gesellschaft, das Gesellschaftsvermögen sowie die Teilnahme am Rechtsverkehr.[343]

aa) Ausgangspunkt: Auftreten im Rechtsverkehr

Grundsätzlich ist das einzig zwingend entscheidende Merkmal die Teilnahme der Gesellschaft am Rechtsverkehr.[344] Die Gesellschaft bürgerlichen Rechts ist eine Außengesellschaft und damit rechtsfähig, soweit die Gesellschaft als solche am Rechtsverkehr teilnimmt.[345] Um eine nicht rechtsfähige Innengesellschaft bürgerlichen Rechts handelt es sich, wenn die Gesellschaft als solche nicht am Rechtsverkehr teilnimmt.[346] Die Innengesellschaft beschränkt sich ausschließlich auf die Regelung der Gesellschafter untereinander ohne dabei jegliche direkte Außenwirkung zu entfalten.[347]

---

340 *Güven*, Die Unterscheidung von Innen- und Außengesellschaft bürgerlichen Rechts, 2010, S. 93.

341 *Denga*, ZfPW 2021, 73 (74); *K. Schmidt*, Gesellschaftsrecht, 4. Aufl. 2002, § 58 I Nr. 3, S. 1692; dazu auch *Ulmer*, ZIP 2001, 585 (592 ff.); a.A. *Grunewald*, in FS Karsten Schmidt, Bd. 1, 2019, S. 391 (396), die keine Praxisprobleme bei der Abgrenzung sieht.

342 S. zu einem Überblick und alternativen Abgrenzungsansätzen *Denga*, ZfPW 2021, 73 (82 ff.); s. auch *Güven*, Die Unterscheidung von Innen- und Außengesellschaft bürgerlichen Rechts, 2010, S. 93 ff.

343 *Denga*, ZfPW 2021, 73 (83 f.).

344 *Schöne*, in BeckOK BGB, Stand 1.11.2024, § 705 Rn. 43; *Heidel*, in Dauner-Lieb/Langen BGB Schuldrecht, 4. Aufl. 2021, § 705 Rn. 206; *Schäfer*, in MüKo BGB, 8. Aufl. 2020, § 705 Rn. 260.

345 BGH, Urt. v. 29.1.2001 – II ZR 331/00 = NJW 2001, 1056; *Heidel*, in Dauner-Lieb/Langen BGB Schuldrecht, 4. Aufl. 2021, § 705 Rn. 6; *Lochmann*, in Beck Hdb Personengesellschaften, 5. Aufl. 2020, § 20 Rn. 16; K. Schmidt, NJW 2001, 993 ff.; *Dauner-Lieb*, DStR 2001, 356 (358); *Habersack*, BB 2001, 477 (478); *Ulmer*, ZIP 2001, 585; *Westermann* NZG 2001, 289 (290); *Wiedemann* JZ 2001, 661 (663).

346 BGH, Urt. v. 23.6.1960 – II ZR 172/59 = NJW 1960, 1851 f.; *Schöne*, in BeckOK BGB, Stand 1.11.2024, § 705 Rn. 4.2; *K. Schmidt*, Gesellschaftsrecht, 4. Aufl. 2002, § 58 II Nr. 2 lit. a, S. 1696; vgl. auch *Geibel*, in BeckOGK BGB, Stand 1.9.2024, § 705 Rn. 227.

347 *Stürner*, in Jauernig BGB, 19. Aufl. 2023, § 705nF Rn. 2; *Heidel*, in Dauner-Lieb/Langen BGB Schuldrecht, 4. Aufl. 2021, § 705 Rn. 8, 219.

Das Abgrenzungskriterium der „Teilnahme am Rechtsverkehr" bedarf näherer Erörterung, was in der Literatur bereits facettenreich erfolgt ist.[348] Der Rechtsverkehr ist der rechtsgeschäftliche Verkehr mit gesellschaftsfremden Dritten[349] sowie mit Gesellschaftern, sofern diese wie ein gesellschaftsfremder Dritter mit der Gesellschaft kontrahieren. Die Teilnahme am Rechtsverkehr soll wiederum durch den Abschluss von Rechtsgeschäften erfolgen.[350]

Für eine Teilnahme der Gesellschaft genügt nicht bereits ein gemeinsames Handeln aller Gesellschafter. Auch eine Innengesellschaft kann nach Außen erkennbar auftreten, soweit die Gesellschaft dabei nicht im Rechtsverkehr handelt.[351] Vielmehr müssen die Gesellschafter als Vertreter der Gesellschaft auftreten und die Verträge im Namen der Gesellschaft abschließen.[352] Auch die Gesellschafter einer Innengesellschaft können gemeinschaftlich nach außen in Erscheinung treten, soweit sie jeweils stets im eigenen Namen kontrahieren.[353] Indem die Rechtsgeschäfte im Namen der Gesellschaft abgeschlossen werden, tritt die Außengesellschaft als eigenes Zuordnungssubjekt auf.

Für das Vorliegen einer Außengesellschaft ist über die tatsächliche Teilnahme am Rechtsverkehr hinaus auch ein entsprechender Wille der Gesellschafter erforderlich.[354] Dies bedeutet, dass die Teilnahme am Rechtsverkehr von

---

[348] Vgl. z.B. *K. Schmidt*, Gesellschaftsrecht, 4. Aufl. 2002, § 60 I Nr. 2 lit. a, S. 1766; *Schöne*, in BeckOK BGB, Stand 1.11.2024, § 705 Rn. 2 ff.; *Schäfer*, in MüKo BGB, 8. Aufl. 2020, § 705 Rn. 260; *Güven*, Die Unterscheidung von Innen- und Außengesellschaft bürgerlichen Rechts, 2010, S. 98 f.; *Denga*, ZfPW 2021, 73 (84); *Ulmer*, ZIP 2001, 585 (594).

[349] *Güven*, Die Unterscheidung von Innen- und Außengesellschaft bürgerlichen Rechts, 2010, 98.

[350] *Güven*, Die Unterscheidung von Innen- und Außengesellschaft bürgerlichen Rechts, 2010, 98 f.; vgl. *Habersack*, BB 2001, 477 (479).

[351] *Armbrüster*, ZGR-Sonderheft 23 (2021), 143 (147); *Bachmann*, NZG 2020, 612 (614); vgl. *Schall*, ZIP 2020, 1443, 1450.

[352] BGH, Urt. v. 23.6.1960 – II ZR 172/59 = NJW 1960, 1851; *Ulmer*, ZIP 2001, 585 (594); vgl. auch *K. Schmidt*, Gesellschaftsrecht, 4. Aufl. 2002, § 60 I Nr. 2 lit. a, S. 1766; *Schäfer*, in MüKo BGB, 8. Aufl. 2020, § 705 Rn. 260.

[353] *K. Schmidt*, Gesellschaftsrecht, 4. Aufl. 2002, § 58 II Nr. 2 lit. a, S. 1696, § 60 I Nr. 2 lit. a, S. 1766; *Heidel*, in Dauner-Lieb/Langen BGB Schuldrecht, 4. Aufl. 2021, § 705 Rn. 8, 219; kritisch *Denga*, ZfPW 2021, 73 (84 f.).

[354] *Schäfer*, in MüKo BGB, 8. Aufl. 2020, § 705 BGB Rn. 287; *Lochmann*, Beck Hdb Personengesellschaften, 5. Aufl. 2020, § 20 Rn. 16; *Grunewald*, in FS Karsten Schmidt, Bd. 1, 2019, S. 391 (393); *Armbrüster*, ZGR-Sonderheft 23 (2021), 143 (145); mit Verweis

dem Gesellschaftsvertrag erfasst sein muss. Die Gesellschaft muss also nach außen in Erscheinung treten *sollen*.[355] Sollte die Gesellschaft demgegenüber nach dem Inhalt des Gesellschaftsvertrags nicht selbst am Rechtsverkehr teilnehmen, also die Geschäfte vom geschäftsführenden Gesellschafter zwar auf Rechnung der Gesellschaft aber im eigenen Namen getätigt werden, so handelt es sich um eine Innengesellschaft.[356]

Bei der Bestimmung, ob ein die Teilnahme am Rechtsverkehr deckender Gesellschafterwille vorliegt, lassen die tatsächlichen Verhältnisse Rückschlüsse auf den Gesellschafterwillen zu. Dies gilt insbesondere dann, wenn ausdrückliche Regelungen im Gesellschaftsvertrag fehlen.[357] Treten zwei Gesellschafter gemeinsam auf und handelt es sich um ein Rechtsgeschäft, welches den Kern des Gesellschaftszwecks betrifft, kann dies zu der Annahme eines übereinstimmenden Willens führen.[358] Wird der Gesellschaft ein Name gegeben, kann dies als Indiz für die Teilnahme am Rechtsverkehr gewertet werden. Allerdings kann von dem Fehlen eines Namens umgekehrt nicht auf das Vorliegen einer Innengesellschaft geschlossen werden.[359]

bb) Weitere indizielle Abgrenzungskriterien

Über die Teilnahme am Rechtsverkehr hinaus wurden zur Abgrenzung der Außen- von der Innengesellschaft weitere Kriterien herangezogen.[360] So soll die Außengesellschaft im Gegensatz zu der Innengesellschaft ein Gesellschaftsvermögen bilden können.[361] Dem wird entgegengehalten, dass

---

auf die Indizwirkung tatsächlichen Handelns auch *Heidel*, in Dauner-Lieb/Langen, BGB Schuldrecht, 4. Aufl. 2021, § 705 Rn. 219a.

355 *Lochmann*, Beck Hdb Personengesellschaften, 5. Aufl. 2020, § 20 Rn. 16.

356 *Schäfer*, in MüKo BGB, 8. Aufl. 2020, § 705 BGB Rn. 287.

357 *Güven*, Die Unterscheidung von Innen- und Außengesellschaft bürgerlichen Rechts, 2010, S. 99 f.

358 Vgl. *Heidel*, in Dauner-Lieb/Langen BGB Schuldrecht, 4. Aufl. 2021, § 705 Rn. 219a.

359 *Güven*, Die Unterscheidung von Innen- und Außengesellschaft bürgerlichen Rechts, 2010, S. 102.

360 *Dauner-Lieb*, DStR 2001, 356 (359) nennt Identitätsausstattung, Handlungsorganisation und Haftungsverband; vgl. auch *Wiedemann*, JZ 2001, 661 (663); einen Überblick gibt *Grunewald*, in FS Karsten Schmidt, Bd. I, 2019, S. 391 (392 f.).

361 So *Schäfer*, in MüKo BGB, 9. Aufl. 2024, § 705 Rn. 188; *Güven*, Die Unterscheidung von Innen- und Außengesellschaft bürgerlichen Rechts, 2010, S. 122 ff.; *Ballerstedt*, JuS 1963, 253 (255).

auch die Innengesellschaft ein Gesellschaftsvermögen bilden könne.[362] Das Gesellschaftsvermögen soll jedoch kein konstitutives Merkmal der Außengesellschaft sein.[363] Teilweise wird diesem Merkmal lediglich indizielle Wirkung zugeschrieben, sodass ein fehlendes Gesellschaftsvermögen für das Vorliegen einer Innengesellschaft spricht.[364]

Zur Abgrenzung der Außengesellschaft von der Innengesellschaft wird ferner die Organisation der Gesellschaft herangezogen. Die Innengesellschaft soll über keine Organisation verfügen, sondern sich auf ein reines Schuldverhältnis beschränken.[365] Der Mehrwert der Überlegungen zur Organisation der Gesellschaft als Abgrenzungsmerkmal ist insofern anzuzweifeln, als die *Organisation* der Gesellschaft ein unscharfer Begriff ist.[366] Klarer zu handhaben ist die Forderung, dass die Außengesellschaft vertretungsberechtigte Geschäftsführer haben muss.[367] Allerdings kann auch die Innengesellschaft einem Gesellschafter gesellschaftsrechtliche Geschäftsführungsbefugnis einräumen.[368]

---

362 *Denga*, ZfPW 2021, 73 (84); *Heidel*, in Dauner-Lieb/Langen BGB Schuldrecht, 4. Aufl. 2021, § 705 Rn. 217; *Hadding/Kießling*, in Soergel BGB, 13. Aufl. 2011, Vor § 705 Rn. 28; *Beuthien*, NZG 2017, 201 (204 ff.); *Ulmer*, ZIP 2001, 585 (592 f.), der zwar bei einer Innen-Gesellschaft im engeren Sinne von einem fehlenden Gesellschaftsvermögen ausgeht, jedoch hiervon nicht die Abgrenzung zur Außen-Gesellschaft abhängig machen will; siehe auch die Einwände von *Beuthien*, NZG 2017, 201 (204 ff.) und seine fundamentale Kritik NZG 2019, 41 (45); vgl. zu der Frage *K. Schmidt*, Gesellschaftsrecht, 4. Aufl. 2002, § 58 II Nr. 2 lit. b, S. 1696 f., § 59 IV Nr. 1, S. 1753 f.

363 *Schäfer*, in MüKo BGB, 9. Aufl. 2024, § 705 Rn. 188; *Heidel*, in Dauner-Lieb/Langen BGB Schuldrecht, 4. Aufl. 2021, § 705 Rn. 217.

364 *Heidel*, in Dauner-Lieb/Langen BGB Schuldrecht, 4. Aufl. 2021, § 705 Rn. 220; *Schäfer*, in MüKo BGB, 9. Aufl. 2024, § 705 Rn. 188.

365 *Flume*, ZHR 136 (1972), 177; *Wiedemann* JZ 2001, 661 (663) fordert, identifikationsstiftende Merkmale.

366 *Denga*, ZfPW 2021, 73 (83); vgl. zur Ausprägung des Organisationsbegriffs *Wiedemann*, ZGR 1996, 286 (287 ff.); vgl. zu möglichen Organisationsinhalten *K. Schmidt*, Gesellschaftsrecht, 4. Aufl. 2002 § 59 I Nr. 2 lit. c, S. 1733.

367 Vgl. *Heidel*, in Dauner-Lieb/Langen BGB Schuldrecht, 4. Aufl. 2021, § 705 Rn. 205; dieses Kriterium ablehnend *Habersack*, BB 2001, 477 (478).

368 BGH, Urt. v. 23.6.1960 – II ZR 172/59 = NJW 1960, 1851.

Im Ergebnis ist dem zuzustimmen, dass die Teilnahme der Gesellschaft am Rechtsverkehr das einzig zwingend entscheidende Abgrenzungskriterium von Außen- und Innengesellschaft darstellt.[369]

cc) *Anwendung auf die Praxisfälle der Bietergemeinschaft vor dem 1. Januar 2024*

Die oben aufgestellten Kriterien sind auf die in der Praxis gemeinsamen Angebote anzuwenden, die vor dem 1. Januar 2024, also vor Geltung des MoPeG, abgegeben wurden.[370] Diese Fälle, bei denen sich mehrere rechtsfähige Personen freiwillig zur Abgabe eines gemeinsamen Angebots zusammengeschlossen haben, sind eine Bietergemeinschaft im Sinne von § 2 Abs. 4 WpÜG, wenn die Bietergemeinschaft nicht als Gesellschaft am Rechtsverkehr teilgenommen hat. Aufgrund einer möglichen indiziellen Wirkung sollte auch kein Gesellschaftsvermögen bestehen und die Bietergemeinschaft keine Binnenorganisation festgelegt haben.

(1) *Anlehnung an die Rechtsformdiskussion zum Emissionskonsortium*

Eine begründete Aussage zu der Frage, ob die Fälle, bei denen sich vor Geltung des MoPeG mehrere rechtsfähige Personen freiwillig zur Abgabe eines gemeinsamen Angebots zusammengeschlossen haben, eine echte Bietergemeinschaft im Sinne von § 2 Abs. 4 WpÜG sind, ist in der Literatur nicht ersichtlich.[371] Anders ist dies bei Emissionskonsortien. Hier wird ebenfalls vertreten, dass es sich in der Regel um Außengesellschaften handelt,[372]

---

369 *Heidel*, in Dauner-Lieb/Langen BGB Schuldrecht, 4. Aufl. 2021, § 705 Rn. 206; *Schäfer*, in MüKo BGB, 8. Aufl. 2020, § 705 Rn. 260; vgl. auch *Güven*, Die Unterscheidung von Innen- und Außengesellschaft bürgerlichen Rechts, 2010, S. 95 f.; *Geibel*, Die Innengesellschaft, 1935, S. 1 f.

370 Dies erfasst alle Fälle in Anlage 1 mit Ausnahme des Pflichtangebots der Technology Center Holding GmbH und der Enapter AG an die Aktionäre der MARNA Beteiligungen AG v. 24.1.2024.

371 S. z.B. die Aussagen von *Favoccia*, in Assmann/Pötzsch/Uwe H. Schneider WpÜG, 4. Aufl. 2024, § 2 Rn. 92; vgl. auch *Heinrich/Mock*, in KölnKomm WpÜG, 3. Aufl. 2022, § 2 Rn. 143; *Noack/Holzborn*, in Schwark/Zimmer KMRK, 5. Aufl. 2020, § 2 WpÜG Rn. 30.

372 *Singhoff*, in MüKo HGB, 5. Aufl. 2024, Teil 2 Rn. 261; *Schücking*, in Münchener Hdb GesR Bd. 1, 6. Aufl. 2024, § 61 Rn. 41; *Singhof*, Die Außenhaftung von Emissionskonsorten für Aktieneinlagen, 1998, S. 121; aA *Schäfer*, ZGR 2008, 455 (490 ff.).

allerdings findet sich zu diesem freiwilligen Zusammenschluss mehrerer rechtsfähiger Personen eine Begründung der Einordnung als Außengesellschaft. Zur Begründung wird angeführt, dass die Emissionsbanken offenlegen, dass ein Emissionskonsortium existiert und als Konsortium in Erscheinung treten. Gegen die Maßgeblichkeit des Umstands, dass der Zusammenschluss offengelegt wird und des gemeinsamen Auftretens als Konsortium, wird angeführt, dass die (Übernahme)verträge mit Dritten nicht im Namen des Emissionskonsortiums, sondern jeder einzelnen Emissionsbank abgeschlossen werden. Aufgrund der fehlenden rechtsgeschäftlichen Handlungen des Konsortiums als solchem wird die Einordnung als Außengesellschaft zunehmend bezweifelt.[373]

Im Falle eines Innenkonsortiums, wenn also im Außenverhältnis ausschließlich die konsortialführende Bank auftritt, die für Rechnung des Emissionskonsortiums handelt, liegt unstrittig eine Innengesellschaft vor. Nach der obigen Argumentation ist dafür jedoch nicht zwingend erforderlich, dass für die Geschäftspartner die Existenz eines Emissionskonsortiums nicht zu erkennen ist. Auch ein Innenkonsortium kann als „offen gelegte" Innengesellschaft „in sonstiger Weise" nach außen in Erscheinung treten.[374]

Die Argumentationsansätze bezüglich des Emissionskonsortiums lassen sich dabei auf die Bietergemeinschaft übertragen. Bei einem Emissionskonsortium liegt ein Konsortialvertrag zwischen den Banken vor, der Übernahme- und Platzierungsvertrag zwischen Emittent und den Mitgliedern des Konsortiums sowie die einzelnen Kaufverträge zwischen den Mitgliedern des Konsortiums und den erwerbenden Anlegern.[375] Bei der Bietergemeinschaft liegt ein Vertrag zwischen den Mitglieder der Gemeinschaft vor. In aller Regel liegt auch eine Investorenvereinbarung (auch Investmentagreement) oder eine Zusammenschlussvereinbarung (auch Business-Combination-Agreement) zwischen Zielgesellschaft und den Mitgliedern der Bietergemeinschaft vor.[376] Ferner kommen zwischen den Mitgliedern der Bietergemeinschaft und den

---

373 *Singhoff*, in MüKo HGB, 5. Aufl. 2024, Teil 2 Rn. 261; *Schäfer*, ZGR 2008, 455 (490 ff.).

374 *Singhoff*, in MüKo HGB, 4. Aufl. 2024, Teil 2 Rn. 261; *Singhof*, Die Außenhaftung von Emissionskonsorten für Aktieneinlagen, 1998, S. 243.

375 Zum Übernahmekonsortium *Schäfer*, in MüKo BGB, 8. Aufl. 2020, Vor § 705 Rn. 54.

376 S. *Seibt*, in BeckFormb M&A, 4. Aufl. 2025, Form E.II.2 für ein Muster einer Investorenvereinbarung mit Kontrollerwerbsabsicht.

Zielgesellschaftsaktionären einzelne Kaufverträge zustande. Das Rechtsverhältnis zwischen den einzelnen Konsorten ist eine Innengesellschaft bürgerlichen Rechts.[377] Gleiches wird auch für das Verhältnis der Mitglieder der Bietergemeinschaft gelten, wobei im Einzelfall die konkrete Ausgestaltung der Bietergemeinschaft und das Auftreten im Rechtsverkehr maßgeblich sind. Jedenfalls ist die Einordnung als Außengesellschaft nicht zwingend.[378]

(2) Maßgeblichkeit der Ausgestaltung der Bietergemeinschaft

Für das Vorliegen einer Bietergemeinschaft ist entscheidend, wer nach außen rechtsgeschäftlich tätig wird.[379] Dabei beschreiten die Mitglieder der potenziellen Bietergemeinschaft einen schmalen Grat zwischen der Teilnahme am Rechtsverkehr als Außengesellschaft und der tatsächlichen Angebotsabgabe als Bietergemeinschaft. Beschränkt sich die *Gemeinsamkeit* des Angebots auf das Innenverhältnis der Mitglieder der Bietergemeinschaft und treten die Mitglieder im Außenverhältnis im eigenen Namen auf, begründen sie eine Innengesellschaft und behalten jeweils die Bietereigenschaft, sodass eine Bietergemeinschaft vorliegt.[380]

Jedoch wird hiergegen eingewandt, dass die bloß interne Abstimmung mit Dritten für das Vorliegen einer Bietergemeinschaft nicht ausreicht. Vielmehr soll ein gemeinsames rechtsgeschäftliches Auftreten nach außen erforderlich sein. Anderenfalls fehlt aus Sicht der Zielgesellschaft und deren Aktionären die erkennbare *Gemeinsamkeit* des Angebots.[381] Außerdem fehle im Falle einer nicht rechtsfähigen Gesellschaft bürgerlichen Rechts der Regelungsbedarf, da die gesetzlichen Bieterpflichten ohnehin jede bietende Person für sich allein träfen.[382]

---

377 *Schäfer*, in MüKo BGB, 8. Aufl. 2020, Vor § 705 Rn. 55.

378 *Heinrich/Mock*, in KölnKomm WpÜG, 3. Aufl. 2022, § 2 Rn. 143.

379 *Wackerbarth*, in MüKo AktG, 6. Aufl. 2024, § 2 WpÜG Rn. 37; *Favoccia*, in Assmann/Pötzsch/Uwe H. Schneider WpÜG, 4. Aufl. 2024, § 2 Rn. 92.

380 *Beurskens/Oechsler*, in Beurskens/Ehricke/Ekkenga WpÜG, 2. Aufl. 2021, § 2 Rn. 25.

381 *Noack/Holzborn*, in Schwark/Zimmer KMRK, 5. Aufl. 2020, § 2 WpÜG Rn. 31; i.E. auch *Wackerbarth*, in MüKo AktG, 6. Aufl. 2024, § 2 WpÜG Rn. 37.

382 *Noack/Holzborn*, in Schwark/Zimmer KMRK, 5. Aufl. 2020, § 2 WpÜG Rn. 31.

Erforderlich ist also ein Auftreten der Innengesellschaft nach außen,[383] welches die *Gemeinsamkeit* des Angebots kenntlich macht, ohne dabei eine Teilnahme am Rechtsverkehr als Gesellschaft zu begründen. Die Teilnahme am Rechtsverkehr, ob durch die einzelnen Mitglieder oder eine etwaige Außengesellschaft, erfolgt durch die Veröffentlichung der Meldung der Entscheidung zur Angebotsabgabe gemäß § 10 WpÜG (§ 10 WpÜG-Meldung) sowie durch die Veröffentlichung der Angebotsunterlage. Die Abgrenzung der Bietergemeinschaft von der Außengesellschaft, wird demnach anhand der § 10 WpÜG-Meldung sowie der Angebotsunterlage vorgenommen.[384]

(a) § 10 WpÜG-Meldung

Die § 10 WpÜG-Meldung ist in der Regel das erste Auftreten der Bietergemeinschaft in der Öffentlichkeit. Für die Abgrenzung der Bietergemeinschaft von der Außengesellschaft kann die Zahl der veröffentlichten § 10 WpÜG-Meldungen sowie die Bezeichnung der Bieter in der Meldung herangezogen werden. Dabei ist zunächst darüber zu entscheiden, ob eine oder mehrere § 10 WpÜG-Meldungen abgegeben werden. Da ein gemeinsames Auftreten Mehrerer nach außen nicht zwingend zu der Annahme einer rechtsfähigen Gesellschaft bürgerlichen Rechts führt, sondern auch eine Innengesellschaft nach Außen erkennbar auftreten kann (s.o. Teil II D.II.3.a) cc)(1)), schließt eine gemeinsame § 10 WpÜG-Meldung der Bietergemeinschaft die Annahme einer Innengesellschaft nicht aus. Um die Gemeinsamkeit des Angebots der Bietergemeinschaft zu verdeutlichen, kann die Veröffentlichung einer gemeinsamen § 10 WpÜG-Meldung sogar ratsam sein. Mehrere § 10 WpÜG-Meldungen könnten demgegenüber die Aktionäre verwirren, sodass dies nur in Ausnahmefällen erfolgen sollte. So zum Beispiel bei der nachträglichen Bietergemeinschaft. Erfolgt ist dies beispielweise im Rahmen der Übernahme der home24 SE durch eine Bietergemeinschaft: Zwar hat die RAS Beteiligungs GmbH eine eigene § 10 WpÜG-Meldung und keine gemeinsame

383 Zur Möglichkeit ohne dabei eine Außengesellschaft zu begründen *Armbrüster*, ZGR-Sonderheft 23 (2021), 143 (147); *Bachmann*, NZG 2020, 612 (614); vgl. *Schall*, ZIP 2020, 1443, 1450.

384 *Baums/Hecker*, in Baums/Thoma/Verse WpÜG, 13. Lieferung 12.2020, § 2 Rn. 110; für Muster einer § 10 WpÜG-Meldung sowie einer Angebotsunterlage s. *Seibt*, in BeckFormb M&A, 4. Aufl. 2025, Form E.III.3 und E.III.4.

Meldung mit der LSW GmbH und der SGW-Immo-GmbH veröffentlicht,[385] jedoch war dies nur dem Umstand geschuldet, dass die LSW GmbH und die SGW-Immo-GmbH dem Angebot der RAS Beteiligungs GmbH erst nachträglich beigetreten sind. Um eine Einordnung als Außengesellschaft zu vermeiden, sollten jedoch alle Mitglieder der Bietergemeinschaft als Bieter im Plural („die Bieter") genannt werden.

(b) Angebotsunterlage

Von entscheidender Bedeutung für die Abgrenzung von der Außengesellschaft sind die Formulierungen in der Angebotsunterlage. Die *Gemeinsamkeit* des Angebots muss kenntlich gemacht werden, ohne dabei eine Teilnahme am Rechtsverkehr als Gesellschaft zu begründen. Üblich ist in der Praxis folgende Klausel, die in dieser oder leicht abgewandelter Form in der Hälfte der von Bietergemeinschaften veröffentlichten Angebotsunterlagen aufgenommen wurde:

> *„Die Bieter handeln als sogenannte Bietergemeinschaft im Sinne des § 2 Abs. 4 WpÜG."*

Mit der Aussage „Bietergemeinschaft im Sinne von § 2 Abs. 4 WpÜG" zu sein, wird der Wille der Beteiligten nach außen kenntlich gemacht, dass nicht als Außengesellschaft im Rechtsverkehr aufgetreten werden soll, denn andernfalls würde keine Bietergemeinschaft vorliegen. Eine solche Klausel, findet sich jedenfalls sinngemäß in folgenden Angebotsunterlagen:

- Delisting-Erwerbsangebot der MedNation AG und der CHAPTERS Group AG und des Herrn Dirk Isenberg und des Herrn Mathias Niedermeier und des Herrn Peter Potocnik an die Aktionäre der MedNation AG vom 29.11.2024, S. 6;
- Pflichtangebot der Technology Center Holding GmbH und der Enapter AG an die Aktionäre der MARNA Beteiligungen AG vom 24. Januar 2024, S. 6;

---

385 Abrufbar unter https://www.xxxlutz-offer.com/websites/1090_ma/German/1000/bekanntmachungen.html.

- Delisting-Erwerbsangebot der RAS Beteiligungs GmbH und der LSW GmbH und der SGW-Immo-GmbH an die Aktionäre der home24 SE vom 28. Juli 2023, S. 7 f.;
- Übernahmeangebot der RAS Beteiligungs GmbH und der LSW GmbH und der SGW-Immo-GmbH an die Aktionäre der home24 SE vom 11. November 2022, S. 7 f.;
- Übernahmeangebot der Studhalter Investment AG und der Highlight Communications AG an die Aktionäre der Constantin Medien AG vom 18. Dezember 2017, S. 3.
- In leicht abgewandelter Form in dem Übernahmeangebot der Tahoe Investors GmbH und der Brillant 1953. GmbH an die Aktionäre der ALNO Aktiengesellschaft vom 16. November 2016, S. 1;
- Pflichtangebot des Herrn Günther Skrzypek und freiwilliges Erwerbsangebot der Augur Financial Holding Zwei GmbH & Co. KG an die Aktionäre der Schnigge Wertpapierhandelsbank AG vom 17. März 2014, S. 1, 5, 12;
- Übernahmeangebot der AVIC International Engineering Holdings Pte. Ltd. und der Europe Project Management Pte. Ltd. und der Europe Technology Investment Pte. Ltd. und der Europe Engineering Holdings Pte. Ltd. an die Aktionäre der KHD Humboldt Wedag International AG vom 21. November 2013, S. 5;
- Pflichtangebot des Herrn Michael Steuler und freiwilliges Erwerbsangebot der Steuler-Fliesen GmbH an die Aktionäre der Norddeutsche Steingut Aktiengesellschaft vom 23. August 2013, S. 1.

Nur die Klausel ist jedoch nicht ausreichend, wenn die Bieter andernorts in der Angebotsunterlage als Gesellschaft nach außen auftreten. Indem die einzelnen Bieter als solche bezeichnet werden, wird kenntlich gemacht, dass die Mitglieder der Bietergemeinschaft nicht im Namen einer Außengesellschaft, sondern in eigenem Namen handeln. Beispielsweise zu nennen sind das:

- Delisting-Erwerbsangebot der RAS Beteiligungs GmbH und der LSW GmbH und der SGW-Immo-GmbH an die Aktionäre der home24 SE vom 28. Juli 2023, S. 7: Bezeichnung der Bieterinnen als „Bieterin 1, 2 und 3". Gemeinsam als die „Bieterinnen" sowie das
- Pflichtangebot und Delisting-Erwerbsangebot der Shareholder Value Beteiligungen AG und der Share Value Stiftung an die Aktionäre der SMT

Scharf AG vom 2. Februar 2021, S. 7: Bezeichnung der Bieterinnen als „Bieterin zu 1“ und „Bieterin zu 2“. Gemeinsam ebenfalls als die „Bieterinnen“.

Für das Auftreten im Rechtsverkehr maßgeblich ist der rechtsgeschäftliche Verkehr mit gesellschaftsfremden Dritten[386] sowie mit Gesellschaftern, sofern diese wie ein gesellschaftsfremder Dritter mit der Gesellschaft kontrahieren. Die Teilnahme am Rechtsverkehr erfolgt wiederum durch den Abschluss von Rechtsgeschäften.[387] Dabei entscheiden die Bieter darüber, wer Vertragspartei, der zur Durchführung des Angebots abzuschließenden Rechtsgeschäfte, ist und wer die Wertpapiere der Zielgesellschaft dinglich erwirbt. Die Bieter können die Erwerbsverträge gemeinschaftlich abschließen und die Wertpapiere in Rechtsgemeinschaft erwerben oder dies individuell zuteilen.[388]

Für die Abgrenzung der Bietergemeinschaft von der Außengesellschaft ist folglich darauf zu achten, dass die Formulierung zu den Vertragsschlüssen auf die einzelnen Bieter Bezug nimmt und nicht auf ein Auftreten als Gesellschaft. Werden die Bieter jeweils in eigenem Namen als Vertragspartner genannt, liegt keine Außengesellschaft vor. So erfolgt ist dies zum Beispiel bei dem freiwilligen Erwerbsangebot der Deutsche Balaton Biotech AG und der DELPHI Unternehmensberatung Aktiengesellschaft an die Aktionäre der Biofrontera AG vom 21. Juni 2019: Die schuldrechtlichen Verträge kommen zwischen dem Aktionär und den „Bieterinnen“ zustande. Für das dingliche Rechtsgeschäft fungiert die DB Biotech als „Abwicklungsbieterin“.[389] Diese Formulierung macht ausreichend deutlich, dass keine Gesellschaft auftritt, sondern die Bieterinnen zwar gemeinschaftlich, jeweils aber als individuelles Rechtssubjekt auftreten.

---

386 *Güven*, Die Unterscheidung von Innen- und Außengesellschaft bürgerlichen Rechts, 2010, S. 98.

387 *Güven*, Die Unterscheidung von Innen- und Außengesellschaft bürgerlichen Rechts, 2010, S. 98 f.; vgl. *Habersack*, BB 2001, 477 (479).

388 *Heinrich/Mock*, in KölnKomm WpÜG, 3. Aufl. 2022, § 2 Rn. 143.

389 Angebotsunterlage der Deutsche Balaton Biotech AG und der DELPHI Unternehmensberatung Aktiengesellschaft an die Aktionäre der Biofrontera AG v. 21.6.2019, S. 19.

(c) Weitere Aspekte der Abgrenzung

Wird auf der Grundlage von § 10 WpÜG-Meldung und Angebotsunterlage nicht hinreichend deutlich, dass es sich bei dem freiwilligen Zusammenschluss mehrerer rechtsfähiger Personen zur gemeinsamen Abgabe eines Angebots um eine Bietergemeinschaft, also Innengesellschaft, handelt, soll zugunsten der Aktionäre der Zielgesellschaft von einer Bietergemeinschaft ausgegangen werden.[390]

Diese Zweifelsregel wird jedoch durch ein Auftreten im Rechtsverkehr als Gesellschaft erschüttert. Insbesondere gilt dies auch für Maßnahmen im Anschluss an die Übernahme, die bereits in der Angebotsunterlage offengelegt werden. Vereinbaren die Mitglieder einer Bietergemeinschaft beispielsweise, dass im Anschluss an die Übernahme die Beteiligung gemeinsam verwaltet werden soll, liegt darin ein sogenannter Schutzgemeinschaftsvertrag (Beteiligungskonsortium). Hierbei besteht jedoch in der Regel eine Innengesellschaft.[391]

dd) Zwischenergebnis

Wie auch das Emissionskonsortium ist der freiwillige Zusammenschluss mehrerer rechtsfähiger Personen zur gemeinsamen Abgabe eines Angebots nicht zwingend eine Außengesellschaft bürgerlichen Rechts. Die Abgrenzung der Bietergemeinschaft von der Außengesellschaft bürgerlichen Rechts erfolgt einzelfallabhängig, anhand der Ausgestaltung von § 10 WpÜG-Meldung und Angebotsunterlage. Durch die Betonung der Gemeinsamkeit des Angebots unter Wahrung der jeweils individuellen Bietereigenschaft wird dem Rechtsverkehr deutlich gemacht, dass die Bieter zwar gemeinsam aber nicht als Außengesellschaft auftreten.

b) Bietergemeinschaften nach Geltung des MoPeG

Seit dem 1. Januar 2024 gilt der § 705 BGB in der Fassung des MoPeG. Im Mittelpunkt der Neuregelungen der Gesellschaft bürgerlichen Rechts steht die Schaffung eines neuen Leitbilds der Gesellschaft bürgerlichen Rechts als

---

390 Vgl. *Baums/Hecker*, in Baums/Thoma/Verse WpÜG, 13. Lieferung 12.2020, § 2 Rn. 110.

391 *K. Schmidt*, Gesellschaftsrecht, 4. Aufl. 2002, § 58 III Nr. 7 lit. d, S. 1711.

Dauergesellschaft im Gegensatz zur Gelegenheitsgesellschaft.[392] Das neue Leitbild einer auf Dauer angelegten Gesellschaft, die als solche am Rechtsverkehr teilnimmt, selbst Rechte erwerben und Verbindlichkeiten eingehen kann, mit Registerpublizität, verdrängt die Abgrenzung von Innen- und Außengesellschaft.[393] Die Verdrängung von Innen- und Außengesellschaft erfolgt durch die Zweiteilung der Gesellschaften bürgerlichen Rechts in rechtsfähige und nicht rechtsfähige Gesellschaften (§ 705 Abs. 2 BGB n.F.).[394]

aa) Auswirkungen des MoPeG auf die Abgrenzung von rechtsfähigen und nicht rechtsfähigen Gesellschaften

Die Gesellschaft ist gemäß § 705 Abs. 2 BGB rechtsfähig, wenn sie nach dem Willen der Gesellschafter am Rechtsverkehr teilnehmen soll. Nicht rechtsfähig sind solche Gesellschaften, die ihren Gesellschaftern lediglich zur kooperativen Ausgestaltung ihres Rechtsverhältnisses untereinander dienen.[395] Die Geschäfte der nicht rechtsfähigen Gesellschaft werden von deren Gesellschaftern zwar auf Rechnung der Gesellschaft aber in eigenem Namen getätigt.[396] Leitbild der nicht rechtsfähigen Gesellschaft soll die „Gelegenheitsgesellschaft ohne besondere vertragliche Vorsorge“ sein.[397] Erfasst sind auch Beteiligungs-, Stimmrechts- und andere Finanzierungskonsortien.[398] Maßgebliches Kriterium bei der Abgrenzung von rechtsfähiger und nicht rechtsfähiger Gesellschaft ist allein der gemeinsame übereinstimmende Wille der Gesellschafter, soweit keine Überlagerung des Gesellschafterwillens

---

392 *Servatius*, GbR, 1. Aufl. 2023, § 705 BGB Rn. 1; *K. Schmidt*, ZHR 185 (2021), 16 (23); *Armbrüster*, ZGR-Sonderheft 23 (2021), 143 (145); *Bachmann*, NZG 2020, 612 (613); *Schall*, ZIP 2020, 1443; kritisch *Geibel*, ZRP 2020, 137 ff.

393 Zum neuen Leitbild RegE, BT-Drs. 19/27635, S. 2; *Wertenbruch*, ZPG 2023, 1 (2); *Röß*, NZG 2023, 401 (402); *K. Schmidt*, ZHR 185 (2021), 16 (23); *Fleischer*, DStR 2021, 430 (431); *Mohamed*, JuS 2021, 820 ff.

394 *Mailänder*, in Weitnauer Hdb. Venture Capital, 7. Aufl. 2022, Teil D, Rn. 263 differenziert bei den rechtsfähigen Gesellschaften noch danach ob die Gesellschaft im Gesellschaftsregister eingetragen ist.

395 *Servatius*, GbR, 1. Aufl. 2023, § 705 BGB Rn. 44; *Röß*, NZG 2023, 401 (402); *Fleischer*, DStR 2021, 430 (432); *Mohamed*, JuS 2021, 820 (823); zur rechtsfähigen GbR *Wertenbruch*, ZPG 2023, 1 (2).

396 *Schäfer*, in MüKo BGB, 9. Aufl. 2024, § 705 Rn. 215.

397 *Fleischer*, DStR 2021, 430 (437).

398 Vgl. *Fleischer*, DStR 2021, 430 (437).

durch einen Rechtsschein erfolgt.[399] Ob eine Willensübereinstimmung der Gesellschafter vorliegt ist durch Auslegung anhand der Auslegungsregeln der §§ 133, 157 BGB zu ermitteln.[400]

Die durch das alleinige Abstellen auf den Gesellschafterwillen erreichte deutliche dogmatische Trennung der zwei Erscheinungsformen der Gesellschaft bürgerlichen Rechts bleibt aufgrund der Rechtsscheintatbestände, wie schon unter altem Recht, schwierig, wenn die Gesellschafter nicht ausdrücklich die Rechtsfähigkeit vereinbaren oder ausschließen und auch entsprechend handeln.[401] Zwar ist im Ausgangspunkt der Wille der Gesellschafter maßgeblich, jedoch bestimmt sich dieser Wille in Abwesenheit ausdrücklicher vertraglicher Bestimmungen zu der Frage der Rechtsfähigkeit, nach gesellschaftsvertraglichen Regelungen zur Identitätsausstattung wie Name, Sitz, Handlungsorganisation und Haftungsverfassung, dem Gesellschaftszweck sowie ergänzend der tatsächlichen Art der Teilnahme am Rechtsverkehr.[402] Deutlich wird die im Grunde nur minimal veränderte Abgrenzungsproblematik anhand der Abgrenzungsstufen: Sofern die Voraussetzungen der Gesellschaft bürgerlichen Rechts, insbesondere der Gesellschaftszweck[403] vorliegen, liegt jedenfalls eine nicht rechtsfähige Gesellschaft vor.[404] Die Entscheidung über die Rechtsfähigkeit richtet sich dann nach dem Willen der Gesellschafter (vgl. §§ 705 Abs. 2, 719 Abs. 1 BGB). Handeln die Gesellschafter jedoch widersprüchlich, indem sie die Gesellschaft *am Rechtsverkehr teilnehmen* lassen, ist der entgegenstehende Wille keine rechtsfähige Gesellschaft begründen zu

---

399 *Servatius*, GbR, 1. Aufl. 2023, § 705 BGB Rn. 44; *Armbrüster*, ZGR-Sonderheft 23 (2021), 143 (149); hierfür bereits *Otte-Gräbener*, in FS Seibert, 2019, S. 613 (616).

400 *Servatius*, GbR, 1. Aufl. 2023, § 705 BGB Rn. 45.

401 So auch *K. Schmidt*, ZHR 185 (2021), 16 (25); aA: *Servatius*, GbR, 1. Aufl. 2023, § 705 BGB Rn. 2, der durch das Abstellen auf den Gesellschafterwillen die früheren Abgrenzungsprobleme beseitigt sieht. Insofern bleibt der von *Otte-Gräbener*, in FS Seibert, 2019, S. 613 (615) geäußerte Wunsch nach klaren Trennlinien unerfüllt.

402 *Fleischer*, DStR 2021, 430 (438); *Bachmann*, NJW 2021, 3073 (3074); vgl. zur Teilnahme am Rechtsverkehr auch *Wertenbruch*, ZPG 2023, 1 (2).

403 Kritisch bei einer Investorenvereinbarung *Seibt*, in Kämmerer/Veil Übernahme- und Kapitalmarktrecht in der Reformdiskussion, 2013, S. 109.

404 *Servatius*, GbR, 1. Aufl. 2023, § 705 BGB Rn. 45.

wollen, unbeachtlich. Maßgebliches Kriterium ist daher wieder die Frage, ob die Gesellschaft am Rechtsverkehr teilgenommen hat.[405]

bb) Folgen des MoPeG für die Ausgestaltung der Bietergemeinschaft in der Praxis

Seit der Geltung des § 705 BGB in der Fassung des MoPeG ist der Gesellschafterwille das maßgebliche Kriterium für die Abgrenzung von rechtsfähiger und nicht rechtsfähiger Gesellschaft (vgl. § 705 Abs. 2 BGB). Soll eine Bietergemeinschaft ein öffentliches Angebot abgeben, muss der Gesellschafterwille dies klar zum Ausdruck bringen. Daher sollten die Mitglieder einer Bietergemeinschaft eine Bietervereinbarung treffen, in der ausdrücklich festgelegt wird, keine rechtsfähige Gesellschaft bürgerlichen Rechts zu begründen. Den Gesellschaftern wird ohnehin nahegelegt, klare Absprachen über die Rechtsfähigkeit der Gesellschaft zu treffen.[406] Obwohl ratsam, sind solche Festlegungen in der bisherigen Praxis selten anzutreffen.[407]

Auch sollte in der Angebotsunterlage die Klausel „*Die Bieter handeln als sogenannte Bietergemeinschaft im Sinne des § 2 Abs. 4 WpÜG*“ um den Zusatz „*und nicht als rechtsfähige Gesellschaft bürgerlichen Rechts*“ ergänzt werden. Jedoch sind Bietervereinbarung und Ausschlussklausel allein nicht ausschlaggebend. Die Bietergemeinschaft darf darüber hinaus nicht als Gesellschaft mit eigener Identität nach außen in Erscheinung treten.[408] In sämtlichen Dokumenten des Angebotsverfahrens (zum Beispiel unwiderrufliche Annahmeerklärungen, Zusammenschlussvereinbarung oder Investorenvereinbarung,

---

405 *Servatius*, GbR, 1. Aufl. 2023, § 705 BGB Rn. 46; vgl. *Bachmann*, NJW 2021, 3073 (3074); zu der Aussage, dass die Abgrenzung den bisherigen Grundsätzen entspricht auch *Schäfer*, in MüKo BGB, 9. Aufl. 2024, § 705 Rn. 183.

406 *Liebscher*, ZIP 2023, 2225 (2226); *Bachmann*, NJW 2021, 3073 (3074); *Bachmann*, NZG 2020, 612 (614); vereinzelt wurde eine solche ausdrückliche Regelung sogar gefordert, so *Beuthien*, NZG 2017, 201 (204), der einen Ausschluss der Außenvertretung im Gesellschaftsvertrag fordert; was jedoch abzulehnen ist, *Armbrüster*, ZGR-Sonderheft 23 (2021), 143 (149).

407 Vgl. *Grunewald*, in FS Karsten Schmidt, Bd. I, 2019, S. 391 (392).

408 Vgl. *Bachmann*, NJW 2021, 3073 (3074).

§ 10 WpÜG-Meldung, Angebotsunterlage und „Wasserstandsmeldungen")[409] sollten die Mitglieder der Bietergemeinschaft jeweils als Bieter auftreten. Als Vertragspartner der annehmenden Zielgesellschaftsaktionäre sollten ebenfalls jeweils die Bieter genannt werden und nicht die Bietergemeinschaft.

Die Rechtsfähigkeit der Gesellschaft bürgerlichen Rechts in der Form eines freiwilligen Zusammenschlusses mehrerer Personen zur Abgabe eines gemeinsamen öffentlichen Angebots sollte auch nicht durch die freiwillige Eintragung im Gesellschaftsregister (vgl. § 707 Abs. 4 Satz 1 i.V.m. § 719 Abs. 1 Hs. 2 BGB) herbeigeführt werden.

4. Zwischenergebnis

Der einzige Fall der übernahmerechtlichen Bietergemeinschaft, der bisher praktische Relevanz erlangt hat, ist der freiwillige Zusammenschluss mehrerer rechtsfähiger Personen zur Abgabe eines gemeinsamen Angebots. Dabei handelt es sich um eine Gesellschaft bürgerlichen Rechts. Ob es sich um Innen- oder Außengesellschaften oder inzwischen um rechtsfähige oder nicht rechtsfähige Gesellschaften bürgerlichen Rechts und damit um eine Bietergemeinschaft oder keine Bietergemeinschaft handelt, ist einzelfallabhängig.

Die vor Geltung des MoPeG aufgetretenen Praxisfälle der Bietergemeinschaft sind, entgegen einigen Stimmen in der Literatur, als Innengesellschaft bürgerlichen Rechts einzuordnen. Nach Geltung des MoPeG ist weiterhin darauf zu achten, nicht als Gesellschaft im Rechtsverkehr aufzutreten. Dies gilt insbesondere bei der Gestaltung von unwiderruflichen Annahmeerklärungen, Zusammenschlussvereinbarung oder Investorenvereinbarung, Meldung gemäß § 10 WpÜG, Angebotsunterlage und „Wasserstandsmeldungen". Zu empfehlen ist außerdem der Abschluss einer ausdrücklichen Bietervereinbarung, die den Willen der Gesellschafter festhält, keine rechtsfähige Gesellschaft bürgerlichen Rechts zu begründen.

---

[409] S. *Seibt*, in BeckFormb M&A, 4. Aufl. 2025, Form E.I. für ein Muster einer unwiderruflichen Annahmeverpflichtung, E.II. für Muster von Investorenvereinbarungen, E.III.3 für ein Muster einer § 10 WpÜG-Meldung und E.III.4 für ein Muster einer Angebotsunterlage.

E. Ergebnis Teil II

Der vorangegangene Teil II sollte drei Fragen klären: Was ist die Bietergemeinschaft? Welche Folgen hat die (Nicht)einordnung als Bietergemeinschaft? Wann ist der Anwendungsbereich der Bietergemeinschaft eröffnet?

Eine Bietergemeinschaft im Sinne von § 2 Abs. 4 WpÜG liegt vor, wenn mindestens zwei Personen oder rechtsfähige Personenzusammenschlüsse ein Angebot oder mehrere miteinander verknüpfte Angebote abgeben und dabei keine rechtsfähige Personengesellschaft bilden.

Dabei ist die Begründung der Bietergemeinschaft von Relevanz für die Zwecke, die mit der Abgabe des Angebots durch eine Bietergemeinschaft verfolgt werden und die anderweitig nicht erreicht werden könnten. Daher ist insbesondere die Abgrenzung zu dem Angebot einer rechtsfähigen Personengesellschaft von Bedeutung.

Der Anwendungsbereich der Bietergemeinschaft beschränkt sich auf nicht rechtsfähige Personenzusammenschlüsse. Die einzige Konstellation, die in der Praxis Relevanz erlangt hat, ist der freiwillige Zusammenschluss mehrerer rechtsfähiger Personen zur Abgabe eines gemeinsamen Angebots. Dieser muss so ausgestaltet werden, dass die Mitglieder der Bietergemeinschaft jeder für sich, aber gemeinsam und dennoch nicht als Gesellschaft im Rechtsverkehr auftreten.

Auswirkungen auf den Angebotsprozess

A. Einführung

Die bisherigen Bietergemeinschaften sind in aller Regel nicht rechtsfähige Gesellschaften bürgerlichen Rechts oder Innengesellschaften bürgerlichen Rechts. Die Gesellschaft bürgerlichen Rechts ist eine Rechtsanwendung mit nur losem Rahmen,[410] dem bei der Übernahme börsennotierter Unternehmen das formalistische Verfahren des WpÜG gegenübersteht. Ob es tatsächlich „unerfindlich" ist, worin die Besonderheit der Konstellation liegt, dass gemeinsam mit anderen ein öffentliches Angebot abgegeben wird,[411] ist im Hinblick auf dieses Verfahren zu überprüfen.

Hierzu wird der Ablauf einer Übernahme eines börsennotierten Unternehmens übersichtsartig dargestellt und anschließend werden die Verfahrensschritte auf die Besonderheiten bei einem gemeinsamen öffentlichen Angebot einer Bietergemeinschaft untersucht.

B. Überblick über den Angebotsprozess

Die Übernahme eines börsennotierten Unternehmens lässt sich grob in vier Phasen unterteilen: Die Vorbereitungsphase, daran anschließend die

---

410 Vgl. *K. Schmidt*, Gesellschaftsrecht, 4. Aufl. 2002, § 58 I Nr. 2 lit. a, S. 1691.

411 So *Noack/Holzborn*, in Schwark/Zimmer KMRK, 5. Aufl. 2020, § 2 WpÜG Rn. 29.

Verfahrensphase bis zur Veröffentlichung der Angebotsunterlage, die Angebotsphase, die mit dem Vollzug des Angebots endet, sowie die Integrationsphase.[412]

I. Vorbereitungsphase

In der Vorbereitungsphase beginnt der potenzielle Bieter mit der Planung und Konzeption des Übernahmevorhabens. Dabei bestehen keine gesetzlichen Vorschriften des WpÜG zu der Vorbereitungsphase.[413] Die notwendigen Maßnahmen, die in die Vorbereitungsphase fallen, orientieren sich an den praktischen Herausforderungen und Notwendigkeiten einer öffentlichen Übernahme.

Mit der Identifizierung eines geeigneten Zielunternehmens kann der Due Diligence-Prozess angestoßen werden. Dabei gilt, dass schon vor Kontaktaufnahme mit der Zielgesellschaft ein „Outside in" Due-Diligence-Prozess durchgeführt werden sollte. Herangezogen werden dabei öffentlich zugängliche Quellen wie Jahresabschlüsse, Geschäftsberichte und ad-hoc-Meldungen.[414] Parallel sollten Maßnahmen zur Sicherstellung der Finanzierung und die Finanzierungsbestätigung vorbereitet werden.[415] Sobald die Planung der Finanzierung fortgeschritten ist, können Marktkäufe und sonstige Vorerwerbe in die Wege geleitet werden.[416] Zur Herstellung größtmöglicher Transaktionssicherheit ist die Einholung verbindlicher Annahmeerklärungen von Großaktionären der Zielgesellschaft (sogenannte Irrevocable Undertakings) von großer Bedeutung.[417] Solche Irrevocable Undertakings ermöglichen es, dem Bieter sicherzustellen, nach Vollzug des Angebots über die

---

[412] Vgl. *Seibt*, in BeckFormb M&A, 4. Aufl. 2025, E.III.2 mit ausführlichem Maßnahmen- und Zeitplan; mit leichten Abweichungen auch *Krause*, NJW 2002, 705 (707); *Misterek*, Beiträge zum Transnationalen Wirtschaftsrecht, Heft 152, 2018, S. 14, 25, 26.

[413] *Krause*, NJW 2002, 705 (707).

[414] *Hofmeister*, in Paschos/Fleischer Hdb Übernahmerecht, 1. Aufl. 2017, § 7 Rn. 10.

[415] *Seibt*, in BeckFormb M&A, 4. Aufl. 2025, E.III.2.

[416] *Seibt*, in BeckFormb M&A, 4. Aufl. 2025, E.III.2; vgl. auch *Hopt/Kumpan*, ZGR 2017, 765 (772).

[417] Zum Begriff *Seibt/Wollenschläger*, AG 2014, 593 (598); ausführlich *von Riegen*, ZHR 167 (2003), 702 ff.

Mehrheit der Stimmrechte der Zielgesellschaft zu verfügen.[418] Auch mittels außerbörslichen Paketerwerben kann ein solcher Effekt erzielt werden.[419] Zu berücksichtigen sind hierbei die Meldeschwellen der §§ 33 ff. WpHG, die nicht überschritten werden sollten, um die Angebotsabsichten geheim zu halten. In der Vorbereitungsphase sollten auch etwaige qualifizierte Nichtandienungsvereinbarungen (sogenannte Non-Tender-Agreements) abgeschlossen werden.[420] Sie ermöglichen Altaktionären in der Zielgesellschaft zu verbleiben und verringern die Anzahl der Aktien, für die der Bieter eine Finanzierung vorhalten muss. Solche qualifizierten Nichtandienungsvereinbarungen ermöglichen es dem Bieter, strategisch wichtige Altaktionäre in der Zielgesellschaft zu halten. Hierbei ist insbesondere die Übernahme der Betreibergesellschaft des Hamburger Hafens (HHLA) durch eine Bietergesellschaft der Reederei MSC zu nennen, bei der die Stadt Hamburg ihre Mehrheit an der HHLA bewahren sollte sowie keine der von ihr gehaltenen S-Aktien, welche das Eigentum an den Speicherstadtimmobilien verkörpern, in das Angebot einliefern sollte.[421] Auch bei den Übernahmeangeboten an die Aktionäre der OHB SE durch eine Bietergesellschaft von KKR sowie bei dem Übernahmeangebot an die Aktionäre der va-Q-tec AG durch eine Bietergesellschaft von EQT wurde mittels qualifizierter Nichtandienungsvereinbarungen der Verbleib der Familienaktionäre in der Zielgesellschaft sichergestellt.[422]

Im Laufe der Vorbereitungsphase sollte die Angebotswebsite so weit wie möglich vorbereitet werden und eine Dienstleistungsvereinbarung mit EQS

---

418 So haben sich die Bieter bei ihrem Übernahmeangebot an die Aktionäre der home24 SE mittels irrevocable undertakings 45,3% der Anteile und Stimmrechte an der Zielgesellschaft gesichert; s. Angebotsunterlage der RAS Beteiligungs GmbH und der LSW GmbH und der SGW-Immo-GmbH an die Aktionäre der home24 SE v. 11.11.2022, S. 26 f.

419 Dazu *Kiesewetter*, in Paschos/Fleischer Hdb Übernahmerecht, 1. Aufl. 2017, § 7 Rn. 15 ff.

420 *Berrar/Schnorbus*, in Paschos/Fleischer Hdb. Übernahmerecht, 1. Aufl. 2017, § 10 Rn. 25 ff.

421 S. Angebotsunterlage der Port of Hamburg Beteiligungsgesellschaft SE an die Aktionäre der Hamburger Hafen und Logistik Aktiengesellschaft v. 23.10.2023, S. 50 f.

422 S. Angebotsunterlage der Orchid Lux HoldCo S.à r.l. an die Aktionäre der OHB SE v. 15.9.2023, S. 34; sowie Angebotsunterlage der Fahrenheit AcquiCo GmbH an die Aktionäre der va-Q-tec AG v. 16.1.2023, S. 43.

abgeschlossen werden.[423] Die Website dient der Veröffentlichung der gemäß WpÜG erforderlichen Meldungen.[424] Soweit erforderlich, sollte eine Abfrage der Abwicklungsstelle bei den Depotbanken zur Identifizierung ausländischer Aktionäre der Zielgesellschaft entworfen werden, um einen Ausschluss ausländischer Aktionäre vom Angebot zu erwirken.[425]

Von elementarer Bedeutung ist schließlich der Beginn der Verhandlungen und wenn möglich auch der Abschluss einer Zusammenschluss- oder Investorenvereinbarung mit der Zielgesellschaft.[426] Hierfür muss der Bieter unter äußerster Geheimhaltung das Management der Zielgesellschaft kontaktieren. Wenn eine Einigung über eine Zusammenschluss- oder Investorenvereinbarung nicht erzielt werden kann, kann ein verbindlicher Vorvertrag (sogenanntes „Binding Memorandum of Understanding") Abhilfe schaffen.[427]

Den Schluss der Vorbereitungsphase markiert die Entscheidung des Bieters zu der Abgabe des Angebots in der Form eines Beschlusses der Geschäftsleitung des Bieters.[428]

II. Verfahrensphase I

Das öffentliche Übernahmeverfahren beginnt mit der Veröffentlichung der Entscheidung zur Abgabe eines Angebots gemäß § 10 Abs. 1 Satz 1 und Abs. 3 WpÜG oder der Veröffentlichung der Mitteilung der Kontrollerlangung über die Zielgesellschaft gemäß §§ 10, 35 WpÜG.[429]

---

423 *Seibt*, in BeckFormb M&A, 4. Aufl. 2025, E.III.2.

424 Vgl. *Paschos/Goslar*, in Paschos/Fleischer Hdb Übernahmerecht, 1. Aufl. 2017, § 14 Rn. 122.

425 *Seibt*, in BeckFormb M&A, 4. Aufl. 2025, E.III.2.

426 Zu Zusammenschluss- und Investorenvereinbarung *Oppenhoff*, in Paschos/Fleischer Hdb Übernahmerecht, 1. Aufl. 2017, § 9 Rn. 1 ff; für ein Muster einer Investorenvereinbarung s. *Seibt*, in BeckFormb M&A, 4. Aufl. 2025, E.II.

427 Innovativ zur Steigerung der Transaktionssicherheit genutzt wurde ein solches „Bindigung MoU" bei der Übernahme der HHLA durch eine Bietergesellschaft von MSC, s. Angebotsunterlage der Port of Hamburg Beteiligungsgesellschaft SE an die Aktionäre der Hamburger Hafen und Logistik Aktiengesellschaft v. 23.10.2023, S. 26.

428 Vgl. *Seibt*, in BeckFormb M&A, 4. Aufl. 2025, E.III.2; zum Begriff des Geschäftsleiters s. *Seibt*, DB 2016, 1978 ff.; *Seibt*, AG 2022, 833 ff.

429 *Süßmann*, in Assmann/Schütze/Buck-Heeb Hdb Kapitalanlagerecht, 6. Aufl. 2024, § 15 Rn. 3.

Im weiteren Verlauf der Verfahrensphase I, also der Phase bis zu der Veröffentlichung der Angebotsunterlage oder Untersagung des Angebots, ist zwingend die Finanzierungsbestätigung einzuholen.[430] Ferner müssen Wertpapierkennnummern und International Security Identification Number (ISIN) für die in das Angebot eingereichten Zielgesellschaftsaktien reserviert werden.[431]

Innerhalb einer Frist von vier Wochen nach der § 10 WpÜG-Meldung oder der Veröffentlichung der Kontrollerlangung und vorbehaltlich einer Fristverlängerung um bis zu vier Wochen, hat der Bieter die Angebotsunterlage der BaFin zu übermitteln.[432] Die BaFin gestattet oder untersagt die Veröffentlichung der Angebotsunterlage binnen zehn Werktagen. Unverzüglich nach der Gestattung der Veröffentlichung hat der Bieter die Angebotsunterlage zu veröffentlichen und dem Vorstand der Zielgesellschaft zu übermitteln. Weiterhin sind die Arbeitnehmer oder deren Vertretung über das Angebot zu unterrichten.[433] Mit diesem Schritt tritt die Übernahme in die Verfahrensphase II ein.

III. Verfahrensphase II

Die Verfahrensphase II beginnt mit dem Beginn der Annahmefrist. Die Annahmefrist beginnt mit Veröffentlichung der Angebotsunterlage (§ 16 Abs. 1 S. 2 WpÜG).

Während der Annahmefrist hat der Bieter sogenannte „Wasserstandsmeldungen“ abzugeben, in denen zunächst wöchentlich, in der letzten Woche der Annahmefrist täglich, der Umfang der Zielgesellschaftsaktien für die das Angebot angenommen wurde und die dem Bieter zustehen oder ihm zugerechnet werden, bekanntzugeben ist (§ 23 Abs. 1 WpÜG). Nach Ablauf der Annahmefrist ist eine Schlussmeldung gemäß § 23 Abs. 1 Nr. 2 WpÜG zu veröffentlichen. Bei einem Übernahmeangebot beginnt mit der

---

430 *Seibt*, in BeckFormb M&A, 4. Aufl. 2025, E.III.2.

431 *Seibt*, in BeckFormb M&A, 4. Aufl. 2025, E.III.2; s. auch zur Interims ISIN *Fischer/Taupitz*, in Paschos/Fleischer Hdb Übernahmerecht, 1. Aufl. 2017, § 17 Rn. 8 f.

432 *Seibt*, in BeckFormb M&A, 4. Aufl. 2025, E.III.2 Schritt 32; *Süßmann*, in Assmann/Schütze/Buck-Heeb Hdb Kapitalanlagerecht, 6. Aufl. 2024, § 15 Rn. 3.

433 *Süßmann*, in Assmann/Schütze/Buck-Heeb Hdb Kapitalanlagerecht, 6. Aufl. 2024, § 15 Rn. 3.

Schlussmeldung gemäß § 23 Abs. 1 Nr. 2 WpÜG die weitere Annahmefrist von zwei Wochen (§ 16 Abs. 2 S. 1 WpÜG).[434]

In der Verfahrensphase II, also während des Laufs der Annahmefrist hat der Bieter über eine etwaige Änderung des Angebots zu entscheiden.[435] Beispielsweise kann der Angebotspreis erhöht werden, um eine höhere Annahmequote zu erreichen. Erfolgt die Änderung in den letzten zwei Wochen vor Ablauf der Annahmefrist, verlängert sich die Annahmefrist um zwei Wochen (§ 21 Abs. 5 S. 1 WpÜG).

Mit Ablauf der weiteren Annahmefrist und der daran anschließenden Schlussmeldung gemäß § 23 Abs. 1 Nr. 3 WpÜG sowie des Eintritts etwaiger Angebotsbedingungen erfolgt der Vollzug des Angebots. Mit Vollzug des Angebots und Kaufpreiszahlung an die Zielgesellschaftsaktionäre, die das Angebot angenommen haben, endet die Verfahrensphase II.

IV. Integrationsphase

Nach Vollzug des Angebots und Abwicklung der Kaufpreiszahlung tritt das Angebot in die Integrationsphase ein. Bestandteil der Integrationsphase ist die Nacherwerbsfrist. Innerhalb eines Jahres nach Veröffentlichung der Schlussmeldung gemäß § 23 Abs. 1 Nr. 3 WpÜG eines Übernahme- oder Pflichtangebots hat der Bieter jeden Erwerb von Wertpapieren der Zielgesellschaft, der außerhalb des Angebotsverfahrens erfolgt und ihm zuzurechnen ist, unverzüglich zu veröffentlichen (§ 23 Abs. 2 WpÜG). Eine höhere Gegenleistung als nach dem Angebot kann zu einer Erhöhung des Angebotspreises gemäß § 31 Abs. 5 WpÜG führen.[436] Das Ende der Integrationsphase wird mit der Integration der Zielgesellschaft in die Struktur des Bieters erreicht. Wann die Integration abgeschlossen wird, hängt wiederum von der Art der geplanten Integration ab. Diese ist abhängig von der erreichten Stimmrechtsmehrheit.[437] In Betracht kommen der Abschluss eines Beherrschungs- und Gewinnabführungsvertrags, die Übertragung der

---

434 *Süßmann*, in Assmann/Schütze/Buck-Heeb Hdb Kapitalanlagerecht, 6. Aufl. 2024, § 15 Rn. 4.

435 Vgl. *Seibt*, in BeckFormb M&A, 4. Aufl. 2025, E.III.2.

436 *Krause*, NJW 2002, 705 (708); vgl. auch *Seibt*, in BeckFormb M&A, 4. Aufl. 2025, E.III.2.

437 *Diekmann*, in Paschos/Fleischer Hdb Übernahmerecht, 1. Aufl. 2017, § 26 Rn. 2.

Aktien der Minderheitsaktionäre auf den Mehrheitsaktionär (sogenannter Squeeze-out) sowie ein Börsenrückzug durch Delisting gemäß § 39 Abs. 2 BörsG mittels Delisting-Erwerbsangebot.[438]

C. Besonderheiten bei der Vorbereitungsphase

In der Vorbereitungsphase beginnt der potenzielle Bieter mit der Planung und Konzeption des Übernahmevorhabens. Wird das Angebot durch eine Bietergemeinschaft geplant, ergeben sich einige Besonderheiten. Diese treten insbesondere bei der Ansprache potenzieller Mitbieter zur Bildung der Bietergemeinschaft, dem Abschluss einer Bietervereinbarung, Vorerwerben sowie dem Abschluss der qualifizierten Nichtandienungsvereinbarungen und einer Investoren- oder Zusammenschlussvereinbarung auf.

I. Ansprache potenzieller Mitbieter

Um ein Übernahmeangebot gemeinsam mit mindestens einem Dritten abzugeben, muss ein Kontakt zwischen den potenziellen Bietern erfolgen. Anders als nach der Marktmissbrauchsrichtlinie (MMRL) 2003 sieht die Market Abuse Regulation (MAR)[439] keine allgemeine Bereichsausnahme für Übernahmetransaktionen vor.[440] Daher ist zu untersuchen, ob insiderrechtliche Schranken bei der Ansprache potenzieller Mitbieter bei der Übernahme börsennotierter Unternehmen bestehen. Der Ansprache entgegenstehen oder diese beschränken, könnte das Verbot der unrechtmäßige Offenlegung von Insiderinformationen gemäß Art. 14 lit. c i.V.m. Art. 10 Abs. 1 UAbs. 1 MAR.

---

438 Zum BGAV s. *v. Bonin*, in BeckFormb M&A, 4. Aufl. 2025, L.I.; *Diekmann*, in Paschos/Fleischer Hdb Übernahmerecht, 1. Aufl. 2017, § 26 Rn. 4 ff.; beim Squeeze out werden der umwandlungsrechtliche-, aktienrechtliche- und übernahmerechtliche Squeeze out unterschieden, *Diekmann*, in Paschos/Fleischer Hdb Übernahmerecht, 1. Aufl. 2017, § 26 Rn. 2; s. dazu *Seibt*, in BeckFormb M&A, 4. Aufl. 2025, L.III.1; für ein Muster einer Angebotsunterlage eines freiwilligen Delisting-Erwerbsangebots, s. *v. Bonin*, in BeckFormb M&A, 4. Aufl. 2025, E.III.6.; zu der Integrationsphase insgesamt *Austmann*, ZGR 2009, 277 ff.

439 Verordnung (EU) Nr. 596/2014 des Europäischen Parlaments und des Rates vom 16. April 2014 über Markmissbrauch (Markmissbrauchsverordnung) und zur Aufhebung der Richtlinie 2003/6/EG des Europäischen Parlaments und des Rates und der Richtlinien 2003/124/EG, 2003/125/EG und 2004/72/EG der Kommission.

440 *Seibt/Wollenschläger*, AG 2014, 593 (598); *Hopt/Kumpan*, ZGR 2017, 765 (769).

1. Ausgangspunkt: Insiderinformation im Übernahmeprozess

Das Offenlegungsverbot gemäß Art. 14 lit. c i.V.m. Art. 10 Abs. 1 UAbs. 1 MAR setzt voraus, dass es sich bei der offengelegten Information um eine Insiderinformation im Sinne von Art. 7 Abs. 1 MAR handelt. Dies erfordert nach Art. 7 Abs. 1 lit. a MAR, dass es sich (i) um eine „präzise" Information handelt, die (ii) nicht öffentlich bekannt ist, (iii) den Emittenten betrifft und (iv) dazu geeignet ist, den Kurs des Emittenten erheblich zu beeinflussen.[441]

Bei der Ansprache potenzieller Mitbieter kommt als Insiderinformation zunächst die Abgabe des Übernahmeangebots selbst in Betracht.[442] Darüber hinaus ist bei gestreckten Geschehensabläufen gemäß Art. 7 Abs. 2 und Abs. 3 MAR jeder Zwischenschritt tauglicher Gegenstand einer Insiderinformation.[443] Die Anknüpfung an Zwischenschritte als Insiderinformation erfährt durch den sog. „EU Listing Act" keine Änderung. Vielmehr zielt dieser bei unveränderter Beibehaltung des Begriff der Insiderinformation auf eine Entkoppelung von Insiderrecht und Ad-hoc-Mitteilungspflicht.[444]

---

441 Zum Begriff der Insiderinformation *Seibt/Wollenschläger*, AG 2014, 593 (596 f.); *Hopt/Kumpan*, ZGR 2017, 765 (773 ff.); s. auch *Nietsch*, in BeckOK WpHR, 13. Edition, Stand 1.6.2023, Art. 7 Rn. 38 ff.; *Kumpan/Misterek*, in Schwark/Zimmer KMR, 5. Aufl. 2020, Art. 7 MAR Rn. 19 ff.; *Hopt/Kumpan*, in Ellenberger/Bunte Bankrecht Hdb, 6. Aufl. 2022, § 86 Rn. 42; *Klöhn*, in Klöhn MAR, 2. Aufl. 2023, Art. 7 Rn. 23 ff.; *Krause*, in Meyer/Veil/Rönnau Hdb Marktmissbrauchsrecht, 2. Aufl. 2023, § 6 Rn. 19; *Assmann*, in Assmann/Schneider/Mülbert WpHR, 8. Aufl. 2023, Art. 7 MAR Rn. 7 ff.; BaFin Emittentenleitfaden Modul C, Stand 25.3.2020, I.2.1, S. 9 ff.

442 *Kumpan/Misterek*, in Schwark/Zimmer KMRK, 5. Aufl. 2020, Art. 7 MAR Rn. 271; *Hopt/Kumpan*, in Ellenberger/Bunte Bankrecht Hdb, 6. Aufl. 2022, § 86 Rn. 62; *Klöhn*, in Klöhn MAR, 2. Aufl. 2023, Art. 7 Rn. 327 ff.; vgl. *Nietsch*, in BeckOK WpHR, 13. Edition, Stand 1.6.2023, Art. 7 Rn. 73; *Krause*, in Meyer/Veil/Rönnau Hdb Marktmissbrauchsrecht, 2. Aufl. 2023, § 6 Rn. 129; BaFin Emittentenleitfaden Modul C, Stand 25.3.2020, I.2.1.5.6, S. 18 f.

443 *Nietsch*, in BeckOK WpHR, 13. Edition, Stand 1.6.2023, Art. 7 Rn. 71; *Kumpan/Misterek*, in Schwark/Zimmer KMRK, 5. Aufl. 2020, Art. 7 MAR Rn. 270; *Hopt/Kumpan*, in Ellenberger/Bunte Bankrecht Hdb, 6. Aufl. 2022, § 86 Rn. 46; *Krause*, in Meyer/Veil/Rönnau Hdb Marktmissbrauchsrecht, 2. Aufl. 2023, § 6 Rn. 117h; *Seibt/Kraack*, BKR 2020, 313 (314); *Misterek*, Beiträge zum Transnationalen Wirtschaftsrecht, Heft 152, 2018, S. 14; BaFin Emittentenleitfaden Modul C, Stand 25.3.2020, I.2.1.4.3, S. 13; konkret bezogen auf die Zwischenschritte bei Übernahmeangeboten *Klöhn*, in Klöhn MAR, 2. Aufl. 2023, Art. 7 Rn. 377 ff.

444 Dazu ausführlich *Buck-Heeb*, in BeckOK WpHR, 13. Edition, Stand 1.10.2024, Art. 17 Rn. 18 f.; *Schmidt*, NZG 2025, 3 (10 f.); vgl. auch *Wilhelm*, BKR 2024, 747 (752 f.).

a) *Die finale Transaktion als Insiderinformation*

Das finale Angebot selbst kann gemäß Art. 7 Abs. 2 Satz 1 MAR als zukünftiger Umstand eine präzise Information sein. Hierfür muss die Abgabe des Angebots „vernünftigerweise erwartet werden können". Dies ist der Fall, wenn die Abgabe des Angebots wahrscheinlicher ist als das Ausbleiben des Angebots. Wann dies der Fall ist, ist einzelfallabhängig.[445] Schließt der Bieter beispielsweise die Abgabe des Angebots gegen den Willen der Zielgesellschaft (sogenanntes „feindliches Übernahmeangebot"[446]) zwingend aus, ist der Abschluss einer Vereinbarung mit der Zielgesellschaft entscheidendes Kriterium für das Vorliegen einer Insiderinformation. Gleiches gilt, wenn die Entscheidung zur Abgabe des Angebots zwingend von der Zusage potenzieller Mitglieder der Bietergemeinschaft abhängig ist.[447]

Die für die Angebotsabgabe erforderlichen Zwischenschritte, die selbst Insiderinformation sein können, sind für die Wahrscheinlichkeit der Angebotsabgabe maßgeblich. Dabei ist die Angebotsabgabe noch nicht wahrscheinlicher als das Ausbleiben, wenn der Bieter die Zielgesellschaft kontaktiert.[448]

Auch der Beginn des Due-diligence-Prozesses führt noch nicht zu der Annahme, dass die Transaktion wahrscheinlicher ist als ihr Ausbleiben. Schließlich können bestimmte Feststellung in diesem Prozess die Transaktion verhindern.[449] Jedoch kommt die Einordnung des Zwischenschritts „Beginn

---

445 *Kumpan/Misterek*, in Schwark/Zimmer KMRK, 5. Aufl. 2020, Art. 7 MAR Rn. 271; vgl. auch *Klöhn*, in Klöhn MAR, 2. Aufl. 2023, Art. 7 Rn. 374 f.; *Krause*, in Meyer/Veil/Rönnau Hdb Marktmissbrauchsrecht, 2. Aufl. 2023, § 6 Rn. 129a; *Assmann*, in Assmann/Schneider/Mülbert WpHR, 8. Aufl. 2023, Art. 7 MAR Rn. 11 ff.; *Bachmann*, ZHR 172 (2008), 597 (606).

446 *Seibt/Kraack*, BKR 2020, 313 (318); *Süßmann*, NZG 2011, 1281; *Schanz*, NZG 2000, 337 (338); vgl. auch *Noack/Holzborn*, in Schwark/Zimmer KMRK, 5. Aufl. 2020, § 27 WpÜG Rn. 1; *Misterek*, Beiträge zum Transnationalen Wirtschaftsrecht, Heft 152, 2018, S. 13 f.

447 Vgl. *Hopt/Kumpan*, ZGR 2017, 765 (776); *Assmann*, in Assmann/Schneider/Mülbert WpHR, 8. Aufl. 2023, Art. 10 MAR Rn. 56b.

448 BaFin Emittentenleitfaden Modul C, Stand 25.3.2020, I.2.1.5.6, S. 18; *Hopt/Kumpan*, ZGR 2017, 765 (789); *Krause*, in Meyer/Veil/Rönnau Hdb Marktmissbrauchsrecht, 2. Aufl. 2023, § 6 Rn. 129d.

449 *Klöhn*, in Klöhn MAR, 2. Aufl. 2023, Art. 7 Rn. 375; *Krause*, in Meyer/Veil/Rönnau Hdb Marktmissbrauchsrecht, 2. Aufl. 2023, § 6 Rn. 129e; zur alten Rechtslage vgl. *Kocher/Widder*, BB 2012, 2837 (2840); *Bingel*, AG 2012, 685 (695); *Brandi/Süßmann*, AG

der Due-diligence-Prüfung“ selbst als Insiderinformation in Betracht.[450] Der Abschluss der Due-diligence-Prüfung, ohne dass die Transaktion verhindernde Umstände festgestellt wurden, lassen die Angebotsabgabe in der Regel wahrscheinlicher erscheinen als ihr Ausbleiben.[451] Auch der Abschluss einer Investorenvereinbarung oder einer Zusammenschlussvereinbarung zwischen Bieter und Zielgesellschaft genügen meist für das Vorliegen der geforderten Wahrscheinlichkeit.[452]

Mit positivem Abschluss der Due-diligence-Prüfung oder dem Abschluss einer Investorenvereinbarung oder einer Zusammenschlussvereinbarung ist die Abgabe des Angebots demnach wahrscheinlicher als das Ausbleiben des Angebots. Ab dem Zeitpunkt des früher eintretenden Ereignisses ist das finale Angebot selbst als zukünftiger Umstand eine Insiderinformation.

b) Die Zwischenschritte der Vorbereitungsphase als Insiderinformation

Bereits vor dem positiven Abschluss der Due-diligence-Prüfung oder dem Abschluss einer Investorenvereinbarung oder einer Zusammenschlussvereinbarung kann eine Insiderinformation vorliegen. Tauglicher Anknüpfungspunkt ist gemäß Art. 7 Abs. 2 und Abs. 3 MAR jeder Zwischenschritt, soweit er für sich genommen die Anforderungen an eine Insiderinformation erfüllt.[453]

2004, 642 (655); aA *Misterek*, Beiträge zum Transnationalen Wirtschaftsrecht, Heft 152, 2018, S. 20 f.

450 S. dazu Teil III C.I.1.b).

451 *Kumpan/Misterek*, in Schwark/Zimmer KMRK, 5. Aufl. 2020, Art. 7 MAR Rn. 276; *Krause*, in Meyer/Veil/Rönnau Hdb Marktmissbrauchsrecht, 2. Aufl. 2023, § 6 Rn. 129e; vgl. auch *Hopt/Kumpan*, in Ellenberger/Bunte Bankrecht Hdb, 6. Aufl. 2022, § 86 Rn. 48.

452 Vgl. *Hopt/Kumpan*, ZGR 2017, 765 (797); *Klöhn*, in Klöhn MAR, 2. Aufl. 2023, Art. 7 Rn. 376; *Krause*, in Meyer/Veil/Rönnau Hdb Marktmissbrauchsrecht, 2. Aufl. 2023, § 6 Rn. 129g; *Misterek*, Beiträge zum Transnationalen Wirtschaftsrecht, Heft 152, 2018, S. 24 f.

453 *Seibt/Kraack*, BKR 2020, 313 (314); *Kumpan/Misterek*, in Schwark/Zimmer KMRK, 5. Aufl. 2020, Art. 7 MAR Rn. 270; *Hopt/Kumpan*, in Ellenberger/Bunte Bankrecht Hdb, 6. Aufl. 2022, § 86 Rn. 46; *Krause*, in Meyer/Veil/Rönnau Hdb Marktmissbrauchsrecht, 2. Aufl. 2023, § 6 Rn. 117h; *Assmann*, in Assmann/Schneider/Mülbert WpHR, 8. Aufl. 2023, Art. 7 MAR Rn. 52; BaFin Emittentenleitfaden Modul C, Stand 25.3.2020, I.2.1.4.3, S. 13; *Hopt/Kumpan*, ZGR 2017, 765 (776); *Misterek*, Beiträge zum

Unterschieden werden Zwischenschritte, die ihre Qualität als Insiderinformation aus sich heraus beziehen, und solche Zwischenschritte, die ihre Kursrelevanz von dem zukünftigen Endereignis ableiten.[454] Die Zwischenschritte entfalten jedoch nur dann insiderrechtliche Relevanz, wenn das Endereignis noch nicht überwiegend wahrscheinlich ist. Anderenfalls würde das Endereignis als Insiderinformation die Zwischenschritte „konsumieren". Die Kursrelevanz von Zwischenschritten ist oftmals an die Wahrscheinlichkeit der tatsächlichen Angebotsabgabe gekoppelt.[455] Jedoch kann eine eigene insiderrechtliche Relevanz der Zwischenschritte vorliegen, wenn der Eintritt des Endereignis nicht überwiegend wahrscheinlich ist, das Ereignis aber derart gewichtig ist, dass die Kursrelevanz des Zwischenschritts aufgrund der Probability-Magnitude-Formel anzunehmen ist.[456]

Bereits die eigenen Absichten, Pläne und Vorhaben können Gegenstand einer Insiderinformation sein. Dabei ist aufgrund des frühen Verfahrensstadiums jedoch besonderes Augenmerk auf die Prüfung der hinreichenden Präzision und Kursrelevanz zu legen.[457]

Als erster Zwischenschritt ist die Planfassung der naheliegendste Ansatzpunkt für die Prüfung, ob eine Insiderinformation vorliegt.[458] Rein interne Planungen und Vorbereitungshandlungen eines potenziellen Bieters sind noch keine Insiderinformation, gleiches gilt für die Beauftragung von

---

Transnationalen Wirtschaftsrecht, Heft 152, 2018, S. 14; vgl. auch *Nietsch*, in BeckOK WpHR, 13. Edition, Stand 1.6.2023, Art. 7 Rn. 71.

454 BaFin Emittentenleitfaden Modul C, Stand 25.3.2020, I.2.1.4.3, S. 13; *Seibt/Kraack*, BKR 2020, 313 (314); *Hopt/Kumpan*, in Ellenberger/Bunte Bankrecht Hdb, 6. Aufl. 2022, § 86 Rn. 54b; *Merkner/Sustmann/Retsch*, AG 2020, 477 (479); vgl. auch *Nietsch*, in BeckOK WpHR, 13. Edition, Stand 1.6.2023, Art. 7 Rn. 72; *Krause*, in Meyer/Veil/Rönnau Hdb Marktmissbrauchsrecht, 2. Aufl. 2023, § 6 Rn. 129h.

455 *Kumpan/Misterek*, in Schwark/Zimmer KMRK, 5. Aufl. 2020, Art. 7 MAR Rn. 276.

456 *Seibt/Kraack*, BKR 2020, 313 (315); umfassend zum Probability/Magnitude-Test *Kumpan/Misterek*, Schwark/Zimmer KMRK, 5. Aufl. 2020, Art. 7 MAR Rn. 153 ff.; ferner *Merkner/Sustmann/Retsch*, AG 2020, 477 (479 f.); vgl. auch *Misterek*, Beiträge zum Transnationalen Wirtschaftsrecht, Heft 152, 2018, S. 17.

457 *Kumpan/Misterek*, in Schwark/Zimmer KMRK, 5. Aufl. 2020, Art. 7 MAR Rn. 81; *Hopt/Kumpan*, ZGR 2017, 765 (774) ziehen zur Begründung für die Tauglichkeit innerer Tatsachen den Umkehrschluss aus Art. 9 Abs. 5 MAR heran.

458 *Kumpan/Misterek*, in Schwark/Zimmer KMRK, 5. Aufl. 2020, Art. 7 MAR Rn. 81.

Beratern.[459] Es fehlt bereits an der präzisen Information, da mit den genannten Handlungen aus Sicht des Bieters der Fortgang der potenziellen Transaktion noch gänzlich offen ist. Auch die Kontaktaufnahme des potenziellen Bieters mit der potenziellen Zielgesellschaft begründet noch keine Insiderinformation, da völlig unklar ist, ob Gespräche stattfinden und mit wem und welchem Ergebnis.[460]

Ein Zwischenschritt ist jedenfalls dann als Insiderinformation einzuordnen, wenn *„wichtige Eckpunkte einer möglichen Transaktion geklärt werden konnten*", beispielweise durch Einigung auf ein „Term Sheet" oder Hinterlegung eines „Letter of Intent", oder sich anderweitig ein *„ernsthafter Einigungswille manifestiert*".[461] Ein solcher „ernsthafter Einigungswille" kann sich in dem Beginn der Due-diligence-Prüfung manifestieren. Jedenfalls mit Abschluss der Due-diligence-Prüfung liegt in der Regel eine Insiderinformation vor.[462] Auch der Abschluss von Voraberwerben und Irrevocable Undertakings in ausreichendem, den Zwecken des Bieters genügendem Umfang, wird in der Regel eine Insiderinformation darstellen.[463]

---

[459] *Seibt/Kraack*, BKR 2020, 313 (318); *Hopt/Kumpan*, ZGR 2017, 765 (786); *Klöhn*, in Klöhn MAR, 2. Aufl. 2023, Art. 7 Rn. 375; s. auch BaFin Emittentenleitfaden Modul C, Stand 25.3.2020, I.2.1.5.6, S. 18; zur alten Rechtslage ebenso *Bingel*, AG 2012, 685 (694); *Bachmann*, ZHR 172 (2008), 597 (606); *Meyer/Kiesewetter*, WM 2009, 340 (341).

[460] *Hopt/Kumpan*, ZGR 2017, 765 (786, 789); zur alten Rechtslage ebenso *Bingel*, AG 2012, 685 (694); *Meyer/Kiesewetter*, WM 2009, 340 (341); bezüglich der ersten Kontaktaufnahme ebenso BaFin Emittentenleitfaden Modul C, Stand 25.3.2020, I.2.1.5.6, S. 18.

[461] *Seibt/Kraack*, BKR 2020, 313 (318); vgl. *Nietsch*, in BeckOK WpHR, 13. Edition, Stand 1.6.2023, Art. 7 Rn. 71; die Einschätzung erfolgt jedoch nicht aufgrund bloßer Terminologie, sondern einer Gesamtschau, BaFin Emittentenleitfaden Modul C, Stand 25.3.2020, I.2.1.5.6, S. 19; zurückhaltender *Krause*, in Meyer/Veil/Rönnau Hdb Marktmissbrauchsrecht, 2. Aufl. 2023, § 6 Rn. 129f.

[462] *Hopt/Kumpan*, ZGR 2017, 765 (789); *Kumpan/Misterek*, in Schwark/Zimmer KMRK, 5. Aufl. 2020, Art. 7 MAR Rn. 276; *Krause*, in Meyer/Veil/Rönnau Hdb Marktmissbrauchsrecht, 2. Aufl. 2023, § 6 Rn. 129e.

[463] Ähnlich *Misterek*, Beiträge zum Transnationalen Wirtschaftsrecht, Heft 152, 2018, S. 22.

2. Folgen für die Ansprache potenzieller Mitbieter

Die Einordnung eines Zwischenschritts als Insiderinformation hat unmittelbare Auswirkungen auf die Frage, ob der Bieter potenzielle Mitbieter ansprechen kann.

a) Ansprache vor Entstehen einer Insiderinformation

Solange keine Insiderinformation vorliegt, steht der Ansprache potenzieller Mitbieter das Verbot unrechtmäßiger Offenlegung von Insiderinformationen gemäß Art. 14 lit. c i.V.m. Art. 10 Abs. 1 UAbs. 1 MAR nicht entgegen. Dabei ist der genaue Zeitpunkt, in dem eine Insiderinformation in der Vorbereitungsphase der Übernahme entsteht, einzelfallabhängig und jeweils zu prüfen.[464] In der Regel liegt bis zum Beginn des Due-diligence-Prozesses oder dem Abschluss von Voraberwerben oder Irrevocable Undertakings in ausreichendem Umfang keine Insiderinformation vor. Folglich kann der potenzielle Ausgangsbieter den potenziellen Mitbieter so lange kontaktieren, wie dieses Vorbereitungsstadium noch nicht erreicht wurde.

b) Ansprache nach Entstehen einer Insiderinformation

Mit Entstehen der Insiderinformation gilt es vor der Ansprache potenzieller Mitbieter zu prüfen, ob die Ansprache gegen das Verbot der unrechtmäßigen Offenlegung von Insiderinformationen gemäß Art. 14 lit. c i.V.m. Art. 10 Abs. 1 UAbs. 1 MAR verstößt.

Dabei kann nicht auf die besondere Ausnahme von dem Offenlegungsverbot, die Marktsondierung gemäß Art. 11 MAR, zurückgegriffen werden.[465] Zwar kann diese auch durch einen potenziellen Bieter erfolgen, der ein Übernahmeangebot beabsichtigt.[466] Jedoch gilt die Marktsondierung ausweislich

---

[464] Vgl. *Seibt/Kraack*, BKR 2020, 313 (318); *Kumpan/Misterek*, in Schwark/Zimmer KMRK, 5. Aufl. 2020, Art. 7 MAR Rn. 271; *Krause*, in Meyer/Veil/Rönnau Hdb Marktmissbrauchsrecht, 2. Aufl. 2023, § 6 Rn. 129a.

[465] Umfassend zur Rechtsfolge der Marktsondierung *Seibt*, in BeckOK WpHR, 13. Edition, Stand 1.10.2023, Art. 11 MAR Rn. 7 ff.; *Klöhn*, in Klöhn MAR, 2. Aufl. 2023, Art. 11 Rn. 141 ff.; s. auch BaFin Emittentenleitfaden Modul C, Stand 25.3.2020, VI, S. 93 ff.

[466] *Seibt*, in BeckOK WpHR, 13. Edition, Stand 1.10.2023, Art. 11 MAR Rn. 67 ff.; *Klöhn*, in Klöhn MAR, 2. Aufl. 2023, Art. 11 Rn. 59; *Meyer*, in Meyer/Veil/Rönnau Hdb

des Wortlauts des Art. 11 Abs. 2 MAR nicht im Verhältnis von einem Bieter zu einem potenziellen Mitbieter.[467]

Ein Verstoß gegen Art. 14 lit. c i.V.m. Art. 10 Abs. 1 UAbs. 1 MAR liegt jedoch nicht vor, wenn die Offenlegung im Zuge der *„normalen Ausübung einer Beschäftigung oder eines Berufs oder der normalen Erfüllung von Aufgaben"* erfolgt (Art. 10 Abs. 1 MAR). Diese Ausnahmeregelung dient dazu, die Weitergabe von Insiderinformationen und damit die Arbeit von Unternehmen, Banken und Investoren zu ermöglichen.[468] Wann eine Offenlegung im Zuge der *„normalen Ausübung einer Beschäftigung oder eines Berufs oder der normalen Erfüllung von Aufgaben"* erfolgt, hat der EuGH in dem Grøngaard & Bang-Urteil konkretisiert. Die Entscheidung erging zu der Vorgängerregelung des Art. 10 Abs. 1 MAR, gilt jedoch für diese fort.[469]

Für die Beantwortung der Frage, ob die Offenlegung im Rahmen von Art. 10 Abs. 1 MAR ausnahmsweise zulässig ist, müssen das Interesse des Insiders an der Offenlegung und das Interesse des Markts an der Wahrung der informationellen Chancengleichheit im Wege einer Verhältnismäßigkeitsprüfung gegeneinander abgewogen werden.[470] Anhand der EuGH-Rechtsprechung (Grøngaard & Bang) wird folgender Maßstab (auch Unerlässlichkeitsmaxime)[471] für die Prüfung der Verhältnismäßigkeit gebildet: Die Offenlegung muss (i) der Erreichung eines legitimen Zwecks dienen, (ii) geeignet sein, diesen Zweck zu erfüllen, (iii) erforderlich sein, das bedeutet das mildeste

---

Marktmissbrauchsrecht, 2. Aufl. 2023, § 8 Rn. 78; *Hopt/Kumpan*, ZGR 2017, 765 (779); *Poelzig*, NZG 2016, 528 (534); *Zetzsche*, AG 2016, 610 (612).

467 Vgl. *Seibt*, in BeckOK WpHR, 13. Edition, Stand 1.10.2023, Art. 11 MAR Rn. 76 f.

468 Vgl. *Brellochs*, in Habersack/Mülbert/Schlitt Hdb Kapitalmarktinformation, 3. Aufl. 2020, § 1 Rn. 174; ähnlich auch *Klöhn*, in Klöhn MAR, 2. Aufl. 2023, Art. 10 Rn. 36.

469 *Kumpan/Grütze*, in Schwark/Zimmer KMRK, 5. Aufl. 2020, Art. 10 MAR Rn. 23 f.; *Hopt/Kumpan*, in Ellenberger/Bunte Bankrecht Hdb, 6. Aufl. 2022, § 86 Rn. 105; *Kulenkamp/v. Bonin*, in BeckOK WpHR, 9. Edition, Stand 1.6.2023, Art. 10 MAR Rn. 14; *Assmann*, in Assmann/Schneider/Mülbert WpHR, 8. Aufl. 2023, Art. 10 MAR Rn. 21; *Hopt/Kumpan*, ZGR 2017, 765 (779); *Poelzig*, NZG 2016, 528 (535); *Veil*, ZBB 2014, 85 (91); aA *Zetzsche*, NZG 2015, 817 (820).

470 *Kulenkamp/v. Bonin*, in BeckOK WpHR, 13. Edition, Stand 1.6.2023, Art. 10 MAR Rn. 13; *Hopt/Kumpan*, in Ellenberger/Bunte Bankrecht Hdb, 6. Aufl. 2022, § 86 Rn. 104 ff.; *Klöhn*, in Klöhn MAR, 2. Aufl. 2023, Art. 10 Rn. 43; BaFin Emittentenleitfaden Modul C, Stand 25.3.2020, I.4.4.2.1, S. 63.

471 Vgl. *Seibt/Kulenkamp*, AG 2018, 549 (554).

Mittel für die Zweckerreichung darstellen und (iv) angemessen sein, indem das mit der Offenlegung verfolgte Interesse das Interesse an dem gleichberechtigten Informationszugang überwiegt.[472]

aa) Legitimer Zweck

Jeder rechtlich zulässige Zweck kommt als legitimer Zweck in Betracht. Der Zweck richtet sich nach dem Interesse des Offenlegenden.[473] Die Ansprache potenzieller Mitbieter zur Durchführung eines öffentlichen Angebots ist ein solcher legitimer Zweck.

bb) Geeignetheit

Die Offenlegung der Insiderinformation ist zur Förderung des Offenlegungsinteresses „geeignet", wenn die Offenlegung aus der ex-ante-Perspektive eines objektiven Betrachters zur Erreichung oder der Förderung des verfolgten Zwecks dienlich ist.[474] Die Ansprache eines potenziellen Mitbieters ist ein zwingender Schritt für die gemeinsame Abgabe des Angebots, sodass die Offenlegung der Zweckerreichung dienlich ist.

cc) Erforderlichkeit

Eine Offenlegung ist „erforderlich", wenn es keine Maßnahme gibt, die zur Erreichung des Offenlegungszwecks ebenso geeignet ist, aber das Informationseindämmungsinteresse des Markts stärker schont.[475] Ohne den potenziellen Mitbieter anzusprechen, ist eine gemeinsame Abgabe des Angebots

---

472 *Kulenkamp/v. Bonin*, in BeckOK WpHR, 13. Edition, Stand 1.6.2023, Art. 10 MAR Rn. 14; *Klöhn*, in Klöhn MAR, 2. Aufl. 2023, Art. 10 Rn. 45; *Kumpan/Grütze*, in Schwark/Zimmer KMRK, 5. Aufl. 2020, Art. 10 MAR Rn. 28; vgl. auch BaFin Emittentenleitfaden Modul C, Stand 25.3.2020, I.4.4.2.1, S. 63; *Assmann*, in Assmann/Schneider/Mülbert WpHR, 8. Aufl. 2023, Art. 10 MAR Rn. 20a.

473 *Klöhn*, in Klöhn MAR, 2. Aufl. 2023, Art. 10 Rn. 49 f.; *Kulenkamp/v. Bonin*, in BeckOK WpHR, 13. Edition, Stand 1.6.2023, Art. 10 MAR Rn. 14.1; *Kumpan/Grütze*, in Schwark/Zimmer KMRK, 5. Aufl. 2020, Art. 10 MAR Rn. 29 f.

474 *Kulenkamp/v. Bonin*, in BeckOK WpHR, 13. Edition, Stand 1.6.2023, Art. 10 MAR Rn. 14.2; *Klöhn*, in Klöhn MAR, 2. Aufl. 2023, Art. 10 Rn. 64 f.; *Kumpan/Grütze*, in Schwark/Zimmer KMRK, 5. Aufl. 2020, Art. 10 MAR Rn. 33.

475 *Klöhn*, in Klöhn MAR, 2. Aufl. 2023, Art. 10 Rn. 67; *Kulenkamp/v. Bonin*, in BeckOK WpHR, 13. Edition, Stand 1.6.2023, Art. 10 MAR Rn. 14.3.

unmöglich, sodass die Weitergabe auch nach dem strenger verstandenen „Unerlässlichkeitskriterium" erforderlich ist.[476]

dd) Angemessenheit

Eine Offenlegung ist „angemessen", wenn das konkrete Weitergabeinteresse des Insiders das konkrete Informationseindämmungsinteresse des Markts überwiegt.[477] Das Interesse des Bieters an der Ansprache des potenziellen Mitbieters dient der gemeinsamen Abgabe und Durchführung eines Angebots. Der erwartete Nutzengewinn liegt also in der Ermöglichung der avisierten Übernahmestruktur. Dem gegenüber steht das Informationseindämmungsinteresse, welches umso weitgehender beeinträchtigt ist, je größer das Risiko der Verbreitung der Insiderinformation und damit der Gefahr des Insiderhandels ist. Dabei sind Person und Anzahl der Informationsempfänger der Offenlegung zu berücksichtigen.[478]

Grundsätzlich muss die Ansprache potenzieller Mitbieter möglich sein, um Bietergemeinschaften in der Planungsphase nicht über Gebühr zu beschränken.[479] Jedoch gilt es bei der Anzahl der angesprochenen Mitbieter sich auf das erforderliche Mindestmaß zu beschränken, was jedoch auch im Interesse des Bieters liegen wird.[480] Orientierung kann die Regelung in

---

[476] Für den strengeren Maßstab der Unerlässlichkeit s. *Kumpan/Grütze*, in Schwark/Zimmer KMRK, 5. Aufl. 2020, Art. 10 MAR Rn. 36 ff.; s. dazu kritisch *Klöhn*, in Klöhn MAR, 2. Aufl. 2023, Art. 10 Rn. 73 ff.

[477] *Kulenkamp/v. Bonin*, in BeckOK WpHR, 13. Edition, Stand 1.6.2023, Art. 10 MAR Rn. 14.3; *Klöhn*, in Klöhn MAR, 2. Aufl. 2023, Art. 10 Rn. 81; *Kumpan/Grütze*, in Schwark/Zimmer KMRK, 5. Aufl. 2020, Art. 10 MAR Rn. 41; BaFin Emittentenleitfaden Modul C, Stand 25.3.2020, I.4.4.2.1, S. 63.

[478] Zum Nutzengewinn und Abwägungsmaßstab s. *Kumpan/Grütze*, in Schwark/Zimmer KMRK, 5. Aufl. 2020, Art. 10 MAR Rn. 42 f.

[479] Im Ergebnis auch *Kulenkamp/v. Bonin*, in BeckOK WpHR, 13. Edition, Stand 1.6.2023, Art. 10 MAR Rn. 47; *Kumpan/Grütze*, in Schwark/Zimmer KMRK, 5. Aufl. 2020, Art. 10 MAR Rn. 83; *Assmann*, in Assmann/Schneider/Mülbert WpHR, 8. Aufl. 2023, Art. 10 MAR Rn. 56b; *Brellochs*, in Habersack/Mülbert/Schlitt Hdb Kapitalmarktinformation, 3. Aufl. 2020, § 1 Rn. 205; vgl. auch *Klöhn*, in Klöhn MAR, 2. Aufl. 2023, Art. 10 Rn. 161.

[480] So auch *Kulenkamp/v. Bonin*, in BeckOK WpHR, 13. Edition, Stand 1.6.2023, Art. 10 MAR Rn. 47; *Brellochs*, in Habersack/Mülbert/Schlitt Hdb Kapitalmarktinformation, 3. Aufl. 2020, § 1 Rn. 206; vgl. auch *Meyer*, in Meyer/Veil/Rönnau Hdb Marktmissbrauchsrecht, 2. Aufl. 2023, § 8 Rn. 11.

England bieten, nach der die Weitergabe zwar zulässig, allerdings auf wenige Personen beschränkt ist. Eine Weitergabe von Insiderinformationen ist nach Rule 2.1 UK Takeover Code, 12th ed., 12.9.2016 (UK TC) nur zulässig, wenn die Weitergabe erforderlich ist. Das Angebot muss öffentlich bekannt gemacht werden, wenn Verhandlungen über das Angebot auf mehr als eine beschränkte Anzahl von Personen (6) ausgeweitet werden soll (Rule 2.2 (e) UK TC).

ee) Zwischenergebnis

Die Offenlegung von Insiderinformationen im Rahmen der Ansprache potenzieller Mitbieter ist nicht unrechtmäßig.

c) Ansprache nach Veröffentlichung der Information

Mit Veröffentlichung der § 10 WpÜG-Meldung ist die Information öffentlich bekannt und demzufolge keine Insiderinformation mehr (vgl. Art. 7 Abs. 1 lit. a MAR).[481] Eine Ansprache potenzieller Mitbieter zur Bildung einer nachträglichen Bietergemeinschaft ist demzufolge, hinsichtlich des Verbots unrechtmäßiger Offenlegung von Insiderinformationen, unproblematisch.[482]

3. Zwischenergebnis

Das Vorhaben ein Übernahmeangebot abzugeben, kann eine Insiderinformation sein. Dafür muss die Abgabe des Angebots wahrscheinlicher sein als die Aufgabe des Vorhabens. Auch die Zwischenschritte auf dem Weg zum Entschluss ein Übernahmeangebot abzugeben, können Insiderinformationen sein.

---

481 Zu der Frage wann eine Information öffentlich bekannt ist *Nietsch*, in BeckOK WpHR, 13. Edition, Stand 1.6.2023, Art. 7 MAR Rn. 99 ff.; *Kumpan/Grütze*, in Schwark/Zimmer KMRK, 5. Aufl. 2020, Art. 7 MAR Rn. 92 ff.

482 Eine solche nachträgliche Bietergemeinschaft wurde z.B. bei dem Übernahmeangebot dreier Bietergesellschaften der XXXLutz an die Aktionäre der home24 SE gebildet, Angebotsunterlage der RAS Beteiligungs GmbH und der LSW GmbH und der SGW-Immo-GmbH an die Aktionäre der home24 SE v. 11.11.2022, S. 9 f.; für die Zulässigkeit dieser Konstruktion *Angerer*, in Angerer/Brandi/Süßmann WpÜG, 4. Aufl. 2023, § 2 Rn. 18; *Favoccia*, in Assmann/Pötzsch/Uwe H. Schneider WpÜG, 4. Aufl. 2024, § 2 Rn. 92; *Berrar/Schnorbus*, in Paschos/Fleischer Hdb Übernahmerecht, 1. Aufl. 2017, § 10 WpÜG Rn. 21; *Hippeli*, NZG 2016, 1207 (1208).

Bei der Ansprache potenzieller Mitbieter sind zwei verschiedene Szenarien zu unterscheiden: Ist der potenzielle Mitbieter zwingende Voraussetzung für die Abgabe des Angebots, wird vor dessen Ansprache keine Insiderinformation vorliegen, auch nicht in einem Zwischenschritt des Angebotsprozesses. Ist der potenzielle Mitbieter nicht zwingende Voraussetzung für die Abgabe des Angebots, würde also der Bieter das Angebot notfalls auch allein abgeben, ist zu differenzieren:

Solange noch keine Insiderinformation vorliegt, also jedenfalls bis zum Beginn der Due-diligence-Prüfung oder dem Abschluss von Vorabererwerben oder Irrevocable Undertakings in ausreichendem Umfang ist die Ansprache potenzieller Mitbieter unproblematisch. Bis zum Entfallen der Insiderinformation aufgrund der Veröffentlichung der § 10 WpÜG-Meldung ist die Ansprache potenzieller Mitbieter eine rechtmäßige Offenlegung von Insiderinformationen, da sie der Bereichsausnahme des Art. 10 Abs. 1 MAR unterfällt. Nach Entfallen des Charakters als Insiderinformation ist die Ansprache potenzieller Mitbieter zur Bildung einer nachträglichen Bietergemeinschaft wieder problemlos möglich.

II. Bietervereinbarung

Zwar erfordert die gemeinsame Abgabe eines Angebots als Bietergemeinschaft im Sinne von § 2 Abs. 4 WpÜG keine ausdrückliche Bietervereinbarung,[483] jedoch ist der Abschluss einer solchen Vereinbarung zur rechtssicheren Durchführung dringend zu empfehlen und daher in der Praxis auch verbreitet.[484]

Die Bietervereinbarung sollte das Innenverhältnis der Mitglieder der Bietergemeinschaft regeln. Dies kann sich zunächst nur auf die Durchführung des Übernahmeangebots erstrecken. Wenn die Mitglieder der Bietergemeinschaft eine Aufteilung der zum Verkauf eingereichten Zielgesellschaftsaktien

---

483 S. Teil II D.II.2.a).

484 S. z.B. Angebotsunterlage der RAS Beteiligungs GmbH und der LSW GmbH und der SGW-Immo-GmbH an die Aktionäre der home24 SE v. 11.11.2022, S. 21 f.; Angebotsunterlage der Shareholder Value Beteiligungen AG und der Shareholder Value Management AG an die Aktionäre der INTERSHOP Communications Aktiengesellschaft vom 20.3.2019, S. 21 f.; Angebotsunterlage der Studhalter Investment AG und der Highlight Communications AG an die Aktionäre der Constantin Medien AG v. 18.12.2017, S. 15 ff.

anstreben, sollte dies in der Bietervereinbarung festgelegt werden. Auch die Finanzierung des Angebots und die Aufteilung des Angebotspreises sowie der Transaktionskosten sollte Inhalt der Bietervereinbarung sein. So erfolgt ist dies beispielsweise bei der Übernahme der home24 SE.[485] Darüber hinausgehend könnte die Regelung von Haftungsfragen bei Handlungen, die zu Rechtsverlust gemäß § 59 WpÜG oder der Erfüllung anderer Haftungstatbestände durch ein Mitglied der Bietergemeinschaft führen, spätere Konflikte vorwegnehmen. Auch die Kündigung der Bietergemeinschaft sollte für den Lauf des Angebotsverfahrens so weit wie möglich ausgeschlossen werden.[486] Zwingend erforderlich ist dies jedoch nicht, da die Mitglieder der Bietergemeinschaft ohnehin jeweils Bieter sind und dies auch bleiben würden.[487] Das gemeinsame Angebot würde bei Kündigung der Bietervereinbarung nicht zu mehreren konkurrierenden Angeboten werden, da die Gemeinsamkeit des Angebots in der Angebotsunterlage festgelegt ist.[488]

Streben die Mitglieder der Bietergemeinschaft eine gemeinsame Verwaltung der Zielgesellschaft auch nach Vollzug des Angebots an, sollte sich die Bietervereinbarung auch auf die Integrationsphase erstrecken. Geregelt werden sollte die Ausübung der Stimmrechte und die mindestens grob dargelegte unternehmerische Ausrichtung der Zielgesellschaft.[489] Auch die Regelung geplanter Integrationsmaßnahmen und Mitwirkungspflichten der Mitglieder der Bietergemeinschaft können in der Bietervereinbarung sinnvoll sein.

---

485 Angebotsunterlage der RAS Beteiligungs GmbH und der LSW GmbH und der SGW-Immo-GmbH an die Aktionäre der home24 SE v. 11.11.2022, S. 21 f.

486 Zur Reichweite eines Kündigungsausschlusses bei Investorenvereinbarungen s. *Schütz*, NZG 2023, 1494 (1498).

487 Vgl. *Favoccia*, in Assmann/Pötzsch/Uwe H. Schneider WpÜG, 4. Aufl. 2024, § 2 Rn. 91; *Heinrich/Mock*, in KölnKomm WpÜG, 3. Aufl. 2022, § 2 Rn. 139; *Angerer*, in Angerer/Brandi/Süßmann WpÜG, 4. Aufl. 2023, § 2 Rn. 19; *Baums/Hecker*, in Baums/Thoma/Verse WpÜG, 13. Lieferung 12.2020, § 2 Rn. 110; *Wackerbarth*, in MüKo AktG, 6. Aufl. 2024, § 2 WpÜG Rn. 37; *Beurskens/Oechsler*, in Beurskens/Ehricke/Ekkenga WpÜG, 2. Aufl. 2021, § 2 Rn. 25.

488 S. z.B. die Angebotsunterlage der Technology Center Holding GmbH und der Enapter AG an die Aktionäre der MARNA Beteiligungen AG v. 24.1.2024, S. 6; Angebotsunterlage der RAS Beteiligungs GmbH und der LSW GmbH und der SGW-Immo-GmbH an die Aktionäre der home24 SE v. 11.11.2022, S. 7.

489 Angebotsunterlage der RAS Beteiligungs GmbH und der LSW GmbH und der SGW-Immo-GmbH an die Aktionäre der home24 SE v. 11.11.2022, S. 21 f.

III. Marktkäufe, Paketerwerbe und Irrevocable Undertakings

Potenzielle Bieter eines Übernahmeangebots erhöhen die Erfolgschancen des Angebots mit verschiedenen Gestaltungsinstrumenten. Durch Paketerwerbe, börsliche Vorerwerbe und Irrevocable Undertakings kann die für eine Überschreitung der Kontrollschwelle erforderliche Zahl zu erwerbender Aktien verringert und die durch den Bieter gehaltene Zahl an Zielgesellschaftsaktien erhöht werden.[490] Wird das Angebot gemeinsam durch eine Bietergemeinschaft im Sinne von § 2 Abs. 4 WpÜG abgegeben, können sich Abweichungen von den regulären Praxisfällen ergeben.

1. Marktkäufe und Paketerwerbe

Paketerwerbe sind im Vorfeld der Übernahme abgeschlossene Verträge eines potenziellen Bieters mit Großaktionären der Zielgesellschaft über den Verkauf der Zielgesellschaftsaktien an den potenziellen Bieter.[491] Soll das potenzielle Angebot gemeinsam durch mehrere Bieter als Bietergemeinschaft abgegeben werden, ergeben sich mehrere Besonderheiten bezüglich zweier Themenkreise: Zunächst stellt sich die Frage, wie der Paketerwerb ausgestaltet wird. Ferner sind auch hier insiderrechtliche Aspekte zu berücksichtigen.

a) Insiderrechtliche Überlegungen

Gemäß Art. 14 lit. a i.V.m. Art. 8 Abs. 1 MAR ist das Tätigen von Insidergeschäften verboten. Verbotene Insidergeschäfte sind das Erwerben oder Veräußern von Finanzinstrumenten durch eine Person, die über Insiderinformationen verfügt, die sich auf die zu erwerbenden Finanzinstrumente bezieht.[492] Erwirbt nun ein potenzieller Bieter Aktien der Zielgesellschaft in

---

490 *Leyendecker-Langner/Läufer*, NZG 2014, 161; *Liebscher*, ZIP 2001, 853 (855); *Cascante/Topf*, AG 2009, 53; *Meyer/Kiesewetter*, WM 2009, 340; *Misterek*, Beiträge zum Transnationalen Wirtschaftsrecht, Heft 152, 2018, S. 22; vgl. *Johannsen-Roth/Illert*, ZIP 2006, 2157; zu irrevocable undertakings *v. Riegen*, ZHR 167 (2003), 702 (706).

491 Vgl. *v. Riegen*, ZHR 167 (2003), 702 (717); *Leyendecker-Langner/Läufer*, NZG 2014, 161 (162); *Deilmann*, NZG 2007, 721.

492 *Hopt/Kumpan*, ZGR 2017, 765 (777); zum Begriff der Insiderinformation s. *Nietsch*, in BeckOK WpHR, 13. Edition, Stand 1.6.2023, Art. 7 MAR Rn. 38 ff.; *Assmann*, in Assmann/Schneider/Mülbert WpHR, 8. Aufl. 2023, Art. 7 MAR Rn. 5 ff.; *Kumpan/Misterek*, in Schwark/Zimmer KMRK, 5. Aufl. 2020, Rn. 19 ff.

dem Wissen, ein Übernahmeangebot abzugeben, könnte dies ein Verstoß gegen das Insiderhandelsverbot sein.[493]

Gemäß Art. 8 Abs. 1 S. 1 MAR erfordert der Verstoß gegen das Insiderhandelsverbot, dass der Insider die Insiderinformation nutzt. Eine solche Nutzung liegt gemäß Art. 9 Abs. 5 MAR nicht vor, wenn der künftige Bieter einen eigenen Erwerbsentschluss umsetzt.[494] Die Vorschrift bezieht sich jedoch nur auf das Übernahmeangebot des Bieters selbst. Berichtet der Bieter einem Dritten von seiner festen Absicht, ein Übernahmeangebot abzugeben, wird dies für den Dritten in aller Regel eine Insiderinformation darstellen.[495]

Ebenso wie es für den Bieter insiderrechtlich legal ist, Stakebuilding zu betreiben, wenn der Bieter dabei seinen Erwerbsplan ausführt,[496] sollte dies auch für Mitbieter gelten. Soweit sich die Erwerbe der Mitbieter im Rahmen des gemeinsamen Erwerbsplans halten, muss dies insiderrechtlich unproblematisch sein.[497]

Bildet sich die Bietergemeinschaft erst nach der Fassung des Erwerbsplans eines Ausgangsbieters, sollte dieser auch als von den später hinzugekommenen Mitgliedern der Bietergemeinschaft gefasst gelten. Zumindest durch eine Änderung des Erwerbsplans muss dies möglich sein. Jedoch fehlt hierzu gesicherte Rechtsprechung, sodass höchst vorsorglich die Vorerwerbe lediglich durch den Ausgangsbieter erfolgen sollten.

---

493 *Kumpan/Schmidt*, in Schwark/Zimmer KMRK, 5. Aufl. 2020, Art. 9 Rn. 83; vgl. *Klöhn*, in Klöhn MAR, 2. Aufl. 2023, Art. 9 Rn. 129; *Veil*, in Meyer/Veil/Rönnau Hdb Marktmissbrauchsrecht, 2. Aufl. 2023, § 7 Rn. 81; bereits das Vorliegen einer Insiderinformation ablehnend *Nietsch*, in BeckOK WpHR, 13. Edition, Stand 1.6.2023, Art. 9 MAR Rn. 79.

494 *Hopt/Kumpan*, ZGR 2017, 765 (777); s. auch *Kumpan/Schmidt*, in Schwark/Zimmer KMRK, 5. Aufl. 2020, Art. 9 Rn. 83; *Assmann*, in Assmann/Schneider/Mülbert WpHR, 8. Aufl. 2023, Art. 9 MAR Rn. 23.

495 *Kumpan/Schmidt*, in Schwark/Zimmer KMRK, 5. Aufl. 2020, Art. 9 Rn. 85; *Assmann*, in Assmann/Schneider/Mülbert WpHR, 8. Aufl. 2023, Art. 9 MAR Rn. 23; *Hopt/Kumpan*, ZGR 2017, 765 (787).

496 *Hopt/Kumpan*, ZGR 2017, 765 (791); zur alten Rechtslage *Cascante/Topf*, AG 2009, 53 (54 ff.).

497 *Hopt/Kumpan*, ZGR 2017, 765 (789, 791 f.); i.E. auch *Klöhn*, in Klöhn MAR, 2. Aufl. 2023, Art. 9 Rn. 134.

b) Ausgestaltung des Paketerwerbs

Wie in Teil III C.III.1.a) herausgearbeitet, ist die Aufstellung eines gemeinsamen Erwerbsplans schon insiderrechtlich erforderlich. Auch abseits insiderrechtlicher Gründe kann ein Erwerbsplan erforderlich sein, um die Vorerwerbe der Bietergemeinschaft zu koordinieren. Der Umstand, dass mehrere Bieter Vorerwerbe tätigen können, sollte in mehrfacher Hinsicht Berücksichtigung finden.

Ausgehend von den angestrebten Beteiligungsverhältnissen nach Vollzug der Übernahme sollte bei der Aufstellung des gemeinsamen Erwerbsplans festgelegt werden, welche Bieter in welchem Umfang Vorerwerbe tätigen. So kann ein späteres „Umhängen" der Zielgesellschaftsaktien vermieden werden. Wenn beispielsweise, wie bei der Übernahme der ALNO Aktiengesellschaft, ein Bieter nur maximal 49,5% der Anteile an der Zielgesellschaftsaktien erwerben soll,[498] muss dies bereits bei Aufstellung des Erwerbsplans berücksichtigt werden.

Auch im Hinblick auf eine etwaige Zurechnung gemäß § 30 Abs. 2 WpÜG gilt es, den Erwerbsplan sorgfältig aufzustellen. Soweit es infolge von Vereinbarungen zwischen den Bietern zur Annahme eines „acting in concerts" kommt, gilt es Meldeschwellen der §§ 33 ff. WpHG und erst Recht die Erlangung von Kontrolle gemäß § 29 Abs. 2 WpÜG zu vermeiden. Wird die Bietergemeinschaft jedoch derart strukturiert, dass keine Zurechnung nach § 30 Abs. 2 WpÜG oder § 34 WpHG erfolgt, ermöglicht dies den Bietern unerkannt – jeweils bis zu den wertpapierhandelsrechtlichen Meldeschwellen des WpHG – Aktien der Zielgesellschaft zu erwerben und eine entsprechend größere Beteiligung aufzubauen.

2. Irrevocable Undertakings

Irrevocable Undertakings sind Zusagen, durch die sich Aktionäre der Zielgesellschaft gegenüber dem Bieter im Vorfeld eines öffentlichen Angebots zu dessen Annahme verpflichten.[499]

---

[498] Die Tahoe Investors GmbH sollte maximal 49,5% der Stimmrechte an der Zielgesellschaft erwerben, s. Angebotsunterlage der Tahoe Investors GmbH und der Brillant 1953. GmbH an die Aktionäre der ALNO Aktiengesellschaft v. 16.11.2016, S. 14.

[499] *Seibt*, in BeckOK WpHR, 13. Edition Stand 1.10.2023, Art. 11 MAR Rn. 84; *Seibt*, in BeckFormB M&A, 4. Aufl. 2025, E.I. Anm. 1; vgl. auch *Seibt/Wollenschläger*, AG

Indem der Bieter Irrevocable Undertakings einholt, kann er die Erfolgschancen seines Angebots deutlich erhöhen. Hat der Bieter etwa bereits 50% des Grundkapitals und der Stimmrechte der Zielgesellschaft mittels Irrevocable Undertakings „abgesichert", kann der Bieter mit Vollzug des Angebots mit der Mehrheit der Stimmrechte rechnen. Auch kommt dem Abschluss der Irrevocable Undertakings eine positive Signalwirkung am Kapitalmarkt zu. Die Zustimmung bedeutender Aktionäre der Zielgesellschaft hat schließlich große Indizwirkung.[500]

Vor diesem Hintergrund verwundert es nicht, dass in zahlreichen Übernahmeverfahren Irrevocable Undertakings abgeschlossen wurden.[501] Auch bei durch Bietergemeinschaften abgegebenen öffentlichen Angeboten, werden Irrevocable Undertakings häufig abgeschlossen.[502]

Bei Irrevocable Undertakings, die im Vorfeld eines durch eine Bietergemeinschaft gemeinsam abgegebenen Übernahmeangebots abgeschlossen werden, ergeben sich einige Besonderheiten. Diese beziehen sich im Wesentlichen nicht auf die inhaltliche Ausgestaltung des Irrevocable Undertakings.[503] Vielmehr ist von Bedeutung, wer Vertragspartner des Zielgesellschaftsaktionärs werden muss. Hierfür ist relevant, wie Irrevocable Undertakings zivilrechtlich einzuordnen sind.

2014, 593 (598); *v. Riegen*, ZHR 167 (2003), 702 (703); *Leyendecker-Langner/Läufer*, NZG 2014, 161 (163); *Meyer/Kiesewetter*, WM 2009, 340; *Johannsen-Roth/Illert*, ZIP 2006, 2157 (2158).

500 *Seibt*, in BeckFormb M&A, 4. Aufl. 2025, E.I. Anm. 1; *v. Riegen*, ZHR 167 (2003), 702 (706); vgl. auch *Meyer/Kiesewetter*, WM 2009, 340.

501 Vgl. *Seibt*, in BeckFormb M&A, 4. Aufl. 2025, E.I. Anm. 1 mit zahlreichen Praxisbeispielen; so hat z.B. in der jüngeren Vergangenheit die Fujitsu ND Solutions AG unwiderrufliche Annahmeerklärungen in Bezug auf insgesamt 40,65% des Grundkapitals und der Stimmrechte an der GK Software SE geschlossen; s. Angebotsunterlage der Fujitsu ND Solutions AG an die Aktionäre der GK Software SE v. 23.3.2023, S. 13 f.

502 Z.B. hat eine der drei Bieterinnen des Übernahmeangebots an die Aktionäre der home24 SE unwiderrufliche Annahmeerklärungen in Bezug auf insgesamt 45,3% des Grundkapitals und der Stimmrechte an der home24 SE geschlossen; s. Angebotsunterlage der RAS Beteiligungs GmbH und der LSW GmbH und der SGW-Immo-GmbH an die Aktionäre der home24 SE v. 11.11.2022, S. 29.

503 S. *Seibt*, in BeckFormb M&A, 4. Aufl. 2025, E.I zu dem Inhalt einer unwiderruflichen Annahmeerklärung.

In der Regel sind Irrevocable Undertakings als einseitig verpflichtender Vorverträge ausgestaltet, die die Verpflichtung des Aktionärs zum Abschluss eines Kauf- und Übertragungsvertrags der Zielgesellschaftsaktien auf den Bieter begründen.[504] Der Kaufvertrag über die Zielgesellschaftsaktien selbst kommt erst mit Annahme des Übernahmeangebots durch den Aktionär zustande.[505]

Schließt nur ein Mitglied der Bietergemeinschaft den Vorvertrag mit dem Aktionär und verpflichtet sich jener zur Einlieferung seiner Aktien *in das Übernahmeangebot*, ist hiervon, auch wenn dies nicht ausdrücklich festgelegt ist, ein Angebot der Bietergemeinschaft erfasst. Schließlich beinhaltet das Irrevocable Undertaking nur die Verpflichtung, ein Angebot des Vertragspartners anzunehmen.[506]

Allerdings hat nur das vertragsschließende Mitglied der Bietergemeinschaft einen Anspruch auf Einlieferung der Aktien in das Angebot gegen den Aktionär. Zwar verpflichtet sich der Aktionär in aller Regel zur Einlieferung der Aktien *in das Übernahmeangebot*,[507] jedoch haben die übrigen Mitglieder der Bietergemeinschaft aufgrund der Relativität der Schuldverhältnisse keinen Anspruch gegen den Aktionär, da sie nicht Vertragspartei sind.[508] Hierfür spricht auch, dass es durchaus im Interesse des Aktionärs liegen kann, nur an den vertragsschließenden Bieter zu leisten. Insbesondere, wenn dem Aktionär im Zeitpunkt des Vertragsschlusses nicht bekannt war, dass das Angebot von einer Bietergemeinschaft abgegeben wird. Scheidet der vertragsschließende Bieter aus dem Angebot beispielsweise aufgrund von Insolvenz aus, können die restlichen Mitglieder der Bietergemeinschaft nicht die Einlieferung der Aktien in das Übernahmeangebot verlangen.

Keine Besonderheiten ergeben sich hingegen, wenn alle Mitglieder der Bietergemeinschaft Vertragspartner des Aktionärs werden. Folglich sollte der Rechtssicherheit wegen jedes Mitglied der Bietergemeinschaft Vertragspartner

---

504 *Seibt*, in BeckFormb M&A, 4. Aufl. 2025, E.I. Anm. 1; vgl. *v. Riegen*, ZHR 167 (2003), 702 (711); vgl. auch *Meyer/Kiesewetter*, WM 2009, 340 (345); *Deilmann*, NZG 2007, 721 (722).

505 *v. Riegen*, ZHR 167 (2003), 702 (722).

506 Vgl. *v. Riegen*, ZHR 167 (2003), 702 (715).

507 Vgl. *Seibt*, in BeckFormb M&A, 4. Aufl. 2025, E.I. Anm. 8.

508 Vgl. zur Relativität der Schuldverhältnisse *Mansel*, in Jauernig BGB, 19. Aufl. 2023, § 241 Rn. 4; *Looschelders/Makowsky*, JA 2012, 721 ff.

der Irrevocable Undertakings werden. Im Falle einer nachträglichen Bietergemeinschaft sollten die hinzugetretenen Bieter den bereits abgeschlossenen Irrevocable Undertakings beitreten.

IV. Qualifizierte Nichtandienungsvereinbarungen

Sollen Aktionäre ihre Aktien nicht in das Angebot einliefern, sondern in der Zielgesellschaft verbleiben, werden häufig qualifizierte Nichtandienungsvereinbarungen (sogenannte Non-Tender-Agreements) zwischen Bieter und dem Aktionär der Zielgesellschaft geschlossen. So erfolgt ist dies zum Beispiel bei dem Übernahmeangebot einer Bietergesellschaft der Rederei MSC an die Aktionäre der Hamburger Hafen und Logistik Aktiengesellschaft, in dem die Stadt Hamburg ihre Beteiligung an der Zielgesellschaft beibehalten hat.[509] Qualifizierte Nichtandienungsvereinbarungen sind bindende Erklärungen von Aktionären der Zielgesellschaft, das Angebot nicht anzunehmen, verbunden mit einer Depotsperrvereinbarung mit der die Aktien verwahrenden Depotbank und einer Vertragsstrafe für den Fall der vertragswidrigen Annahme.[510] Ein Vorteil der qualifizierten Nichtandienungsvereinbarung ist, dass die erfassten Aktien nicht von der Finanzierungsbestätigung im Sinne von § 13 WpÜG umfasst sein müssen.[511] Bei den durch Bietergemeinschaften

---

[509] Angebotsunterlage der Port of Hamburg Beteiligungsgesellschaft SE an die Aktionäre der Hamburger Hafen und Logistik Aktiengesellschaft v. 23.10.2023, S. 50 f.; vgl. außerdem aus jüngerer Zeit z.B. Angebotsunterlage der Fahrenheit AcquiCo GmbH an die Aktionäre der va-Q-tec AG v. 16.1.2023, S. 64 f.; Angebotsunterlage der Orchid Lux HoldCo S.à r.l. an die Aktionäre der OHB SE v. 15.9.2023, S. 63 f.

[510] *Süßmann/Brandi*, in Angerer/Brandi/Süßmann WpÜG, 4. Aufl. 2023, § 13 Rn. 20; *Möllers*, in KölnKomm WpÜG, 3. Aufl. 2022, § 13 Rn. 77; *Krause*, in Assmann/Pötzsch/Uwe H. Schneider WpÜG, 4. Aufl. 2024, § 13 Rn. 79a; *Wackerbarth*, in MüKo AktG, 5. Aufl. 2021, § 13 WpÜG Rn. 11; *Berrar/Schnorbus*, in Paschos/Fleischer Hdb Übernahmerecht, 1. Aufl. 2017, § 10 Rn. 28; *Mayer-Uellner*, AG 2012, 399 (405 f.); *Gei/Kiesewetter*, AG 2012, 741 (746); vgl. auch *Kiesewetter/Frehse*, AG 2023, 230 (235).

[511] *Seibt*, CFL 2011, 213 (230); *Gei/Kiesewetter*, AG 2012, 741 (746); vgl. *Krause*, in Assmann/Pötzsch/Uwe H. Schneider WpÜG, 4. Aufl. 2024, § 13 Rn. 79a; *Berrar/Schnorbus*, in Paschos/Fleischer Hdb Übernahmerecht, 1. Aufl. 2017, § 10 Rn. 26; *Mayer-Uellner*, AG 2012, 399 (405).

gemeinsam abgegebenen Angeboten wurden in über 40% der Fälle qualifizierte Nichtandienungsvereinbarungen geschlossen.[512]

Fraglich ist, ob auch die qualifizierte Nichtandienungsvereinbarungen von allen Mitgliedern der Bietergemeinschaft geschlossen werden müssen oder ob der Vertragsschluss durch einen Bieter genügt. Die Depotsperrvereinbarung würde das Einliefern der Aktien in das Angebot auch bei Unterzeichnung nur durch einen Bieter verhindern, da die Verpflichtung des Aktionärs, ohne die Zustimmung des Bieters und der ausstellenden Bank keine Zielgesellschaftsaktien zu übertragen, Inhalt der Depotsperrvereinbarung ist.[513] Allerdings wäre auch nur der vertragsschließende Bieter berechtigt die Vertragsstrafe geltend zu machen. Zur Herstellung größtmöglicher Rechtssicherheit empfiehlt es sich also, dass sämtliche Mitglieder der Bietergemeinschaft die qualifizierte Nichtandienungserklärung abschließen. Der Abschluss durch alle Mitglieder der Bietergemeinschaft erfolgt auch in der überwiegenden Anzahl der Praxisfälle.[514]

---

512 Angebotsunterlage der MedNation AG und der CHAPTERS Group AG und des Dirk Isenberg und des Mathias Niedermeier und des Peter Potocnik an die Aktionäre der MedNation AG v. 29.11.2024, S. 12; Angebotsunterlage der Technology Center Holding GmbH und der Enapter AG an die Aktionäre der MARNA Beteiligungen AG v. 24.1.2024, S. 57 f.; Angebotsunterlage des Ingmarus Johannes Maria Snijders und der Voltaire Finance B.V. an die Aktionäre der Wild Bunch AG v. 13.1.2022, S. 38; Angebotsunterlage der Shareholder Value Beteiligungen AG und der Share Value Stiftung an die Aktionäre der SMT Scharf AG v. 2.2.2021, S. 48 ff.; Angebotsunterlage der VICUS Group AG und Michael Klemmer, Gabriel Schütze und Reiner Eenhuis an die Aktionäre der Travel24.com AG v. 25.11.2020, S. 43 f.; Angebotsunterlage der Studhalter Investment AG und der Highlight Communications AG an die Aktionäre der Constantin Medien AG v. 18.12.2017, S. 38; Angebotsunterlage des Herrn David L. Deck und des Herrn Gilbert Schöni an die Aktionäre der German Brokers AG v. 6.2.2013, S. 28 f.

513 *Gei/Kiesewetter*, AG 2012, 741 (746).

514 Angebotsunterlage des Ingmarus Johannes Maria Snijders und der Voltaire Finance B.V. an die Aktionäre der Wild Bunch AG v. 13.1.2022, S. 38; Angebotsunterlage der Shareholder Value Beteiligungen AG und der Share Value Stiftung an die Aktionäre der SMT Scharf AG v. 2.2.2021, S. 48 ff.; Angebotsunterlage der Studhalter Investment AG und der Highlight Communications AG an die Aktionäre der Constantin Medien AG v. 18.12.2017, S. 38; Angebotsunterlage des Herrn David L. Deck und des Herrn Gilbert Schöni an die Aktionäre der German Brokers AG v. 6.2.2013, S. 28 f.

Verpflichtend ist der Abschluss der qualifizierten Nichtandienungsvereinbarungen durch alle Mitglieder der Bietergemeinschaft jedoch nicht. Auch den Anforderungen der BaFin genügt der Abschluss durch nur ein Mitglied der Bietergemeinschaft. So wurden sowohl bei dem Angebot an die Aktionäre der MARNA Beteiligungen AG als auch bei dem Angebot an die Aktionäre der Travel24.com AG die qualifizierten Nichtandienungsvereinbarungen nur durch ein Mitglied der Bietergemeinschaft geschlossen.[515]

V. Investorenvereinbarung oder Zusammenschlussvereinbarung

Investoren- und Zusammenschlussvereinbarungen (auch Investmentagreements und Business-Combination-Agreements) haben große praktische Bedeutung.[516] Bei Zusammenschluss- oder Investorenvereinbarungen handelt es sich um rechtsverbindliche Vereinbarungen zwischen einem oder mehreren potenziellen Bietern und der Zielgesellschaft im Zusammenhang mit der potenziellen Übernahme.[517] Inhalt der Vereinbarung sind typischerweise die wirtschaftlichen Kernparameter des Angebots, die Verpflichtung zur Unterstützung des Angebots durch das Management der Zielgesellschaft, die weiterführende Geschäftsstrategie, die zukünftige Unternehmensführung sowie weitere Eckpunkte der Transaktion und der weiteren Zusammenarbeit.[518]

---

515 Angebotsunterlage der Technology Center Holding GmbH und der Enapter AG an die Aktionäre der MARNA Beteiligungen AG v. 24.1.2024, S. 57 f.; Angebotsunterlage der VICUS Group AG und Michael Klemmer, Gabriel Schütze und Reiner Eenhuis an die Aktionäre der Travel24.com AG v. 25.11.2020, S. 43 f.

516 *Seibt*, in Kämmerer/Veil Übernahme- und Kapitalmarktrecht in der Reformdiskussion, 2013, S. 105 (107, 110 ff.); vgl. auch *Wiegand*, Investorenvereinbarungen und Business Combination Agreements bei Aktiengesellschaften, 2017, S. 3 f.

517 S. auch die differenzierten Definitionen bei *Seibt*, in Kämmerer/Veil Übernahme- und Kapitalmarktrecht in der Reformdiskussion, 2013, S. 105 (108 f.); zur Investorenvereinbarung *Seibt*, in BeckFormb M&A, 4. Aufl. 2025, E.II.1. Anm. 1; *Kiem*, AG 2009, 301; vgl. auch *Schall*, in Kämmerer/Veil Übernahme- und Kapitalmarktrecht in der Reformdiskussion, 2013, S. 75; *Wiegand*, Investorenvereinbarungen und Business Combination Agreements bei Aktiengesellschaften, 2017, S. 2, 9 ff.

518 Ausführlich *Seibt*, in BeckFormb M&A, 4. Aufl. 2025, E.II.2. Anm. 4 ff.; vgl. auch *Oppenhoff*, in Paschos/Fleischer Hdb Übernahmerecht, 1. Aufl. 2017, § 9 Rn. 1; *Kiem*, AG 2009, 301 (302 ff.); zur rechtlichen Zulässigkeit typischer Regelungsinhalte s. *Seibt*, in Kämmerer/Veil Übernahme- und Kapitalmarktrecht in der Reformdiskussion, 2013, S. 105 (125 ff.); *Schall*, in Kämmerer/Veil Übernahme- und Kapitalmarktrecht in der Reformdiskussion, S. 75 (94 ff.).

Bei der Bietergemeinschaft ist darauf zu achten, wer die Zusammenschluss- oder Investorenvereinbarung abschließt. Wird nur ein Mitglied der Bietergemeinschaft hinsichtlich der Zusammenschluss- oder Investorenvereinbarung Vertragspartner der Zielgesellschaft, birgt dies Umgehungsrisiken. Dies ist angesichts der ohnehin eingeschränkten Durchsetzbarkeit von Zusammenschluss- oder Investorenvereinbarungen[519] misslich. Die übrigen Mitglieder der Bietergemeinschaft wären nicht an die Vereinbarung gebunden und könnten dementsprechend entgegen den Interessen der Zielgesellschaft von den vereinbarten Inhalten abweichen. Daher empfiehlt es sich, ähnlich wie die Gesellschafter von Zweckgesellschaften,[520] auch die übrigen Mitglieder der Bietergemeinschaften zu Vertragspartnern der Zusammenschluss- oder Investorenvereinbarung zu machen. Ist dies aufgrund einer erst nach Abschluss der Zusammenschluss- oder Investorenvereinbarung gebildeten Bietergemeinschaft nicht möglich, sollten die hinzugekommen Mitglieder der Bietergemeinschaft der Vereinbarung beitreten. So erfolgt ist dies bei dem Übernahmeangebot an die Aktionäre der home24 SE.[521]

D. Besonderheiten bei der Verfahrensphase I

I. § 10 WpÜG-Meldung

Mit der Veröffentlichung der Entscheidung zur Abgabe eines Angebots gemäß § 10 Abs. 1 Satz 1 und Abs. 3 WpÜG oder der Veröffentlichung der Mitteilung der Kontrollerlangung über die Zielgesellschaft gemäß §§ 10, 35 WpÜG beginnt das öffentliche Übernahmeverfahren.[522] Bei der Bietergemeinschaft erfolgt die Verfahrenseröffnung durch mehrere Personen, sodass sich

---

519 Zur eingeschränkten Durchsetzbarkeit *Kiem*, AG 2009, 301 (312); vgl. i.E. auch *Wiegand*, Investorenvereinbarungen und Business Combination Agreements bei Aktiengesellschaften, 2017, S. 293; zur Absicherung über Garantoren und Monitore *Seibt/Kulenkamp*, AG 2021, 1 ff.

520 *Seibt*, in Kämmerer/Veil Übernahme- und Kapitalmarktrecht in der Reformdiskussion, 2013 S. 105 (120); s. die Regelung in dem Muster einer Investorenvereinbarung von *Seibt*, in BeckFormb M&A, 4. Aufl. 2025, E.II.2; vgl. auch *Oppenhoff*, in Paschos/Fleischer Hdb Übernahmerecht, 1. Aufl. 2017, § 9 Rn. 18.

521 Vgl. Angebotsunterlage der RAS Beteiligungs GmbH und der LSW GmbH und der SGW-Immo-GmbH an die Aktionäre der home24 SE v. 11.11.2022, S. 40 f.

522 *Süßmann*, in Assmann/Schütze/Buck-Heeb Hdb Kapitalanlagerecht, 6. Aufl. 2024, § 15 Rn. 3.

Besonderheiten hinsichtlich des Veröffentlichungszeitpunkts und der Anzahl der Veröffentlichungen ergeben.

1. Regelungsrahmen

Gemäß § 10 Abs. 1 Satz 1 WpÜG hat der Bieter seine Entscheidung zur Abgabe eines Angebots unverzüglich gemäß § 10 Abs. 3 S. 1 WpÜG zu veröffentlichen. Die Bestimmung des Zeitpunkts der Verfahrenseröffnung steht demnach nicht im freien Ermessen des Bieters.[523] Vielmehr liegt dem Gesetz der Grundsatz einer möglichst frühzeitigen Veröffentlichung zugrunde. Die wesentlichen Eckdaten des Angebots müssen jedoch geklärt sein.[524] Dabei ist die Entscheidung zur Abgabe eines Angebots gefallen, wenn über das „Ob" der Abgabe eines Angebots abschließend entschieden ist, und es aus Sicht des Bieters keinerlei Zweifel gibt, dass es zur Abgabe des Angebots kommen wird.[525]

Zweck der unverzüglichen Veröffentlichung ist es die Öffentlichkeit frühzeitig zu informieren, um Insiderhandel vorzubeugen. Der § 10 WpÜG dient der Transparenz und Funktionsfähigkeit der Kapitalmärkte.[526]

2. Besonderheiten bei der Bietergemeinschaft

Bei der Bietergemeinschaft stellt sich im Hinblick auf die Verfahrenseröffnung die Frage, zu welchem Zeitpunkt die Veröffentlichung gemäß § 10 Abs. 1 Satz 1 und Abs. 3 WpÜG erfolgen muss und durch wen.

a) Zeitpunkt der Veröffentlichung

Grundsätzlich hat ein Bieter die Entscheidung zur Abgabe eines Angebots unverzüglich gemäß § 10 Abs. 3 S. 1 WpÜG zu veröffentlichen. Auch bei einer

---

523 *Thoma*, in Baums/Thoma/Verse WpÜG, 14. Lieferung 9.2023, § 10 Rn. 6; *Liebscher*, ZIP 2001, 853 (859).

524 *Beurskens/Oechsler*, in Beurskens/Ehricke/Ekkenga WpÜG, 2. Aufl. 2021, § 10 Rn. 7.

525 Statt vieler *Thoma*, in Baums/Thoma/Verse WpÜG, 14. Lieferung 9.2023, § 10 Rn. 19; aA *Stöcker*, NZG 2003, 993 (995) der vertritt, dass die Entscheidung zur Abgabe des Angebots auch dann gefallen ist, wenn zwar die Abgabe des Angebots noch von Umständen abhängt, diese aber nicht ausschließlich von dem Bieter selbst herbeigeführt werden können.

526 *Thoma*, in Baums/Thoma/Verse WpÜG, 14. Lieferung 9.2023, § 10 Rn. 7; *Beurskens/Oechsler*, in Beurskens/Ehricke/Ekkenga WpÜG, 2. Aufl. 2021, § 10 Rn. 2a.

Bietergemeinschaft ist für jeden Bieter individuell zu ermitteln, wann der Bieter die Entscheidung zur Abgabe des Angebots getroffen hat.[527] Jeder Bieter bleibt also trotz seiner potenziellen Mitgliedschaft in einer Bietergemeinschaft selbst entscheidungsberechtigt.[528] Jedoch führt die Entscheidung eines potenziellen Bieters nicht zu einer Zurechnung zu den anderen potenziellen Bietern gemäß § 2 Abs. 5 S. 1 WpÜG.[529] In der Regel wird jedes Mitglied der Bietergemeinschaft seine Entscheidung zur Abgabe eines Angebots von der Mitwirkung der anderen Mitglieder abhängig machen, sodass die Entscheidung zur Abgabe des Angebots erst gefallen ist, wenn sämtliche Mitglieder der Bietergemeinschaft die Entscheidung getroffen haben.[530]

b) Exkurs: Zulässigkeit der nachträglichen Bietergemeinschaft

Die Mitglieder der Bietergemeinschaft machen ihre Entscheidung zur Abgabe eines Angebots nur dann von der Mitwirkung der anderen Mitglieder abhängig, wenn die Bietergemeinschaft von Beginn an geplant war. Durchaus praxisrelevant ist jedoch der Fall, dass die Bietergemeinschaft nicht von Beginn an geplant war. In diesem Fall veröffentlicht der ursprüngliche Bieter seine Entscheidung zur Abgabe eines öffentlichen Angebots gemäß § 10 WpÜG unabhängig von potenziellen Mitbietern. Erst im Anschluss an die Veröffentlichung der § 10 WpÜG-Meldung und vor Veröffentlichung der Angebotsunterlage schließen sich weitere Bieter dem Angebot an. Praxisbeispiele der nachträglichen Bietergemeinschaft aus jüngerer Zeit sind das

---

527 *Drinkuth*, in Marsch-Barner/Schäfer Hdb börsennotierte AG, 5. Aufl. 2022, § 62 Rn. 62.62; *Wackerbarth*, in MüKo AktG, 5. Aufl 2021, § 10 WpÜG Rn. 20.

528 *Beurskens/Oechsler*, in Beurskens/Ehricke/Ekkenga WpÜG, 2. Aufl. 2021, § 10 Rn. 15.

529 *Hirte/Heinrich*, in KölnKomm WpÜG, 3. Aufl. 2022, § 10 Rn. 45; *Santelmann/Steinhardt*, in Steinmeyer WpÜG, 4. Aufl. 2019, § 10 Rn. 15.

530 *Hirte/Heinrich*, in KölnKomm WpÜG, 3. Aufl. 2022, § 10 Rn. 45; *Drinkuth*, in Marsch-Barner/Schäfer Hdb börsennotierte AG, 5. Aufl. 2022, § 62 Rn. 62.62; *Beurskens/Oechsler*, in Beurskens/Ehricke/Ekkenga WpÜG, 2. Aufl. 2021, § 10 Rn. 15; *Wackerbarth*, in MüKo AktG, 5. Aufl 2021, § 10 WpÜG Rn. 20; *Assmann*, in Assmann/Pötzsch/Uwe H. Schneider WpÜG, 4. Aufl. 2024, § 10 Rn. 29; *Santelmann/Steinhardt*, in Steinmeyer WpÜG, 4. Aufl. 2019, § 10 Rn. 15; vgl. auch *Noack/Holzborn*, in Schwark/Zimmer KMRK, 5. Aufl. 2020, § 10 WpÜG Rn. 9.

- Pflichtangebot der Technology Center Holding GmbH und der Enapter AG an die Aktionäre der MARNA Beteiligungen AG vom 24. Januar 2024; und das
- Übernahmeangebot der RAS Beteiligungs GmbH und der LSW GmbH und der SGW-Immo-GmbH an die Aktionäre der home24 SE vom 11. November 2022; und das
- Übernahmeangebot der Tahoe Investors GmbH und der Brillant 1953. GmbH an die Aktionäre der ALNO Aktiengesellschaft vom 16. November 2016.

Der Wortlaut des § 2 Abs. 4 WpÜG steht der nachträglichen Bietergemeinschaft nicht entgegen, sodass diese grundsätzlich zulässig ist.[531] Schließlich wird dem Bieter nur eine weitere Person an die Seite gestellt, was für die Zielgesellschaftsaktionäre von Vorteil ist. Es kommt gerade nicht zu einem unzulässigen nachträglichen Bieterwechsel.[532] Die Bildung einer nachträglichen Bietergemeinschaft kann jedoch nur bis zu der Veröffentlichung der Angebotsunterlage gemäß § 14 Abs. 2 WpÜG erfolgen. Nach Veröffentlichung der Angebotsunterlage richtet sich die Frage, ob ein weiterer Bieter dem Angebot hinzutreten kann nach § 21 WpÜG, worin die zulässigen Änderungen eines öffentlichen Angebots geregelt sind.[533]

c) Veröffentlichungspflichtiger

Nach der Formulierung in der Regierungsbegründung hat jeder Beteiligte an der Bietergemeinschaft die den Bieter treffenden Verpflichtungen nach dem WpÜG zu erfüllen. Grundsätzlich hat demnach jedes Mitglied der Bietergemeinschaft seine Entscheidung zur Abgabe eines Angebots zu

---

[531] I.E. auch *Hippeli*, NZG 2016, 1207 (1208); *Assmann*, in Assmann/Pötzsch/Uwe H. Schneider WpÜG, 4. Aufl. 2024, § 10 Rn. 55; *Angerer*, in Angerer/Brandi/Süßmann WpÜG, 4. Aufl. 2023, § 2 Rn. 18; *Favoccia*, in Assmann/Pötzsch/Uwe H. Schneider WpÜG, 4. Aufl. 2024, § 2 Rn. 92; *Berrar/Schnorbus*, in Paschos/Fleischer Hdb Übernahmerecht, 1. Aufl. 2017, § 10 WpÜG Rn. 21.

[532] Vgl. dazu *Müller-Michaels*, in Hölters Hdb Unternehmenskauf, 10. Aufl. 2022, Kap. 12 S. 1121 Rn. 12.75; *Assmann*, in Assmann/Pötzsch/Uwe H. Schneider WpÜG, 4. Aufl. 2024, § 10 Rn. 55; *Hippeli*, NZG 2016, 1207 (1208).

[533] Zu der Frage, ob Dritte dem Angebot auch nach Veröffentlichung der Angebotsunterlage beitreten können, s. Teil III E.II.2.

veröffentlichen.[534] Jedoch wird das Ziel der Veröffentlichung der Entscheidung zur Abgabe eines Angebots, namentlich die frühzeitige Information der Öffentlichkeit zur Vorbeugung von Insiderhandel, auch durch eine gemeinsame Veröffentlichung erreicht. Die Veröffentlichung der Entscheidung zur Abgabe eines Angebots gemäß § 10 WpÜG kann folglich durch ein Mitglied der Bietergemeinschaft stellvertretend für alle Mitglieder vorgenommen werden.[535] Ebenfalls möglich ist die Veröffentlichung einer gemeinsamen Meldung gemäß § 10 WpÜG. So erfolgt ist dies zum Beispiel bei der Veröffentlichung der Entscheidung zur Abgabe eines öffentlichen Delisting-Erwerbsangebots der RAS Beteiligungs GmbH, der LSW GmbH und der SGW-Immo GmbH an die Aktionäre der home24 SE.

Teilweise ist es aufgrund der Umstände, unter denen die Bietergemeinschaft zustande kommt, unmöglich eine gemeinsame Veröffentlichung vorzunehmen. Bei einer nachträglichen Bietergemeinschaft erfolgt zunächst die Entscheidung zur Abgabe eines Angebots und die Veröffentlichung derselben durch den Ausgangsbieter und erst danach die Entscheidung zur Abgabe eines Angebots durch die später hinzukommenden Mitglieder der Bietergemeinschaft. Eine gemeinsame Veröffentlichung ist dann nicht möglich. In dieser Konstellation werden jeweils getrennte § 10 WpÜG-Meldungen veröffentlicht. So erfolgt ist dies bei dem Pflichtangebot der Technology Center Holding GmbH und der Enapter AG an die Aktionäre der MARNA Beteiligungen AG: Am 4. Dezember 2023 hat die Technology Center Holding GmbH die Kontrollerlangung über die MARNA Beteiligungen AG gemäß §§ 35 Abs 1 i.V.m. § 10 Abs. 3 WpÜG veröffentlicht. Die Enapter AG hat die Kontrollerlangung über die MARNA Beteiligungen AG erst am 24. Januar 2024 veröffentlicht. Auch bei der home24-Übernahme gab es zwei § 10 WpÜG-Meldungen. Am 5. Oktober 2022 hat die RAS Beteiligungs GmbH als Ausgangsbieter ihre Entscheidung zur Abgabe eines freiwilligen öffentlichen Übernahmeangebots an die Aktionäre der home24 SE gem. § 10 Abs. 1, 3

---

[534] Vgl. Begr. RegE, BT-Drucks. 14/7034, S. 34; s. auch *Louven*, in Angerer/Brandi/Süßmann WpÜG, 4. Aufl. 2023, § 10 Rn. 22; *Assmann*, in Assmann/Pötzsch/Uwe H. Schneider WpÜG, 4. Aufl. 2024, § 10 Rn. 28.

[535] Im Ergebnis auch *Louven*, in Angerer/Brandi/Süßmann WpÜG, 4. Aufl. 2023, § 10 Rn. 22; *Drinkuth*, in Marsch-Barner/Schäfer Hdb börsennotierte AG, 5. Aufl. 2022, § 62 Rn. 62.62; *Wackerbarth*, in MüKo AktG, 5. Aufl 2021, § 10 WpÜG Rn. 20; *Assmann*, in Assmann/Pötzsch/Uwe H. Schneider WpÜG, 4. Aufl. 2024, § 10 Rn. 28.

i.V.m. § 29 Abs. 1, 34 WpÜG veröffentlicht. Am 28. Oktober 2022 haben die weiteren Mitglieder der nachträglichen Bietergemeinschaft ihre Entscheidung zur Abgabe eines freiwilligen öffentlichen Übernahmeangebots in einer gemeinsamen Meldung veröffentlicht.

Auch im Fall der Veröffentlichung der zwei später hinzugekommenen Bieter bei der Übernahme der home24 SE zeigt sich, dass, wenn immer möglich, eine gemeinsame Meldung vorzugswürdig ist. Werden dennoch getrennte Meldungen veröffentlicht, sollte in der Veröffentlichung darauf hingewiesen werden, dass das Angebot gemeinschaftlich als Bietergemeinschaft abgegeben wird. Es empfiehlt sich, die Mitglieder der Bietergemeinschaft namentlich zu nennen. Normativer Anknüpfungspunkt könnte eine entsprechende Erweiterung von § 2 Nr. 1 WpÜG-AV sein.[536] Ansonsten drohen Gerüchte über einen möglichen Bieterwettstreit am Markt zu entstehen, obwohl die Bieter gemeinsam vorgehen.

II. Finanzierung und Finanzierungsbestätigung

Der Bieter hat vor der Veröffentlichung der Angebotsunterlage die notwendigen Maßnahmen zu treffen, um sicherzustellen, dass ihm die zur vollständigen Erfüllung des Angebots notwendigen Mittel zum Zeitpunkt der Fälligkeit des Anspruchs auf die Gegenleistung zur Verfügung stehen (§ 13 Abs. 1 Satz 1 WpÜG). Im Falle eines Barangebots muss eine Finanzierungsbestätigung gemäß § 13 Abs. 1 Satz 2 WpÜG eingeholt werden. Insbesondere in einem Hochzinsumfeld ist die Finanzierung oft schwierig.[537] Hier könnte die gemeinsame Abgabe eines Angebots durch eine Bietergemeinschaft Abhilfe schaffen, wenn die Finanzierung auf die verschiedenen Bieter aufgeteilt werden kann. Hierfür relevant ist zunächst, auf welchen Umfang sich die Finanzierungsbestätigung erstrecken muss und ferner, in welchem Umfang die einzelnen Bieter jeweils Finanzierungsmaßnahmen zu treffen haben.

---

536 *Assmann*, in Assmann/Pötzsch/Uwe H. Schneider WpÜG, 4. Aufl. 2024, § 10 Rn. 28.

537 Vgl. DAI, Ready for Takeover 2.0?, S. 13; *Blättchen*, in FS Wegen, 2015, S. 119 (121); vgl. zu der eingeschränkten Verfügbarkeit von Akquisitionsfinanzierungen im Jahr 2022 auch *Hasselbach/Stepper*, BB 2023, 515 (516).

1. Umfang der Finanzierungsbestätigung

In personeller Hinsicht muss sich die Finanzierungsbestätigung auf alle Mitglieder der Bietergemeinschaft erstrecken. Der Grund hierfür ist, dass die Einholung der Finanzierungsbestätigung eine Pflicht des Bieters ist und alle Mitglieder der Bietergemeinschaft jeweils diese Pflichten zu erfüllen haben.[538] Dies heißt jedoch nicht, dass jeder Bieter eine eigene Finanzierungsbestätigung einholen muss. Eine gemeinsame Finanzierungsbestätigung, muss ausreichen.[539] Es kann schließlich keinen Unterschied machen, ob zwei Dokumente oder ein gemeinsames angehängt werden. Insbesondere haben die Aktionäre der Zielgesellschaft keinen Anspruch auf ein zweites Wertpapierdienstleistungsunternehmen im Sinne von § 13 Abs. 1 S. 2 WpÜG als Anspruchsgegner eines etwaigen Anspruchs aus § 13 Abs. 2 WpÜG.

In inhaltlicher Hinsicht muss sich die Finanzierungsbestätigung gemäß § 13 Abs. 1 Satz 2 WpÜG auf alle Aktien erstrecken, die Gegenstand des Angebots sind.[540] Im Falle einer Bietergemeinschaft muss sich das Angebot und demzufolge auch der Rahmen der zu sichernden Finanzierung nicht auf die Aktien der Zielgesellschaft erstrecken, die von den Mitgliedern der Bietergemeinschaft gehalten werden.[541]

---

538 Vgl. Begr. RegE, BT-Drucks. 14/7034, S. 34; s. auch *Louven*, in Angerer/Brandi/Süßmann WpÜG, 4. Aufl. 2023, § 10 Rn. 22; *Assmann*, in Assmann/Pötzsch/Uwe H. Schneider WpÜG, 4. Aufl. 2024, § 10 Rn. 28; zur Pflicht des Bieters eine Finanzierungsbestätigung einzuholen *Seibt*, in BeckFormb M&A, 4. Aufl. 2025, E.III.4 Anm. 31.

539 S. z.B. die Finanzierungsbestätigung der UniCredit Bank Austria AG, Angebotsunterlage der RAS Beteiligungs GmbH und der LSW GmbH und der SGW-Immo-GmbH an die Aktionäre der home24 SE v. 11.11.2022, S. 90; s. außerdem die Finanzierungsbestätigung der mwb fairtrade Wertpapierhandelsbank AG, Angebotsunterlage der Technology Center Holding GmbH und der Enapter AG an die Aktionäre der MARNA Beteiligungen AG v. 24.1.2024, S. 75.

540 Vgl. *Seibt*, in BeckFormb M&A, 4. Aufl. 2025, E.III.4 Anm. 30 f.; *Möllers*, in KölnKomm WpÜG, 3. Aufl. 2022, § 13 Rn. 70 f.; *Noack/Holzborn*, in Schwark/Zimmer KMRK, 5. Aufl. 2020, § 13 WpÜG Rn. 2.

541 *Süßmann/Brandi*, in Angerer/Brandi/Süßmann WpÜG, 4. Aufl. 2023, § 13 Rn. 9; *Möllers*, in KölnKomm WpÜG, 3. Aufl. 2022, § 13 Rn. 71; *Krause*, in Assmann/Pötzsch/Uwe H. Schneider WpÜG, 4. Aufl. 2024, § 13 Rn. 17b; *Berrar/Schnorbus*, in Paschos/Fleischer Hdb Übernahmerecht, 1. Aufl. 2017, § 10 Rn. 21; *Kiesewetter/Frehse*, AG 2023, 230 (234); *Boucsein/Schmiady*, AG 2016, 597 (608); *Cascante/Tyrolt*, AG 2012, 97 (107); *Mayer-Uellner*, AG 2012, 399 (403).

2. Umfang der Finanzierungsmaßnahmen pro Bieter

Für die Aufteilung der Finanzierungslast auf die Mitglieder der Bietergemeinschaft entscheidend ist, ob jeder Bieter jeweils die finanziellen Mittel für eine 100%ige Annahmequote vorhalten muss, oder ob es genügt, wenn die Mitglieder der Bietergemeinschaft gemeinsam die finanziellen Mittel für eine 100%ige Annahmequote der Zielgesellschaftsaktien aufbringen.

Der Grundsatz, dass alle Mitglieder der Bietergemeinschaft, die den Bieter treffenden Pflichten jeweils individuell zu erfüllen haben,[542] könnte dafür sprechen, dass jeder Bieter eine Finanzierungsbestätigung einholen muss, die zum Inhalt hat, dass dieser Bieter die vollständige Finanzierung sichergestellt hat. Dies würde jedoch über den Zweck des § 13 Abs. 1 WpÜG hinausgehen. Die Norm soll sicherstellen, dass der Bieter rechtzeitig über die notwendigen finanziellen Mittel verfügt, um eine Übernahme durchführen zu können. Damit soll die Seriosität des Angebots und die Werthaltigkeit der angebotenen Gegenleistung sichergestellt werden.[543]

Gegen die Pflicht eines jeden Mitglieds der Bietergemeinschaft, die Finanzierung für 100% der von dem Angebot erfassten Aktien sicherzustellen, spricht auch, dass § 13 WpÜG keine übersteigerten Anforderungen an die Finanzierung stellen soll.[544] Wäre bei einer Bietergemeinschaft mit drei Mitgliedern jedes Mitglied dazu verpflichtet finanzielle Mittel für eine fiktive Annahmequote von 100% vorzuhalten, wäre die Finanzierung für 300% der von dem Angebot erfassten Aktien gesichert. Dies würde die Anforderungen an die Finanzierung des Angebots über Gebühr steigern. Schließlich muss bei der Angebotsabgabe durch einen einzelnen Bieter ebenfalls nur die zur Erfüllung einer fiktiven Annahmequote von 100% erforderliche Finanzierung vorgehalten werden. Eine vollständige Finanzierung durch jedes Mitglied der

542 Vgl. Begr. RegE, BT-Drucks. 14/7034, S. 34; s. auch *Louven*, in Angerer/Brandi/Süßmann WpÜG, 4. Aufl. 2023, § 10 Rn. 22; *Assmann*, in Assmann/Pötzsch/Uwe H. Schneider WpÜG, 4. Aufl. 2024, § 10 Rn. 28.

543 *Seibt*, in BeckFormb M&A, 4. Aufl. 2025, E.III.4 Anm. 30 f.; *Möllers*, in KölnKomm WpÜG, 3. Aufl. 2022, § 13 Rn. 1; *Süßmann/Brandi*, in Angerer/Brandi/Süßmann WpÜG, 4. Aufl. 2023, § 13 Rn. 1; *Krause*, in Assmann/Pötzsch/Uwe H. Schneider WpÜG, 4. Aufl. 2024, § 13 Rn. 3.

544 Vgl. *Möllers*, in KölnKomm WpÜG, 3. Aufl. 2022, § 13 Rn. 4; *Mayer-Uellner*, AG 2012, 399 (401).

Bietergemeinschaft wäre demnach ein Zufallsgeschenk für die Zielgesellschaftsaktionäre, für das es keinen sachlichen Grund gibt.

Vor diesem Hintergrund ist es ausreichend, wenn die Bieter gemeinsam die notwendigen finanziellen Mittel sicherstellen. So hat beispielsweise bei dem Pflichtangebot der Technology Center Holding GmbH und der Enapter AG an die Aktionäre der MARNA Beteiligungen AG die Bieterin 2 den Betrag auf ein gesondertes Bankkonto eingezahlt.[545]

III. Inhalt der Angebotsunterlage

Auch bei der Gestaltung der Angebotsunterlage sind einige Besonderheiten bei der Abgabe des Angebots durch eine Bietergemeinschaft zu berücksichtigen. Insbesondere stellen sich Fragen dazu, in welchem Umfang die Bietergemeinschaft öffentlich gemacht werden muss, welche Art und welche Höhe die Gegenleistung zu betragen hat und wer Vertragspartner der, das Angebot annehmenden, Zielgesellschaftsaktionäre wird.

1. Auftreten als „Bietergemeinschaft" erforderlich?

Zu der Frage, ob die Bietergemeinschaft, die das Angebot abgibt, in der Angebotsunterlage ausdrücklich als Bietergemeinschaft bezeichnet werden muss, ergibt sich in der Praxis ein uneinheitliches Ergebnis. Von sechszehn Angebotsverfahren, bei denen eine Bietergemeinschaft auftritt, wird in acht Verfahren, die Bietergemeinschaft ausdrücklich als solche bezeichnet.[546]

---

545 Angebotsunterlage der Technology Center Holding GmbH und der Enapter AG an die Aktionäre der MARNA Beteiligungen AG v. 24.1.2024, S. 58.

546 Pflichtangebot der Technology Center Holding GmbH und der Enapter AG an die Aktionäre der MARNA Beteiligungen AG vom 24.1.2024; Delisting-Erwerbsangebot der RAS Beteiligungs GmbH und der LSW GmbH und der SGW-Immo-GmbH an die Aktionäre der home24 SE vom 28.7.2023; Übernahmeangebot der RAS Beteiligungs GmbH und der LSW GmbH und der SGW-Immo-GmbH an die Aktionäre der home24 SE vom 11.11.2022; Übernahmeangebot der Studhalter Investment AG und der Highlight Communications AG an die Aktionäre der Constantin Medien AG vom 18.12.2017; Pflichtangebot des Günther Skrzypek und Erwerbsangebot der Augur Financial Holding Zwei GmbH & Co. KG an die Aktionäre der Schnigge Wertpapierhandelsbank AG vom 17.3.2014; Übernahmeangebot der AVIC International Engineering Holdings Pte. Ltd. und der Europe Project Management Pte. Ltd. und der Europe Technology Investment Pte. Ltd. und der Europe Engineering Holdings Pte. Ltd. an die Aktionäre der KHD Humboldt Wedag International AG

In zwei Angebotsverfahren werden die Bieter als „gemeinsame Bieter i.S.v. § 2 Abs. 4 WpÜG bezeichnet.[547] Hingegen werden in sechs Angebotsverfahren die Bieter nur im Plural ohne jede weitere Erläuterung bezeichnet.[548]

Der Inhalt der Angebotsunterlage richtet sich nach § 11 WpÜG und § 2 WpÜGAngebV. Dabei ist den Katalogen des § 11 Abs. 2 WpÜG und § 2 WpÜGAngebV keine ausdrückliche Pflicht zur Bezeichnung als „Bietergemeinschaft" zu entnehmen, soweit die Voraussetzung der Bietergemeinschaft vorliegen. Dies spricht für die Annahme, dass gesetzliche Pflicht lediglich die Nennung der einzelnen Bieter ist, wenn mehrere Personen oder Gesellschaften ein gemeinschaftliches Angebot abgeben.[549] Auch der Zweck des § 11 WpÜG, also die Sicherstellung eines transparenten Übernahmeverfahrens, wodurch vordergründig die Zielgesellschaftsaktionäre eine Entscheidungsgrundlage über die Annahme des Angebots erhalten sollen, erfordert nicht die ausdrückliche Bezeichnung der Bietergemeinschaft.[550] Schließlich wird durch die Nennung aller Bieter hinreichend klargestellt, dass das Angebot durch mehrere Bieter gemeinsam abgegeben wird.

---

vom 21.11.2013; Erwerbsangebot der Steuler-Fliesen GmbH und Pflichtangebot des Herrn Michael Steuler an die Aktionäre der Norddeutsche Steingut Aktiengesellschaft vom 23.8.2013.

547 Übernahmeangebot der Shareholder Value Beteiligungen AG und der Shareholder Value Management AG an die Aktionäre der INTERSHOP Communications Aktiengesellschaft vom 20.3.2019; Übernahmeangebot der Tahoe Investors GmbH und der Brillant 1953. GmbH an die Aktionäre der ALNO Aktiengesellschaft vom 16.11.2016.

548 Pflichtangebot des Ingmarus Johannes Maria Snijders und freiwilliges Erwerbsangebot der Voltaire Finance B.V. an die Aktionäre der Wild Bunch AG vom 13.1.2022; Pflicht- und Delisting-Erwerbsangebot der Shareholder Value Beteiligungen AG und der Share Value Stiftung an die Aktionäre der SMT Scharf AG vom 2.2.2021; Pflichtangebot der Vicus Group AG und Michael Klemmer und Gabriel Schütze und Reiner Eenhuis an die Aktionäre der Travel24.com AG vom 25.11.2020; Erwerbsangebot der Deutsche Balaton Biotech AG und der DELPHI Unternehmensberatung Aktiengesellschaft an die Aktionäre der Biofrontera AG vom 21.6.2019; Pflichtangebot des David L. Deck, und Gilbert Schöni, und der Prof. Dr. Lee-Ann Laurent-Applegate, und des Frank Scheunert an die Aktionäre der Porta Systems AG vom 22.5.2014; Pflichtangebot des David L. Deck und Gilbert Schöni an die Aktionäre der German Brokers AG vom 6.2.2013.

549 Vgl. *Seibt*, in KölnKomm WpÜG, 3. Aufl. 2022, § 11 Rn. 49.

550 Zum Zweck des § 11 WpÜG *Seibt*, in KölnKomm WpÜG, 3. Aufl. 2022, § 11 Rn. 2 f.; *Meyer/Kiesewetter*, in Assmann/Pötzsch/Uwe H. Schneider WpÜG, 4. Aufl. 2024, § 11 Rn. 8; *Wackerbarth*, in MüKo AktG, 5. Aufl. 2021, § 11 WpÜG Rn. 27.

Es ist jedoch auffällig, dass in den Angebotsunterlagen der letzten vier durch Bietergemeinschaften abgegebenen Angeboten, jeweils ausdrücklich die Bietergemeinschaft als solche bezeichnet wurde.[551] Wenngleich keine gesetzliche Pflicht zur ausdrücklichen Bezeichnung der Bietergemeinschaft besteht, empfiehlt sich die Bezeichnung der „Bietergemeinschaft" zu Klarstellungszwecken.

2. Offenlegung der Gründe für die Bildung der Bietergemeinschaft?

Die Frage, ob die Gründe für die Bildung der Bietergemeinschaft in der Angebotsunterlage veröffentlicht werden müssen, wird in der Praxis unterschiedlich gehandhabt. Bei dem Übernahmeangebot der Tahoe Investors GmbH und der Brillant 1953. GmbH an die Aktionäre der ALNO Aktiengesellschaft haben die Bieter in der Angebotsunterlage offengelegt, dass die gemeinsame Angebotsabgabe als Bietergemeinschaft dazu dient, ein Auslösen der Kontrollwechselklauseln in mehreren Finanzierungsverträgen der Zielgesellschaft zu vermeiden.[552] Ein Beispiel für die fehlende Offenlegung der Gründe für die gemeinsame Angebotsabgabe als Bietergemeinschaft ist das Übernahmeangebot dreier Bietergesellschaften um die XXXLutz-Gruppe an die Aktionäre der home24 SE. Die unterschiedliche Handhabung in der Praxis wirft die Frage auf, ob eine Pflicht zur Offenlegung der Gründe für die Bildung der Bietergemeinschaft besteht.

In den Katalogen des § 11 Abs. 2 WpÜG und § 2 WpÜGAngebV findet sich kein Hinweis darauf, dass die Gründe für die Bildung der Bietergemeinschaft offengelegt werden müssen. Aufgrund der Generalklausel des § 11 Abs. 1 S. 2 WpÜG sind jedoch zusätzliche Angaben zu machen, wenn isolierte Ausführungen zu Vorerwerben, gemeinsam handelnden Personen,

---

551 Vgl. Angebotsunterlage der MedNation AG und der CHAPTERS Group AG und des Dirk Isenberg und des Mathias Niedermeier und des Peter Potocnik an die Aktionäre der MedNation AG v. 29.11.2024, S. 6; Angebotsunterlage der Technology Center Holding GmbH und der Enapter AG an die Aktionäre der MARNA Beteiligungen AG v. 24.1.2024, S. 6; Angebotsunterlage der RAS Beteiligungs GmbH und der LSW GmbH und der SGW-Immo-GmbH an die Aktionäre der home24 SE v. 28.7.2023, S. 7; Angebotsunterlage der RAS Beteiligungs GmbH und der LSW GmbH und der SGW-Immo-GmbH an die Aktionäre der home24 SE v. 11.11.2022, S. 7.

552 Vgl. Angebotsunterlage der Tahoe Investors GmbH und der Brillant 1953. GmbH an die Aktionäre der ALNO Aktiengesellschaft v. 16.11.2016, S. 26.

Auswirkungen des Angebots und Absichten der Bieter nicht oder nur schwer verständlich wären.[553] Dabei gilt es wieder den Zweck des § 11 WpÜG zu berücksichtigen. Die Gründe für die Bildung der Bietergemeinschaft sind vor diesem Hintergrund in der Angebotsunterlage offenzulegen, wenn dies für ein transparentes Übernahmeverfahren, bei denen die Zielgesellschaftsaktionäre eine hinreichende Grundlage für ihre Entscheidung über die Annahme des Angebots erhalten, erforderlich ist.[554] Soweit die Gründe für die Bildung der Bietergemeinschaft aus Aktionärssicht unterstützenswert sind, kann eine Offenlegung auch zu einer größeren Akzeptanz des Angebots führen. Andererseits kann das Geheimhaltungsinteresse des Bieters einer umfassenden Offenlegung auch entgegenstehen. Dies gilt insbesondere, wenn die Gründe für die Bildung der Bietergemeinschaft voraussichtlich negative Reaktionen der Stakeholder hervorrufen.

Gegen die pauschale Pflicht zur Offenlegung der Gründe für die Bildung der Bietergemeinschaft spricht schließlich, dass die Gesellschafter einer Bietergesellschaft ihre Beweggründe für das wirtschaftlich gemeinsame Vorgehen ebenfalls nicht offenlegen müssen. So haben beispielsweise BainCapital und Cinven als Gesellschafter der Bieterin bei dem Übernahmeangebot an die Aktionäre der STADA Arzneimittel Aktiengesellschaft keine Gründe für die Zusammenarbeit angegeben. Es ist nicht ersichtlich, warum die Fallkonstellationen insofern unterschiedlich behandelt werden sollten. Eine Pflicht zur Offenlegung der Gründe für die Bildung der Bietergemeinschaft besteht nicht.

3. Art der Gegenleistung und Mindestpreis

Die Gegenleistung bei Übernahme- und Pflichtangeboten richtet sich nach § 31 WpÜG (bei Pflichtangeboten i.V.m. § 39 WpÜG) und §§ 3 bis 7 WpÜGAngebV. Bei der Angebotsabgabe durch eine Bietergemeinschaft sind sowohl hinsichtlich der Art als auch der Höhe der Gegenleistung Besonderheiten zu berücksichtigen.

---

553 *Seibt*, in KölnKomm WpÜG, 3. Aufl. 2022, § 11 Rn. 27; vgl. zur Generalklausel auch *Süßmann*, in Angerer/Brandi/Süßmann WpÜG, 4. Aufl. 2023, § 11 Rn. 4.

554 Zum Zweck des § 11 WpÜG *Seibt*, in KölnKomm WpÜG, 3. Aufl. 2022, § 11 Rn. 2 f.; *Meyer/Kiesewetter*, in Assmann/Pötzsch/Uwe H. Schneider WpÜG, 4. Aufl. 2024, § 11 Rn. 8; *Wackerbarth*, in MüKo AktG, 5. Aufl. 2021, § 11 WpÜG Rn. 27.

a) Art der Gegenleistung

Die Mitglieder der Bietergemeinschaft gelten untereinander stets als gemeinsam handelnde Personen im Sinne von § 2 Abs. 5 WpÜG,[555] sodass gemäß § 31 Abs. 3 WpÜG eine Geldleistung in Euro anzubieten ist, wenn ein Mitglied der Bietergemeinschaft oder eine mit diesem Mitglied gemeinsam handelnde Person oder deren Tochterunternehmen in den sechs Monaten vor der Veröffentlichung gemäß § 10 Abs. 3 Satz 1 WpÜG bis zum Ablauf der Annahmefrist insgesamt mindestens 5% der Aktien oder Stimmrechte an der Zielgesellschaft gegen Zahlung einer Geldleistung erworben haben.

b) Höhe der Gegenleistung

Bei der Festlegung der Gegenleistung sind die Bieter eines Übernahme- oder Pflichtangebots an die Mindestpreisregelungen des WpÜG und der WpÜGAngebV gebunden. Die mindestens anzubietende Gegenleistung richtet sich nach Vorerwerben (§ 4 WpÜGAngebV), Parallelerwerben (§ 31 Abs. 4 WpÜG) und Nacherwerben (§ 31 Abs. 5 WpÜG) der Bieter und der mit ihm gemeinsam handelnden Person oder deren Tochterunternehmen. Außerdem muss die Gegenleistung mindestens dem gewichteten durchschnittlichen inländischen Börsenkurs der Zielgesellschaftsaktien während der letzten drei Monate (Drei-Monats-Durchschnittskurs) vor der Veröffentlichung der Entscheidung zur Abgabe eines Übernahmeangebots (§ 10 Abs. 1 WpÜG) oder der Veröffentlichung der Erlangung der Kontrolle im Falle eines Pflichtangebots (§ 35 Abs. 1 WpÜG) entsprechen.[556]

Wird ein Angebot gemeinsam durch eine Bietergemeinschaft abgegeben, kann sich dies auf die Mindestgegenleistung auswirken. Ausgangspunkt für mögliche Auswirkungen ist der Grundsatz, dass durch die Abgabe eines Angebots durch eine Bietergemeinschaft den Zielgesellschaftsaktionären keine Nachteile gegenüber der Abgabe des Angebots durch nur einen Bieter

555 *Heinrich/Mock* in KölnKomm WpÜG, 3. Aufl. 2022, § 2 Rn. 145; *Angerer*, in Angerer/Brandi/Süßmann WpÜG, 4. Aufl. 2023, § 2 Rn. 22; *Favoccia*, in Assmann/Pötzsch/Uwe H. Schneider WpÜG, 4. Aufl. 2024, § 2 Rn. 94.

556 Hierzu *Seibt*, in BeckFormb M&A, 4. Aufl. 2025, E.III.4 Anm. 19; *Kremer/Kulenkamp*, in KölnKomm WpÜG, 3. Aufl. 2022, § 5 WpÜG-AngebV Rn. 13; *Süßmann*, in Angerer/Brandi/Süßmann WpÜG, 4. Aufl. 2023, § 31 Rn. 98.

entstehen dürfen.[557] Es ist also für jedes Mitglied der Bietergemeinschaft jeweils die Mindestgegenleistung zu bestimmen und die höchste Mindestgegenleistung den Zielgesellschaftsaktionären mindestens anzubieten.[558]

aa) Gemeinsames Übernahme- oder Pflichtangebot

Dabei sind zwei Konstellationen zu unterscheiden: Geben die Mitglieder der Bietergemeinschaft gemeinsam ein Übernahme- oder Pflichtangebot ab,[559] bilden die Vor-, Parallel- und Nacherwerbe eines jeden Bieters eine Untergrenze für die Festsetzung der Mindestgegenleistung (vgl. § 31 Abs. 4, 5 WpÜG und § 4 WpÜGAngebV). Darüber hinaus muss die Gegenleistung mindestens dem gewichteten Drei-Monats-Durchschnittskurs der Zielgesellschaftsaktien entsprechen. Nehmen die Mitglieder der Bietergemeinschaft ihre Veröffentlichungen der Entscheidung zur Abgabe eines Übernahmeangebots (§ 10 Abs. 1 WpÜG) oder der Erlangung der Kontrolle im Falle eines Pflichtangebots (§ 35 Abs. 1 WpÜG) gleichzeitig vor, ist nur ein einheitlicher Drei-Monats-Durchschnittskurs zu ermitteln, der die Angebotsgegenleistung nach unten hin begrenzt. Im Falle einer nachträglichen Bietergemeinschaft, weicht der Beginn der jeweiligen Referenzzeiträume voneinander ab. In der Regel wird die nachgelagerte § 10 WpÜG-Meldung des später hinzutretenden Bieters zu einem höheren Drei-Monats-Durchschnittskurs führen, da die erste § 10 WpÜG-Meldung des Ausgangsbieters meist zu einem Kursanstieg der Zielgesellschaftsaktien führt.[560]

Bei dem Übernahmeangebot RAS Beteiligungs GmbH und der LSW GmbH und der SGW-Immo-GmbH an die Aktionäre der home24 SE vom 11. November 2022 hat die RAS Beteiligungs GmbH ihre § 10 WpÜG-Meldung am

---

[557] *Hippeli*, NZG 2016, 1207 (1209); vgl. auch *Krause*, in Assmann/Pötzsch/Uwe H. Schneider WpÜG, 4. Aufl. 2024, § 5 WpÜGAngebV Rn. 18a.

[558] *Krause*, in Assmann/Pötzsch/Uwe H. Schneider WpÜG, 4. Aufl. 2024, § 5 WpÜGAngebV Rn. 18a.

[559] Z.B. gemeinsames Übernahmeangebot der RAS Beteiligungs GmbH und der LSW GmbH und der SGW-Immo-GmbH an die Aktionäre der home24 SE v. 11.11.2022; gemeinsames Pflichtangebot der Technology Center Holding GmbH und der Enapter AG an die Aktionäre der MARNA Beteiligungen AG v. 24.1.2024.

[560] Mit Beispielen *Hippeli*, NZG 2016, 1207 (1210); zum Anstieg des Börsenkurses *Kremer/Kulenkamp*, in KölnKomm WpÜG, 3. Aufl. 2022, § 5 WpÜG-AngebV Rn. 13; zum Mindestpreis *Seibt*, in BeckFormb M&A, 4. Aufl. 2025, E.III.4 Anm. 19.

5. Oktober 2022 veröffentlicht. Der Drei-Monats-Durchschnittskurs betrug 3,11 Euro je Home24-Aktie. Die LSW GmbH und die SGW-Immo-GmbH haben ihre gemeinsame § 10 WpÜG-Meldung am 28. Oktober 2022 veröffentlicht. Zu diesem Zeitpunkt lag der Drei-Monats-Durchschnittskurs bei 5,98 Euro je Home24-Aktie. Aufgrund des ohnehin höheren Angebotspreises von 7,50 Euro je Home24-Aktie war die Veränderung nicht erheblich.[561] Hätte der geplante Angebotspreis jedoch unter 5,98 Euro je Home24-Aktie gelegen, wäre dies eine Unterschreitung der Mindestgegenleistung gewesen.

Die Zulässigkeit einer Angabe zweier verschiedener Angebotspreise innerhalb des Angebots der Bietergemeinschaft erscheint mindestens zweifelhaft und ist jedenfalls nicht zielführend, da kein Zielgesellschaftsaktionär den Vertrag zu niedrigerer Gegenleistung schließen wird. Demzufolge müssen auch aus Gründen des Aktionärsschutzes alle Bieter den höheren der Mindestpreise anbieten.[562]

bb) Gemeinsames gemischtes Angebot

Bei sogenannten gemeinsamen gemischten Angeboten, also der Kombination eines Übernahme- oder Pflichtangebots mit einem freiwilligen Erwerbsangebot, ist die Festlegung der Mindestgegenleistung etwas einfacher. Wird ein Übernahme-/Pflichtangebot mit einem freiwilligen Erwerbsangebot kombiniert,[563] unterliegt grundsätzlich nur das Angebot des Bieters des Übernahme- oder Pflichtangebots den Mindestpreisregeln, da für freiwillige Erwerbsangebote die Vorschriften der Abschnitte 4 und 5 des WpÜG, damit auch die Mindestpreisvorschriften, nicht gelten.[564] Dementsprechend stellt sich die Problematik eines möglicherweise unterschiedlichen Beginns

---

561 Angebotsunterlage der RAS Beteiligungs GmbH und der LSW GmbH und der SGW-Immo-GmbH an die Aktionäre der home24 SE v. 11.11.2022, S. 47.

562 *Hippeli*, NZG 2016, 1207 (1210).

563 S. z.B. Pflichtangebot des Ingmarus Johannes Maria Snijders und freiwilliges Erwerbsangebot der Voltaire Finance B.V. an die Aktionäre der Wild Bunch AG v. 13.1.2022; Pflichtangebot von Günther Skrzypek und freiwilliges Erwerbsangebot der Augur Financial Holding Zwei GmbH & Co. KG an die Aktionäre der Schnigge Wertpapierhandelsbank vom 17.3.2014; Pflichtangebot des Herrn Michael Steuler und freiwilliges Erwerbsangebot der Steuler-Fliesen GmbH an die Aktionäre der Norddeutsche Steingut Aktiengesellschaft v. 23.8.2013.

564 *Hippeli*, NZG 2016, 1207 (1209).

des Drei-Monats-Vorerwerbszeitraums nicht. Allerdings muss das freiwillige Erwerbsangebot zu denselben Konditionen abgegeben werden, wie das Übernahme- oder Pflichtangebot.[565] Ebenfalls zu berücksichtigen ist, dass der Bieter des freiwilligen Erwerbsangebots als mit dem Bieter des Pflicht- oder Übernahmeangebots gemeinsam handelnde Person gilt,[566] sodass die Vor-, Parallel- und Nacherwerbe des Bieters des freiwilligen Erwerbsangebots mindestpreisrelevant sind.

4. Vertragspartner der Zielgesellschaftsaktionäre

Das gemeinsame Angebot einer Bietergemeinschaft besteht, wie jedes andere Übernahmeangebot, aus einer Mehrzahl von Willenserklärungen.[567] Diese Willenserklärungen sind ganz klassisch zu unterscheiden in Willenserklärungen, die auf den Abschluss eines Kaufvertrags zwischen Zielgesellschaftsaktionär und Bieter gerichtet sind (Verpflichtungsgeschäft), sowie Willenserklärungen, die auf den Erwerb des dinglichen Eigentums an den eingelieferten Zielgesellschaftsaktien gerichtet sind (Verfügungsgeschäft).[568]

Bei einem Angebot durch einen einzelnen Bieter wird dieser Vertragspartner des Verpflichtungsgeschäfts und in aller Regel auch der Erwerber des Eigentums an den eingelieferten Zielgesellschaftsaktien.[569] Wird das Angebot durch eine Bietergemeinschaft abgegeben, erscheint es möglich, dass ein bestimmtes Mitglied der Bietergemeinschaft Vertragspartner wird

---

565 *Seibt*, CFL 2011, 213 (223); vgl. auch *Krause/Pötzsch*, in Assmann/Pötzsch/Uwe H. Schneider WpÜG, 4. Aufl. 2024, § 35 Rn. 198a.

566 *Heinrich/Mock*, in KölnKomm WpÜG, 3. Aufl. 2022, § 2 Rn. 145.

567 Zur rechtsgeschäftlichen Einordnung eines öffentlichen Angebots als Bündel von Willenserklärungen *Beurskens/Oechsler*, in Beurskens/Ehricke/Ekkenga WpÜG, 2. Aufl. 2021, § 11 Rn. 1; *Thoma*, in Baums/Thoma/Verse WpÜG, 13. Lieferung 12.2020, § 11 Rn. 7; *Oechsler*, ZIP 2003, 1330; teils abweichend *Noack/Holzborn*, in Schwark/Zimmer KMRK, 5. Aufl. 2020, § 2 WpÜG Rn. 2; *Meyer/Kiesewetter*, in Assmann/Pötzsch/Uwe H. Schneider WpÜG, 4. Aufl. 2024, § 11 Rn. 18; vgl. auch *Krause*, in FS Krieger, 2020, S. 555; *Favoccia*, in Assmann/Pötzsch/Uwe H. Schneider WpÜG, 4. Aufl. 2024, § 2 Rn. 6.

568 Zum Trennungsprinzip s. statt vieler *Klinck*, in BeckOGK BGB, Stand 1.12.2024, § 929 Rn. 3.

569 S. z.B. Angebotsunterlage der Port of Hamburg Beteiligungsgesellschaft SE an die Aktionäre der Hamburger Hafen und Logistik Aktiengesellschaft v. 23.10.2023, S. 47.

oder die dingliche Aufteilung der eingelieferten Zielgesellschaftsaktien vorgenommen wird.

Grundsätzlich gilt, dass es den Bietern in der Angebotsunterlage überlassen ist, festzulegen, wer Vertragspartei, der zur Durchführung des Angebots abzuschließenden Verträge, ist und wer das Eigentum an den Zielgesellschaftsaktien erwirbt. Möglich erscheint der alleinige oder gemeinschaftliche Abschluss der Kaufverträge. Die Ausgestaltung des Verfügungsgeschäfts könnte zu Alleineigentum eines bestimmten Bieters, aber auch zu Miteigentum oder Bruchteilseigentum an den eingelieferten Zielgesellschaftsaktien führen.[570]

Im Folgenden werden die verschiedenen Gestaltungsoptionen unter Rückgriff auf das Vorgehen der Praxis überprüft.

a) Verpflichtungsgeschäft

Zwar könnte auch bei grundsätzlichem Vorrang der Festlegungen in der Angebotsunterlage die Frage aufkommen, wer Vertragspartner wird, wenn keine Festlegung erfolgt ist,[571] jedoch ist diese Frage in der Übernahmepraxis irrelevant geblieben. Denn in jedem Fall der Bietergemeinschaft seit 2013 wurde in der Angebotsunterlage klargestellt, wer auf Bieterseite Vertragspartner des Kaufvertrags wird.[572]

Demzufolge ergibt sich aus der Angebotsunterlage stets, welches Mitglied der Bietergemeinschaft Vertragspartner des Kaufvertrags wird. Bis auf eine Ausnahme wurden in allen durch Bietergemeinschaften veröffentlichten Angebotsunterlagen jeweils alle Mitglieder der Bietergemeinschaft als Vertragspartner des Kaufvertrags festgelegt. So werden nach den Festlegungen in der Angebotsunterlage der RAS Beteiligungs GmbH und der LSW GmbH und

---

570 Vgl. *Heinrich/Mock* in KölnKomm WpÜG, 3. Aufl. 2022, § 2 Rn. 143; *Santelmann*, in Steinmeyer WpÜG, 4. Aufl. 2019, § 35 Rn. 95; von dem Entstehen einer Bruchteilsgemeinschaft gehen *Baums/Hecker*, in Baums/Thoma/Verse WpÜG, 13. Lieferung 12.2020, § 2 Rn. 110 aus.

571 Zum Vorrang der Angebotsunterlage *Heinrich/Mock*, in KölnKomm WpÜG, 3. Aufl. 2022, § 2 Rn. 143; *Santelmann*, in Steinmeyer WpÜG, 4. Aufl. 2019, § 35 Rn. 95.

572 Vgl. z.B. Angebotsunterlage der Technology Center Holding GmbH und der Enapter AG an die Aktionäre der MARNA Beteiligungen AG v. 24.1.2024, S. 54; Angebotsunterlage der Studhalter Investment AG und der Highlight Communications AG an die Aktionäre der Constantin Medien AG v. 18.12.2017, S. 51; Angebotsunterlage der Tahoe Investors GmbH und der Brillant 1953. GmbH an die Aktionäre der ALNO Aktiengesellschaft v. 16.11.2016, S. 44.

der SGW-Immo-GmbH an die Aktionäre der home24 SE vom 11. November 2022 die „Bieterinnen als Gesamtschuldnerinnen“ Vertragspartner der Zielgesellschaftsaktionäre.[573] Es entsteht ein Mehrparteienvertrag.[574]

Nur in dem Übernahmeangebot der Tahoe Investors GmbH und der Brillant 1953. GmbH an die Aktionäre der ALNO Aktiengesellschaft vom 16. November 2016 wurde festgelegt, dass der Kaufvertrag zwischen dem Zielgesellschaftsaktionär und „der jeweiligen Bieterin“ zustande kommt.[575] Fraglich ist, ob hierin ein Verstoß gegen den Vollangebotsgrundsatz des WpÜG liegt. Gemäß § 32 WpÜG ist ein Übernahmeangebot, welches sich nur auf einen Teil der Aktien der Zielgesellschaft erstreckt, unzulässig.[576] Für einen Verstoß könnte sprechen, dass der Bieter sein Angebot auf alle Aktien zu richten hat, jedoch die Bieter, die nicht Vertragspartei werden sollen, ihr Angebot nicht auf alle Aktien richten. Gegen einen Verstoß spricht jedoch, dass den Zielgesellschaftsaktionären eine Ausstiegsmöglichkeit gegeben wird und der Zweck des Vollangebotsgrundsatzes folglich erfüllt ist.[577] Schließlich bezieht sich das Angebot im Ergebnis auf alle Aktien der Zielgesellschaft. Auch eine etwaige geringere Solvenz des vertragsschließenden Bieters kann nicht von Bedeutung sein, da die Bieter in aller Regel als Gesamtschuldner haften.

---

573 Angebotsunterlage der RAS Beteiligungs GmbH und der LSW GmbH und der SGW-Immo-GmbH an die Aktionäre der home24 SE v. 11.11.2022, S. 58; s. auch die Festlegung in der Angebotsunterlage der Technology Center Holding GmbH und der Enapter AG an die Aktionäre der MARNA Beteiligungen AG v. 24.1.2024, S. 54.

574 Zu Mehrparteienverträgen im internationalen Vertragsrecht *Mankowski*, in Ferrari IntVertragsR, 3. Aufl. 2018, CISG Vor Art. 14 Rn. 11.

575 Angebotsunterlage der Tahoe Investors GmbH und der Brillant 1953. GmbH an die Aktionäre der ALNO Aktiengesellschaft v. 16.11.2016, S. 44.

576 *Thun/Brandi*, in Angerer/Brandi/Süßmann WpÜG, 4. Aufl. 2023, § 32 Rn. 2 f.; *Hasselbach*, in KölnKomm WpÜG, 3. Aufl. 2022, § 32 Rn. 1 ff.; *Ekkenga/Schirrmacher*, in Beurskens/Ehricke/Ekkenga WpÜG, 2. Aufl. 2021, § 32 Rn. 1; *Diekmann*, in Baums/Thoma/Verse WpÜG, 14. Lieferung, Stand 9.2023, § 32 Rn. 1 ff.; *Favoccia*, in Assmann/Pötzsch/Uwe H. Schneider WpÜG, 3. Aufl. 2022, § 32 Rn. 4 ff.; *Mayer-Uellner*, AG 2012, 399 (400 f.).

577 Zum Zweck des Vollangebotsgrundsatzes *Diekmann*, in Baums/Thoma/Verse WpÜG, 14. Lieferung, Stand 9.2023, § 32 Rn. 1; *Favoccia*, in Assmann/Pötzsch/Uwe H. Schneider WpÜG, 3. Aufl. 2022, § 32 Rn. 5; *Hasselbach*, in KölnKomm WpÜG, 3. Aufl. 2022, § 32 Rn. 1; *Mayer-Uellner*, AG 2012, 399 (400 f.).

b) Verfügungsgeschäft

Auch im Rahmen des Verfügungsgeschäfts geben die Mitglieder der Bietergemeinschaft jeweils eine Willenserklärung gerichtet auf den dinglichen Erwerb der eingelieferten Zielgesellschaftsaktien ab. Der Inhalt dieser Willenserklärung ist davon abhängig, ob der dingliche Erwerb der eingelieferten Zielgesellschaftsaktien auf die einzelnen Mitglieder der Bietergemeinschaft aufgeteilt wird oder ob eine solche Aufteilung nicht vorgenommen wird. Ob eine Aufteilung des dinglichen Erwerbs der eingelieferten Zielgesellschaftsaktien erfolgt, ist der Entscheidung der Mitglieder der Bietergemeinschaft überlassen und wird durch die Festlegungen in der Angebotsunterlage bestimmt. Denkbar ist die Festlegung von Miteigentum, Bruchteilseigentum, Gesamthandseigentum, Volleigentum bestimmter Konsorten oder auch nach Wahl der Angebotsadressaten.[578]

In der Praxis überwiegt die Übereignung der eingelieferten Zielgesellschaftsaktien auf nur ein Mitglied der Bietergemeinschaft. In neun von sechszehn Angebotsverfahren durch Bietergemeinschaften seit 2013 wurde in der Angebotsunterlage ein Bieter bezeichnet, der alle eingelieferten Aktien erwerben sollte.[579] In den anderen sieben Angebotsverfahren von

---

578 *Santelmann*, in Steinmeyer WpÜG, 4. Aufl. 2019, § 35 Rn. 95; vgl. auch *Baums/Hecker*, in Baums/Thoma/Verse WpÜG, 13. Lieferung 12.2020, § 2 Rn. 110.

579 Angebotsunterlage der Technology Center Holding GmbH und der Enapter AG an die Aktionäre der MARNA Beteiligungen AG v. 24.1.2024, S. 53; Angebotsunterlage des Ingmarus Johannes Maria Snijders und der Voltaire Finance B.V. an die Aktionäre der Wild Bunch AG v. 13.1.2022, S. 34; Angebotsunterlage der VICUS Group AG und Michael Klemmer, Gabriel Schütze und Reiner Eenhuis an die Aktionäre der Travel24.com AG v. 25.11.2020, S. 30; Angebotsunterlage der Deutsche Balaton Biotech AG und der DELPHI Unternehmensberatung Aktiengesellschaft an die Aktionäre der Biofrontera AG vom 21.6.2019, S. 19; Angebotsunterlage der Studhalter Investment AG und der Highlight Communications AG an die Aktionäre der Constantin Medien AG v. 18.12.2017, S. 50 f.; Angebotsunterlage des David L. Deck, und Gilbert Schöni, und der Prof. Dr. Lee-Ann Laurent-Applegate, und des Frank Scheunert an die Aktionäre der Porta Systems AG v. 22.5.2014, S. 24; Angebotsunterlagen des Günther Skrzypek und der Augur Financial Holding Zwei GmbH & Co. KG an die Aktionäre der Schnigge Wertpapierhandelsbank AG, v. 17.3.2014, S. 26; Angebotsunterlagen der Steuler-Fliesen GmbH und des Herrn Michael Steuler an die Aktionäre der Norddeutsche Steingut Aktiengesellschaft v. 23.8.2013, S. 38 ff.; Angebotsunterlage des Herrn David L. Deck und des Herrn Gilbert Schöni an die Aktionäre der German Brokers AG v. 6.2.2013, **S.** 27.

Bietergemeinschaften wurde ein Verteilungsschlüssel für den dinglichen Erwerb der eingelieferten Zielgesellschaftsaktien festgelegt.[580]

In allen Praxisfällen der Bietergemeinschaft seit dem Jahr 2013 wurde in der Angebotsunterlage festgelegt, welcher Bieter das dingliche Eigentum an den eingelieferten Zielgesellschaftsaktien erwirbt. Folglich spielt die Frage, was bei fehlender Festlegung gilt, wie bei dem Verpflichtungsgeschäft, keine Rolle. Da die nicht rechtsfähige Gesellschaft bürgerlichen Rechts gemäß § 740 Abs. 1 BGB kein eigenes Vermögen bilden kann, sind die Gesellschafter auf die Bruchteilsgemeinschaft (§ 741 BGB) oder auf Treuhandkonstruktionen verwiesen.[581]

c) Zwischenergebnis

Abhängig von dem Inhalt der auf das Verpflichtungsgeschäft gerichteten Willenserklärungen der Mitglieder der Bietergemeinschaft werden die Kaufverträge zwischen den Zielgesellschaftsaktionären und einzelnen Mitgliedern der Bietergemeinschaft oder allen Mitgliedern der Bietergemeinschaft geschlossen. Entsprechendes gilt auch für die Übereignung der Zielgesellschaftsaktien. Die Übereignung erfolgt je nach Inhalt der Willenserklärungen der Mitglieder der Bietergemeinschaft an einzelne Mitglieder der

---

580 Angebotsunterlage der MedNation AG und der CHAPTERS Group AG und des Dirk Isenberg und des Mathias Niedermeier und des Peter Potocnik an die Aktionäre der MedNation AG v. 29.11.2024, S. 15 f.; Angebotsunterlage der RAS Beteiligungs GmbH und der LSW GmbH und der SGW-Immo-GmbH an die Aktionäre der home24 SE v. 28.7.2023, S. 54 ff.; Angebotsunterlage der RAS Beteiligungs GmbH und der LSW GmbH und der SGW-Immo-GmbH an die Aktionäre der home24 SE v. 11.11.2022, S. 55 ff.; Angebotsunterlage der Shareholder Value Beteiligungen AG und der Share Value Stiftung an die Aktionäre der SMT Scharf AG, v. 2.2.2021, S. 45; Angebotsunterlage der Shareholder Value Beteiligungen AG und der Shareholder Value Management AG an die Aktionäre der INTERSHOP Communications Aktiengesellschaft vom 20.3.2019, S. 22; Angebotsunterlage der Tahoe Investors GmbH und der Brillant 1953. GmbH an die Aktionäre der ALNO Aktiengesellschaft v. 16.11.2016, S. 29 f.; Angebotsunterlage der AVIC International Engineering Holdings Pte. Ltd. und der Europe Project Management Pte. Ltd. und der Europe Technology Investment Pte. Ltd. und der Europe Engineering Holdings Pte. Ltd. an die Aktionäre der KHD Humboldt Wedag International AG vom 21.11.2013, S. 42.

581 *Bachmann*, NJW 2021, 3073 (3076); bereits zum Regierungsentwurf des MoPeG *K. Schmidt*, ZHR 185 (2021), 16 (21); vgl. auch *Baums/Hecker*, in Baums/Thoma/Verse WpÜG, 13. Lieferung 12.2020, § 2 Rn. 110.

Bietergemeinschaft oder an die Gesamtheit der Mitglieder. In der Praxis kommt das Verpflichtungsgeschäft in über 90% der von Bietergemeinschaften abgegebenen öffentlichen Angeboten mit allen Mitgliedern der Bietergemeinschaft zustande.

E. Besonderheiten bei der Verfahrensphase II

I. Angebotsveröffentlichung

Eine Verpflichtung des Bieters zur Erstellung einer Angebotsunterlage besteht nicht.[582] Wird jedoch eine Angebotsunterlage erstellt, ist diese nach Gestattung durch die BaFin durch den Bieter zu veröffentlichen.[583] Vor diesem Hintergrund könnte überlegt werden, ob die Zuleitung der Angebotsunterlage an die BaFin und die darauf folgende Veröffentlichung gemäß § 14 Abs. 1, 2 WpÜG, durch jedes Mitglied der Bietergemeinschaft zu erfolgen hat. Schließlich handelt es sich um eine Verpflichtung des Bieters. Eine einmalige Zuleitung der gemeinsamen Angebotsunterlage an die BaFin und die anschließende gemeinsame Veröffentlichung muss jedoch genügen.

Die Regelung in § 14 WpÜG verfolgt einen Informationszweck, der sicherstellen soll, dass das Angebot des Bieters den Angebotsadressaten sowie weiteren Beteiligten zugänglich ist.[584] Darüber hinaus ist mittelbarer Normzweck die Verhinderung unvollständiger oder sonst gesetzeswidriger Angebotsunterlagen und damit der Schutz der Zielgesellschaftsaktionäre.[585] Dem Informationszweck ist durch die einmalige gemeinsame Veröffentlichung der Angebotsunterlage durch die Bietergemeinschaft genüge getan. Auch

---

582 *Beurksens/Oechsler*, in Beurskens/Ehricke/Ekkenga WpÜG, 2. Aufl. 2021, § 14 Rn. 2; so auch die BaFin im Fall Gerhard Schmid/France Telecom/Mobilcom AG, in dem der ehemalige Vorstandsvorsitzende der Mobilcom AG, Gerhard Schmid, erfolglos versuchte die Abgabe eines Pflichtangebots durch France Telecom zu erzwingen; s. dazu *Seibt*, RWS-Forum Gesellschaftsrecht 2003, 337 (344 f.).

583 *Seibt*, in KölnKomm WpÜG, 3. Aufl. 2022, § 14 Rn. 56; *Wackerbarth*, in MüKo AktG, 5. Aufl. 2021, § 14 WpÜG Rn. 2; *Süßmann*, in Angerer/Brandi/Süßmann WpÜG, 4. Aufl. 2023, § 14 Rn. 1; *Thoma*, in Baums/Thoma/Verse WpÜG, 14. Lieferung, 9.2023, § 14 Rn. 70.

584 *Seibt*, in KölnKomm WpÜG, 3. Aufl. 2022, § 14 Rn. 5; *Wackerbarth*, in MüKo AktG, 5. Aufl. 2021, § 14 WpÜG Rn. 2.

585 *Seibt*, in KölnKomm WpÜG, 3. Aufl. 2022, § 14 Rn. 2; *Thoma*, in Baums/Thoma/Verse WpÜG, 14. Lieferung, 9.2023, § 14 Rn. 4.

die Prüfung mehrerer inhaltsgleicher Angebotsunterlagen durch die BaFin wäre widersinnig. Schließlich stellt die Prüfung der gemeinsamen Angebotsunterlage durch die BaFin hinreichend sicher, dass keine unvollständige oder sonst gesetzeswidrige Angebotsunterlage veröffentlicht wird. Daher genügt die einmalige gemeinsame Veröffentlichung der Angebotsunterlage, wie es in der Praxis auch üblich ist.[586]

II. Angebotsänderung

Die Änderung eines öffentlichen Angebots ist nach Veröffentlichung der Angebotsunterlage nur innerhalb der Grenzen des § 21 WpÜG möglich.[587] Diese Änderungen bedürfen eines Beschlusses des Bieters. Gibt ein Bieter allein ein Angebot ab, richtet sich die Entscheidung über die Änderung lediglich nach der Rechtsform und gegebenenfalls der Satzung oder dem Gesellschaftsvertrag des Bieters.

1. Grundsätzliche Änderungsmöglichkeit

Wird das Angebot durch mehrere Personen gemeinsam, als Bietergemeinschaft, abgegeben, ist die Entscheidungsfindung aufgrund möglicherweise divergierender Interessen in tatsächlicher Hinsicht komplizierter. Um solchen Komplikationen vorzubeugen, sollte in der Bietervereinbarung geregelt werden,[588] wie über etwaige Angebotsänderungen beschlossen wird und welche Mehrheiten erforderlich sind. Fehlt eine solche Regelung in der Bietervereinbarung, gelten die gesetzlichen Regelungen. Da es sich bei der

---

586 Nur im Falle des Pflichtangebots des Herrn Michael Steuler und des freiwilligen Erwerbsangebots der Steuler-Fliesen GmbH an die Aktionäre der Norddeutsche Steingut Aktiengesellschaft v. 23.8.2013 sowie bei dem Pflichtangebot des Herrn Günther Skrzypek und des freiwilligen Erwerbsangebots der Augur Financial Holding Zwei GmbH & Co. KG an die Aktionäre der Schnigge Wertpapierhandelsbank AG v. 17.3.2014 wurden jeweils zwei identische Angebotsunterlagen veröffentlicht.

587 Zu den zulässigen Änderungen s. *Thun/Brandi*, in Angerer/Brandi/Süßmann WpÜG, 4. Aufl. 2023, § 21 Rn. 8 ff.; *Noack/Holzborn*, in Schwark/Zimmer KMRK, 5. Aufl. 2020, § 21 WpÜG Rn. 4 ff.; beispielsweise zu nennen sind die Herabsetzung der Mindestannahmeschwelle, die Erhöhung des Angebotspreises sowie der Verzicht auf Angebotsbedingungen; zu der Diskussion um den Verzicht auf die Mindestannahmeschwelle s. *Verse/Brellochs*, ZHR 186 (2022), 339 ff.; *Hasselbach*, in KölnKomm WpÜG, 3. Aufl. 2022, § 21 Rn. 47.

588 Zum Inhalt einer Bietervereinbarung Teil III C.II.

Bietergemeinschaft in aller Regel um eine nicht rechtsfähige Gesellschaft bürgerlichen Rechts handelt, gelten die entsprechenden Vorschriften über die Willensbildung.[589] Gemäß § 740 Abs. 2 i.V.m. § 714 BGB ist demnach ein einstimmiger Beschluss erforderlich.[590] Dies birgt erhebliche Blockaderisiken, die über Erfolg oder Misserfolg des Angebots entscheiden können, sodass eine Regelung in der Bietervereinbarung unbedingt zu empfehlen ist.

2. Bildung der Bietergemeinschaft durch Beitritt Dritter zum laufenden Verfahren

Auch nach der Veröffentlichung der Angebotsunterlage kann es zu Konstellationen kommen, in denen der Ausgangsbieter ein Interesse daran hat, mit einem Partner zu kooperieren. Ein solcher Fall, wenn auch in der Praxis ohne Bildung einer Bietergemeinschaft gelöst, hätte die Übernahme der damaligen zooplus AG, einer in Europa führenden Online-Plattform für Heimtierbedarf, sein können. Am 14. September 2021 hat der US Finanzinvestor Hellman & Friedman durch die Bietergesellschaft Zorro BidCo S.à r.l. ein an die zooplus-Aktionäre gerichtetes Übernahmeangebot abgegeben. Daraufhin hat der schwedische Finanzinvestor EQT durch die Bietergesellschaft Pet BidCo GmbH am 6. Oktober 2021 ein konkurrierendes Angebot veröffentlicht. Nach mehreren Angebotspreiserhöhungen haben Hellman & Friedman und EQT am 25. Oktober 2021 veröffentlicht, eine Partnerschaft eingegangen zu sein, wonach eine finale Preiserhöhung des Angebots von Hellman & Friedman erfolgte und EQT nach Vollzug des Übernahmeangebots gemeinschaftlich kontrollierender Gesellschafter der Zorro BidCo S.à r.l. werden sollte.[591] Das Übernahmeangebot von EQT, als wirtschaftlich geringfügig ungünstigeres Angebot, verfehlte die Mindestannahmeschwelle und lief aus. Das Übernahmeangebot von Hellman & Friedman mit Unterstützung von EQT, war erfolgreich. Anstelle der Beteiligung von EQT an der Bietergesellschaft nach

---

589 Zu der Einordnung als nicht rechtsfähige Gesellschaft bürgerlichen Rechts s. Teil II D.II.

590 Zum Beschluss der Gesellschaft bürgerlichen Rechts *Schäfer*, in MüKo BGB, 9. Aufl. 2024, § 714 Rn. 8 ff.; *Lieder*, in Erman BGB, 17. Aufl. 2023, § 714 Rn. 1 ff.

591 S. Pressemitteilung zooplus vom 25.10.2021, abrufbar unter https://corporate.zooplus.com/de/investor-relations/; zum ganzen Sachverhalt s. auch *Hasselbach/Stepper*, BB 2022, 643 (644 f.).

Vollzug des Übernahmeangebots hätte auch ein Beitreten von EQT zu dem Hellman & Friedman-Angebot angedacht werden können.

Ein ähnlich gelagerter Fall wie bei der zooplus-Übernahme stellte sich bei dem Bieterwettstreit um die Repower Systems AG. Im Jahr 2007 überboten sich die Societé des Participations du Commissariat à l'Energie Atomique (AREVA) und die Suzlon Windenergie GmbH mehrfach bei ihrem Versuch die Repower Systems AG zu übernehmen. Nach mehreren Angebotspreiserhöhungen einigten sich die Bieter auf eine Kooperation und übernahmen Repower gemeinsam.[592]

Sollen diese Konstellationen als Bietergemeinschaft aufgelöst werden, ist fraglich, ob der ursprünglich konkurrierende Bieter zu einem Bieter werden kann, der das ursprüngliche Angebot gemeinsam mit dem Ausgangsbieter abgibt. Einer solchen Konstruktion könnte entgegenstehen, dass die Änderung eines öffentlichen Angebots nach Veröffentlichung der Angebotsunterlage nur innerhalb der Grenzen des § 21 WpÜG erfolgen kann.

Der Wortlaut des § 21 WpÜG ist dahingehend sehr eindeutig. Nur in Einzelfällen wird diskutiert, ob nicht über den Wortlaut des § 21 WpÜG hinaus Angebotsänderungen möglich sein sollen.[593] Dies gibt Anlass dazu darüber nachzudenken, ob nicht das Hinzutreten eines weiteren Bieters zu einem bereits bestehenden Angebot eine zulässige Änderung außerhalb des Katalogs von § 21 Abs. 1 WpÜG darstellen könnte. Schließlich würde den Zielgesellschaftsaktionären lediglich ein weiterer Anspruchsgegner zur Verfügung gestellt. Die Änderung wäre für die Zielgesellschaftsaktionäre also in rechtlicher und wirtschaftlicher Hinsicht vorteilhaft. Damit steht das Hinzutreten eines weiteren Bieters den zulässigen Änderungen des § 21 Abs. 1 WpÜG systematisch gleich, die allesamt im Ergebnis eine Verbesserung des Angebots aus Sicht der Zielgesellschaftsaktionäre sind.[594] Auch der

---

592 *Cascante*, in FS Wegen, 2015, S. 175 (184).

593 Vgl. z.B. die Diskussion um den Verzicht auf die Mindestannahmeschwelle nach Ablauf der Annahmefrist in *Verse/Brellochs*, ZHR 186 (2022), 339 ff.; ablehnend *Hasselbach*, in KölnKomm WpÜG, 3. Aufl. 2022, § 21 Rn. 47.

594 Zur Vorteilhaftigkeit der zulässigen Änderungen gemäß § 21 Abs. 1 WpÜG *Thun/Brandi*, in Angerer/Brandi/Süßmann WpÜG, 4. Aufl. 2023, § 21 Rn. 8; *Noack/Holzborn*, in Schwark/Zimmer KMRK, 5. Aufl. 2020, § 21 WpÜG Rn. 4 f.; *Seiler/Larisch*, in Assmann/Pötzsch/Uwe H. Schneider WpÜG, 4. Aufl. 2024, § 21 Rn. 4; *Bastian*, in Steinmeyer WpÜG, 4. Aufl. 2019, § 21 Rn. 2.

Zweck des § 21 WpÜG, also die Gewährleistung eines ordnungsgemäßen und sicheren Verfahrens bei Änderung eines Angebots,[595] steht der Bildung einer Bietergemeinschaft auch nach Veröffentlichung der Angebotsunterlage nicht entgegen.

Vor dem Hintergrund der klaren Regelungstechnik des § 21 Abs. 1 WpÜG mit dem abschließenden Katalog werden jedoch Änderungen, die über den Katalog des § 21 Abs. 1 WpÜG hinausgehen, selbst dann nicht zulässig sein, wenn sie die Angebotsadressaten besser stellen oder vorteilhaft sind.[596] Auch würde das Hinzukommen eines weiteren Bieters erhebliche Änderungen der Angebotsunterlage erfordern, da die beiden Bieter als gemeinsam handelnde Personen gelten würden,[597] wodurch sich im Ergebnis sogar der Mindestangebotspreis ändern könnte.

Möglich wäre hingegen die Abgabe eines Alternativangebots. Ein Alternativangebot ist ein Angebot, das während der Annahmefrist von dem ursprünglichen Bieter gemeinsam mit dem hinzugetretenen Bieter abgegeben wird und das neben das ursprüngliche Angebot tritt. Auch wenn das Alternativangebot Abweichungen von dem ursprünglichen Angebot enthält, die nicht von dem Katalog des § 21 Abs. 1 WpÜG umfasst sind, soll dies zulässig sein. Grund hierfür ist, dass den Zielgesellschaftsaktionären die Möglichkeit verbleibt, das ursprüngliche Angebot anzunehmen.[598] Dies führt zu dem widersinnigen Ergebnis, dass es unzulässig ist, dass der später hinzukommende Bieter dem bereits bestehenden Angebot hinzutritt, sondern ein alternatives gemeinsames Angebot der Bietergemeinschaft abgegeben werden muss.

Durch eine Erhöhung des Angebotspreises des alternativen Angebots kann die Bietergemeinschaft sicherstellen, dass das ursprüngliche Angebot leerläuft und das Alternativangebot Erfolg hat. Gleichwohl geht mit der Abgabe eines Alternativangebots ein erheblicher Aufwand einher, sodass ein Vorgehen wie bei der zooplus-Übernahme und der Übernahme der Repower Systems vorzugswürdig ist.

---

595 *Noack/Holzborn*, in Schwark/Zimmer KMRK, 5. Aufl. 2020, § 21 WpÜG Rn. 2.

596 *Bastian*, in Steinmeyer WpÜG, 4. Aufl. 2019, § 21 Rn. 5; *Hasselbach*, in KölnKomm WpÜG, 3. Aufl. 2022, § 21 Rn. 28.

597 *Heinrich/Mock*, in KölnKomm WpÜG, 3. Aufl. 2022, § 2 Rn. 145.

598 *Hasselbach*, in KölnKomm WpÜG, 3. Aufl. 2022, § 21 Rn. 22.

III. Veröffentlichungspflichten der Bietergemeinschaft nach Angebotsabgabe

Gemäß § 23 Abs. 1 Satz 1 WpÜG ist der Bieter verpflichtet, die Anzahl sämtlicher ihm, den mit ihm gemeinsam handelnden Personen und deren Tochterunternehmen insgesamt zustehenden Wertpapieren der Zielgesellschaft, einschließlich der Höhe der jeweiligen Anteile und (zuzurechnenden) Stimmrechte sowie die sich aus den ihm zugegangenen Annahmeerklärungen ergebende Anzahl der Wertpapiere, die Gegenstand des Angebots sind, einschließlich der Höhe der Wertpapier- und Stimmrechtsanteile, zu veröffentlichen. Diese Veröffentlichungen (sogenannte „Wasserstandsmeldungen") haben nach Veröffentlichung der Angebotsunterlage wöchentlich sowie in der letzten Woche vor Ablauf der Annahmefrist täglich, unverzüglich nach Ablauf der Annahmefrist sowie unverzüglich nach Ablauf der weiteren Annahmefrist und unverzüglich nach Erreichen der für einen übernahmerechtlichen Squeeze-out erforderlichen Beteiligungshöhe von 95 % zu erfolgen.[599]

1. Individuelle oder gemeinsame „Wasserstandsmeldungen"

Bei der Bietergemeinschaft stellt sich die Frage, ob die Veröffentlichung gemeinsamer „Wasserstandsmeldungen" ausreicht oder ob jeder Bieter individuelle Meldungen gemäß § 23 WpÜG veröffentlichen muss.

Die Frage ist, wie bei der Bietergemeinschaft üblich, nicht im Gesetz geregelt. Im Grundsatz trifft jede Bieterpflicht jedes Mitglied der Bietergemeinschaft als Bieter individuell.[600] Im Falle der „Wasserstandsmeldungen" ist von diesem Grundsatz keine Ausnahme zu machen. Der Grund hierfür ist, dass der Inhalt der Meldungen nach § 23 WpÜG für jeden Bieter individuell zu ermitteln ist. Dies soll anhand eines Beispiels verdeutlicht werden: Die A AG und Großinvestor G geben ein Übernahmeangebot an die Aktionäre der S SE

---

599 *Leyendecker-Langner/Läufer*, NZG 2014, 161(162); *Kraack*, AG 2017, 677 (683); *Lebherz*, WM 2010, 154 (162); vgl. bereits vor in Kraft treten des WpÜG *Liebscher*, ZIP 2001, 853 (865); *Witt*, NZG 2000, 809 (810).

600 Vgl. *Favoccia*, in Assmann/Pötzsch/Uwe H. Schneider WpÜG, 4. Aufl. 2024, § 2 Rn. 91; *Heinrich/Mock* in KölnKomm WpÜG, 3. Aufl. 2022, § 2 Rn. 139; *Angerer*, in Angerer/Brandi/Süßmann WpÜG, 4. Aufl. 2023, § 2 Rn. 19; *Baums/Hecker*, in Baums/Thoma/Verse WpÜG, 13. Lieferung 12.2020, § 2 Rn. 110; *Wackerbarth*, in MüKo AktG, 6. Aufl. 2024, § 2 WpÜG Rn. 37; *Beurskens/Oechsler*, in Beurskens/Ehricke/Ekkenga WpÜG, 2. Aufl. 2021, § 2 Rn. 25.

ab. G hält bereits 5% der stimmberechtigten Aktien an der S SE (S-Aktien). Die G GmbH, deren Alleingesellschafter G ist, hält 1% der S-Aktien. Die A AG erwirbt vor Beginn des Übernahmeverfahrens 3% der S-Aktien. Innerhalb der ersten Woche wird das Angebot für 10% der S-Aktien angenommen. Die erste Meldung gemäß § 23 Abs. 1 Satz 1 Nr. 1 WpÜG würde je nach Bieter unterschiedlich ausfallen:

- G müsste melden, dass ihm 5% der S-Aktien unmittelbar zustehen, ihm die 1% der S-Aktien, die durch die G GmbH gehalten werden, gemäß § 30 Abs. 1 Nr. 1 WpÜG zugerechnet werden und dass der A AG als mit ihm gemeinsam handelnder Person weitere 3% der S-Aktien zustehen. Ferner müssten die 10% der bisher eingelieferten S-Aktien gemeldet werden.
- Die Meldung der A AG bestünde aus der Angabe der unmittelbar zustehenden 3% der S-Aktien sowie der Meldung der durch G gehaltenen 5% der S-Aktien und der diesem zugerechneten 1% der S-Aktien, welche durch die G GmbH gehalten werden. Auch die A AG müsste darüber hinaus die 10% der bisher eingelieferten S-Aktien melden.

Das Beispiel verdeutlicht die unterschiedlichen Inhalte der „Wasserstandsmeldungen". Demnach hat jeder Bieter individuelle Meldungen gemäß § 23 WpÜG zu veröffentlichen. So erfolgt ist dies in jüngerer Zeit auch bei der Übernahme der home24 SE durch die RAS Beteiligungs GmbH, die LSW GmbH und die SGW-Immo-GmbH.[601]

2. Folgeproblem: Beginn der weiteren Annahmefrist

Bei Übernahme- und Pflichtangeboten löst die Meldung gemäß § 23 Abs. 1 Satz 1 Nr. 2 WpÜG, also die nach Ablauf der Annahmefrist zu veröffentlichende Stimmrechtsmeldung, den Beginn der weiteren Annahmefrist aus. Gemäß § 16 Abs. 2 WpÜG können die Aktionäre der Zielgesellschaft, die das Angebot nicht innerhalb der Annahmefrist angenommen haben, das

[601] S. beispielhaft die Meldung gemäß § 23 WpÜG der RAS Beteiligungs GmbH in Anlage 2.

Angebot innerhalb von zwei Wochen nach der in § 23 Abs. 1 Satz 1 Nr. 2 WpÜG genannten Veröffentlichung (weitere Annahmefrist) annehmen.[602]

Wird ein Übernahme- oder Pflichtangebot durch einen einzelnen Bieter abgegeben, ist dessen „Wasserstandsmeldung" gemäß § 23 Abs. 1 Satz 1 Nr. 2 WpÜG der für den Beginn der weiteren Annahmefrist maßgebliche Zeitpunkt. Bei einem gemeinsamen Angebot einer Bietergemeinschaft, deren Mitglieder wie oben dargestellt, jeweils individuelle „Wasserstandsmeldungen" zu veröffentlichen haben,[603] drängt sich die Frage auf, welcher Zeitpunkt für den Beginn der weiteren Annahmefrist maßgeblich ist. In Betracht kommen zwei Anknüpfungspunkte:

1. Beginn der weiteren Annahmefrist erst mit Veröffentlichung der Meldungen aller Mitglieder der Bietergemeinschaft gemäß § 23 Abs. 1 Satz 1 Nr. 2 WpÜG; oder
2. Beginn der weiteren Annahmefrist mit Veröffentlichung der ersten Meldung gemäß § 23 Abs. 1 Satz 1 Nr. 2 WpÜG aus der hervorgeht, dass die Mindestannahmeschwelle überschritten wurde.

Der „richtige" Anknüpfungspunkt kann nur vor dem Hintergrund des Zwecks der weiteren Annahmefrist bestimmt werden. Mit der Veröffentlichung der Entscheidung zur Abgabe eines Übernahmeangebots gemäß § 10 WpÜG kommt es in aller Regel zu einem Anstieg des Börsenkurses der Zielgesellschaftsaktien.[604] Hierdurch kommt der Zielgesellschaftsaktionär in einen Entscheidungskonflikt: Soll er die Aktie halten, über die Börse veräußern oder das Angebot annehmen. Dies kann dazu führen, dass der Aktionär seine Aktien an den Bieter veräußert, obwohl der Angebotspreis unter dem wahren Wert des Unternehmens liegt, um nicht als Minderheitsaktionär in der Zielgesellschaft zu verbleiben. Auf abstrakter Ebene wird

---

602 Zur weiteren Annahmefrist s. *Seiler/Larisch*, in Assmann/Pötzsch/Uwe H. Schneider WpÜG, 4. Aufl. 2024, § 16 Rn. 24 ff.; *Steinmeyer*, in Steinmeyer WpÜG, 4. Aufl. 2019, § 16 Rn. 5; *Süßmann*, in Angerer/Brandi/Süßmann WpÜG, 4. Aufl. 2023, § 16 Rn. 26 ff.

603 S. Teil III E.III.

604 *Kremer/Kulenkamp*, in KölnKomm WpÜG, 3. Aufl. 2022, § 5 WpÜG-AngebV Rn. 13; vgl. auch *Witt*, NZG 2000, 809 (811).

dieser Konflikt, aufgrund der fehlenden Möglichkeit der Abstimmung mit anderen Zielgesellschaftsaktionären als „prisoner's dilemma" bezeichnet.[605]

Mit der ersten Meldung, gemäß § 23 Abs. 1 Satz 1 Nr. 2 WpÜG, aus der hervorgeht, dass die Mindestannahmeschwelle überschritten wurde, hat der Zielgesellschaftsaktionär das Wissen, dass er seine Aktien in das Angebot einliefern muss, um nicht als Minderheitsaktionär in der Zielgesellschaft zu verbleiben. Mit diesem Wissen ist das „prisoner's dilemma" aufgelöst. Richtigerweise sollte die weitere Annahmefrist daher mit Veröffentlichung der ersten „Wasserstandsmeldung" aus der hervorgeht, dass die Mindestannahmeschwelle überschritten wurde, beginnen. Vor dem Hintergrund der oftmals sehr formalistischen Sichtweise der BaFin ist es jedoch denkbar, dass die BaFin für den Beginn der weiteren Annahmefrist auf den ersten Anknüpfungspunkt, also die Veröffentlichung der Meldungen aller Mitglieder der Bietergemeinschaft gemäß § 23 Abs. 1 Satz 1 Nr. 2 WpÜG abstellt.

In der Praxis wird das Problem wohl kaum je zur Entfaltung kommen, da aufgrund der Regelung in § 23 Abs. 1 Satz 1 Nr. 2 WpÜG eine „unverzügliche" Meldung zu erfolgen hat, sodass die Mitglieder der Bietergemeinschaft ihre Meldungen wohl stets koordiniert veröffentlichen werden, sodass die beiden oben genannten Anknüpfungspunkte zeitlich zusammenfallen.

F. Besonderheiten bei der Integrationsphase

Nach Abschluss des Übernahmeverfahrens stellen sich oftmals Haftungsfragen. Außerdem muss im Anschluss an die Übernahme das übernommene Unternehmen in die Strukturen des Bieters integriert werden. Hinsichtlich beider Themenkomplexe ergeben sich bei Angeboten, die durch eine Bietergemeinschaft abgegeben wurden, rechtliche Besonderheiten.

---

605 *Süßmann*, in Angerer/Brandi/Süßmann WpÜG, 4. Aufl. 2023, § 16 Rn. 27; *Hasselbach*, in KölnKomm WpÜG, 3. Aufl. 2022, § 16 Rn. 42 f.; *Witt*, NZG 2000, 809 (811 f.); zum Gefangenendilemma umfassend *Herkenroth*, Konzernierungsprozesse im Schnittfeld von Konzernrecht und Übernahmerecht, 1994, S. 336 ff.; s. auch *Liebscher*, ZIP 2001, 853 (856, 865); *Weimar/Breuer*, BB 1991, 2309 (2310 Fn. 7); *Sandberger*, DZWiR 1993, 319 (321); vgl. auch *Röhrich*, Feindliche Übernahmeangebote, 1992, S. 84 f.; zur Problematik in der sich der Zielgesellschaftsaktionär befindet *Bebchuck*, Harvard L. Rev. 98 (1985), 1700 (1736); *Hahn*, ZBB 1990, 10 (14).

I. Haftungsfragen

Mit Vollzug des Angebots können Haftungsfragen relevant werden. Dies beginnt bereits mit der Frage, von wem die Zielgesellschaftsaktionäre die Gegenleistung verlangen können. Ferner sieht das WpÜG einige Haftungstatbestände vor, die im Folgenden auf die Person des Anspruchsgegners hin untersucht werden. Die relevanten Haftungstatbestände sind § 12 WpÜG und § 38 WpÜG.

Sowohl der Frage, wer Anspruchsgegner der Gegenleistungsforderungen der Zielgesellschaftsaktionäre ist, als auch die Frage nach dem Anspruchsgegner etwaiger Schadensersatzansprüche aus § 12 WpÜG oder § 38 WpÜG liegt die Überlegung zugrunde, wer bei einem Angebot einer Bietergemeinschaft grundsätzlich Anspruchsgegner ist. Haften alle Mitglieder gesamtschuldnerisch oder haften jeweils nur bestimmte Mitglieder der Bietergemeinschaft?

Einen allgemeinen Grundsatz, dass die Mitglieder einer Bietergemeinschaft für Ansprüche aus oder im Zusammenhang mit dem gemeinsam abgegebenen Angebot gesamtschuldnerisch haften, gibt es nicht. Die Anspruchsgrundlagen sind folglich einzeln daraufhin zu untersuchen, wer der Anspruchsgegner der Zielgesellschaftsaktionäre ist.

1. Gegner des Anspruchs auf Angebotsgegenleistung

Anspruchsgegner des Anspruchs auf Kaufpreiszahlung ist gemäß § 433 Abs. 2 BGB der Käufer. Eine gesamtschuldnerische Haftung mehrerer Bieter auf Zahlung des Kaufpreises besteht, wenn die Gesamtschuld gesetzlich angeordnet oder vertraglich vereinbart ist.[606] Eine solche gesetzliche Regelung liegt für den Anspruch der Zielgesellschaftsaktionäre auf Zahlung der Angebotsgegenleistung gegen die Mitglieder einer Bietergemeinschaft nicht ausdrücklich vor. Jedoch haften mehrere, die sich durch Vertrag gemeinschaftlich zu einer teilbaren Leistung verpflichten gemäß § 427 BGB im Zweifel gesamtschuldnerisch. Die Gegenleistung eines Barangebots ist eine teilbare Leistung im Sinne von § 427 BGB.[607] Auch im unwahrscheinlichen Fall eines durch eine Bietergemeinschaft abgegebenen Tauschangebots, bei

---

[606] *Heinemeyer*, in MüKo BGB, 9. Aufl. 2022, § 421 Rn. 18; *Kreße*, in BeckOGK BGB, Stand 1.12.2024, § 421 Rn. 5

[607] *Kreße*, in BeckOGK BGB, Stand 1.12.2024, § 420 Rn. 4 m.w.N.; s. auch *Kopp*, WM 2020, 536 (542).

dem Aktien die Gegenleistung sind, liegt die Teilbarkeit der Leistung vor. Darüber hinaus erforderlich ist eine gemeinschaftliche Verpflichtung der Mitglieder der Bietergemeinschaft zur Leistungserbringung. In den Praxisfällen der Bietergemeinschaft haben sich die Mitglieder der Bietergemeinschaft stets zur gemeinschaftlichen Erbringung der Gegenleistung verpflichtet. Einzige Ausnahme hiervon ist das Übernahmeangebot an die Aktionäre der ALNO Aktiengesellschaft, wonach der Kaufvertrag nur „zwischen dem Zielgesellschaftsaktionär und der „jeweiligen Bieterin“ zustande kommt“.[608] In der Regel haften die Mitglieder der Bietergemeinschaft den Zielgesellschaftsaktionären für die Angebotsgegenleistung als Gesamtschuldner.[609]

2. Anspruchsgegner etwaiger Ansprüche aus § 12 Abs. 1 WpÜG und § 38 WpÜG

Das WpÜG beinhaltet verschiedene Ansprüche der Zielgesellschaftsaktionäre gegen den Bieter. Wer bei einem gemeinsamen Angebot einer Bietergemeinschaft Anspruchsgegner der Zielgesellschaftsaktionäre ist, wird hinsichtlich der Ansprüche aus § 12 Abs. 1 WpÜG und § 38 WpÜG untersucht.

a) Anspruchsgegner des Anspruchs aus § 12 Abs. 1 WpÜG

Gemäß § 12 Abs. 1 Nr. 1 WpÜG ist Anspruchsgegner, wer die Verantwortung für die Angebotsunterlage übernommen hat. Gemäß § 12 Abs. 1 a.E. WpÜG haften die bezeichneten Personen gesamtschuldnerisch. Wenn alle Mitglieder der Bietergemeinschaft stets als Person im Sinne von § 12 Abs. 1 WpÜG gelten, würde dementsprechend jedes Mitglied der Bietergemeinschaft gesamtschuldnerisch haften. Zu klären ist also, ob die Mitglieder der Bietergemeinschaft zwingend alle die Verantwortung für die Angebotsunterlage übernehmen, sodass sie als Person im Sinne von § 12 Abs. 1 Nr. 1 WpÜG gelten. Die Personen oder Gesellschaften, die die Verantwortung für die Angebotsunterlage übernommen haben, müssen gemäß § 11 Abs. 3 WpÜG

---

608 S. Angebotsunterlage der Tahoe Investors GmbH und der Brillant 1953. GmbH an die Aktionäre der ALNO Aktiengesellschaft v. 16.11.2016, S. 44.

609 Im Ergebnis auch *Baums/Hecker*, in Baums/Thoma/Verse WpÜG, 13. Lieferung 12.2020, § 2 Rn. 110; aus der Praxis beispielsweise zu nennen ist die Angebotsunterlage der MedNation AG und der CHAPTERS Group AG und des Dirk Isenberg und des Mathias Niedermeier und des Peter Potocnik an die Aktionäre der MedNation AG v. 29.11.2024, S. 7.

in der Angebotsunterlage bezeichnet werden. In der Literatur besteht keine vollständige Einigkeit hinsichtlich der Frage, ob der Bieter die Verantwortung für den Inhalt der Angebotsunterlage ablehnen kann. Im Ergebnis besteht jedoch Einigkeit, dass der Bieter gemäß § 12 Abs. 1 WpÜG haftet.[610] Vor dem 1. Januar 2024 hatte der Bieter die Angebotsunterlage nach § 11 Abs. 1 Satz 5 WpÜG a.F. zu unterzeichnen, sodass der Bieter bereits deshalb nach § 12 Abs. 1 WpÜG gehaftet hat. Eine zusätzliche zwingende Nennung des Bieters gemäß § 11 Abs. 3 WpÜG war vor diesem Hintergrund nicht erforderlich.[611] Auch der Wortlaut des § 11 Abs. 3 WpÜG sieht eine solche Pflicht nicht vor. Seit dem 1. Januar 2024 ist die Unterzeichnungspflicht des Bieters aus § 11 Abs. 1 Satz 5 WpÜG a.F. jedoch entfallen. Vor diesem Hintergrund erscheint es sachgerecht, dass alle Bieter die Verantwortungserklärung des § 11 Abs. 3 WpÜG abgeben. Dementsprechend kann der Bieter die Verantwortung für den Inhalt der Angebotsunterlage nicht ablehnen.[612]

In der Praxis werden jedoch der oder die Bieter stets die Verantwortung übernehmen, so haben stets sämtliche Mitglieder der Bietergemeinschaft die Verantwortung für den Inhalt der Angebotsunterlage übernommen.[613]

Folglich sind die Bieter stets Anspruchsgegner gemäß § 12 WpÜG, nach dessen Abs. 1 a.E. sie als Gesamtschuldner haften.

---

610 Vgl. *Seibt*, in KölnKomm WpÜG, 3. Aufl. 2022, § 11 Rn. 81; *Süßmann*, in Angerer/Brandi/Süßmann WpÜG, 4. Aufl. 2023, § 11 Rn. 91; *Beurskens/Oechsler*, in Beurskens/Ehricke/Ekkenga WpÜG, 2. Aufl. 2021, § 12 Rn. 11; *Rothley/Kurth*, in Heidel Aktien- u. Kapitalmarktrecht, 6. Aufl. 2024, § 11 WpÜG Rn. 33; *Meyer/Kiesewetter*, in Assmann/Pötzsch/Uwe H. Schneider WpÜG, 4. Aufl. 2024, § 11 Rn. 132; *Paschos/Goslar*, in Paschos/Fleischer Hdb Übernahmerecht, 1. Aufl. 2017, § 14 Rn. 127.

611 Vgl. *Seibt*, in KölnKomm WpÜG, 3. Aufl. 2022, § 11 Rn. 81; auch *Thoma*, in Baums/Thoma/Verse WpÜG, 14. Lieferung 9.2023, § 11 Rn. 150, § 12 Rn. 49; *Beurskens/Oechsler*, in Beurskens/Ehricke/Ekkenga WpÜG, 2. Aufl. 2021, § 12 Rn. 11.

612 So i.E. auch *Süßmann*, in Angerer/Brandi/Süßmann WpÜG, 4. Aufl. 2023, § 11 Rn. 91; *Rothley/Kurth*, in Heidel Aktien- u. Kapitalmarktrecht, 6. Aufl. 2024, § 11 WpÜG Rn. 33; *Meyer/Kiesewetter*, in Assmann/Pötzsch/Uwe H. Schneider WpÜG, 4. Aufl. 2024, § 11 Rn. 132; *Paschos/Goslar*, in Paschos/Fleischer Hdb Übernahmerecht, 1. Aufl. 2017, § 14 Rn. 127.

613 S. z.B. Angebotsunterlage der Technology Center Holding GmbH und der Enapter AG an die Aktionäre der MARNA Beteiligungen AG v. 24.1.2024, S. 72; vgl. für alle Arten von öffentlichen Angeboten auch *Paschos/Goslar*, in Paschos/Fleischer Hdb Übernahmerecht, 1. Aufl. 2017, § 14 Rn. 127; s. auch *Noack/Holzborn*, in Schwark/Zimmer KMRK, 5. Aufl. 2020, § 11 WpÜG Rn. 11.

b) Anspruchsgegner des Anspruchs aus § 38 WpÜG

Gemäß § 38 WpÜG ist der Bieter den Aktionären der Zielgesellschaft zur Zahlung von Zinsen auf die Gegenleistung verpflichtet, wenn er im Zuge eines Kontrollerwerbs über die Zielgesellschaft keine Veröffentlichung gemäß § 10 Abs. 3 Satz 1 WpÜG vornimmt, er kein Pflichtangebot abgibt oder ihm ein solches untersagt worden ist. Ausweislich des Wortlauts des § 38 WpÜG ist der Bieter Anspruchsgegner. Darüber hinaus wird vertreten, dass in einer Bietergemeinschaft jedes Mitglied zur Verzinsung des Anspruchs auf Gegenleistung verpflichtet ist. Die Mitglieder der Bietergemeinschaft sollen im Rahmen des § 38 WpÜG folglich gesamtschuldnerisch haften.[614] Naheliegender erscheint es jedoch, dass nur ein solches Mitglied der Bietergemeinschaft Anspruchsgegner ist, in dessen Person sich einer der Tatbestände des § 38 Nr. 1-3 WpÜG verwirklicht.[615] Für eine pauschale Haftung aller Mitglieder der Bietergemeinschaft bietet der Wortlaut des § 38 WpÜG keinen Ansatzpunkt. In systematischer Hinsicht spricht hierfür auch, dass eine gesamtschuldnerische Haftung in § 12 Abs. 1 WpÜG eindeutig angeordnet ist. Eine solche gesamtschuldnerische Haftung wird in § 38 WpÜG nicht begründet.

II. Strukturmaßnahmen

Nach Vollzug des öffentlichen Angebots soll die Zielgesellschaft möglichst eng an den Übernehmer gebunden werden. Dabei sind die vom Integrationsmanagement zu bewältigenden Herausforderungen vielfältig.[616] Bei der Übernahme einer Zielgesellschaft durch eine Bietergemeinschaft sind neben den wirtschaftlichen Risiken noch rechtliche Besonderheiten zu berücksichtigen. Die rechtlichen Besonderheiten betreffen insbesondere die Integrationsmaßnahmen, also den Abschluss eines Beherrschungs- und Gewinnabführungsvertrags, die Übertragung der Aktien der Minderheitsaktionäre auf den

---

[614] *Meyer*, in Angerer/Brandi/Süßmann WpÜG, 4. Aufl. 2023, § 38 Rn. 4; *Schlitt*, in MüKo AktG, 5. Aufl. 2021, § 38 WpÜG Rn. 11; *Stephan*, in Assmann/Pötzsch/Uwe H. Schneider WpÜG, 4. Aufl. 2024, § 38 Rn. 10; vgl. *Bastian*, in Steinmeyer WpÜG, 4. Aufl. 2019, § 38 Rn. 7; auch *Fest*, in Baums/Thoma/Verse WpÜG, 14. Lieferung 9.2023, § 38 Rn. 190 geht von einer *regelmäßigen* Haftung als Gesamtschuldner aus.

[615] So *Kremer/Kulenkamp*, in KölnKomm WpÜG, 3. Aufl. 2022, § 38 Rn. 9.

[616] *Austmann*, ZGR 2009, 277 (278 f.).

Mehrheitsaktionär (sogenannter Squeeze-out) sowie ein etwaiges Delisting gemäß § 39 Abs. 2 BörsG mittels Delisting-Erwerbsangebot.[617]

1. Beherrschungs- und Gewinnabführungsvertrag nach gemeinsamen Angebot

Der Abschluss eines Beherrschungs- und/oder Gewinnabführungsvertrags ermöglicht dem Bieter den Zugriff auf die Zielgesellschaft nach einem erfolgreichen Übernahmeangebot.[618] Bei einem gemeinsam durch eine Bietergemeinschaft abgegebenen Übernahmeangebot stellt sich die Frage, wer Vertragspartner der Zielgesellschaft werden kann. Je nach Ausgestaltung des gemeinsamen Angebots sind nach Vollzug mehrere Bieter an der Zielgesellschaft beteiligt.[619]

Die Zielgesellschaft kann nicht mehrere voneinander unabhängige Beherrschungsverträge mit verschiedenen Unternehmen schließen. Möglich wäre jedoch der Abschluss mehrerer Beherrschungsverträge, wenn die herrschenden Vertragspartner ihre Weisungsrechte koordinieren.[620] Der Abschluss mehrerer Beherrschungsverträge erscheint jedoch unnötig kompliziert. Einfacher ist der Abschluss eines Beherrschungsvertrags der beherrschten Gesellschaft mit mehreren anderen Unternehmen als Vertragspartnern. Im Ergebnis stehen dann mehrere Unternehmen auf Seiten der herrschenden

---

617 Zum BGAV s. *v. Bonin*, in BeckFormb M&A, 4. Aufl. 2025, L.I.; *Diekmann*, in Paschos/Fleischer Hdb Übernahmerecht, 1. Aufl. 2017, § 26 Rn. 4 ff.; beim Squeeze out werden der umwandlungsrechtliche-, aktienrechtliche- und übernahmerechtliche Squeeze out unterschieden, *Diekmann*, in Paschos/Fleischer Hdb Übernahmerecht, 1. Aufl. 2017, § 26 Rn. 2; s. dazu *Seibt*, in BeckFormb M&A, 4. Aufl. 2025, L.III.1; für ein Muster einer Angebotsunterlage eines freiwilligen Delisting-Erwerbsangebots, s. *Seibt/v. Bonin*, in BeckFormb M&A, 4. Aufl. 2025, E.III.6.; zu der Integrationsphase insgesamt *Austmann*, ZGR 2009, 277 ff.

618 Vgl. *v. Bonin*, in BeckFormb M&A, 4. Aufl. 2025, L.I.1 Anm. 1; *Austmann*, ZGR 2009, 277 (286).

619 S. z.B. die Beteiligung der drei Bieterinnen an der home24 SE infolge des Übernahmeangebots, Angebotsunterlage der RAS Beteiligungs GmbH und der LSW GmbH und der SGW-Immo-GmbH an die Aktionäre der home24 SE v. 11.11.2022, S. 23.

620 *Altmeppen*, in MüKo AktG, 6. Aufl. 2023, § 291 Rn. 109 f.; vgl. auch *Peres*, in Heidel Aktien- u. Kapitalmarktrecht, 6. Aufl. 2024, § 291 AktG Rn. 32.

Unternehmen.[621] Die herrschenden Unternehmen müssen dabei keine Einheit bilden. Vielmehr genügt das Zusammenwirken bei der Willensbildung für die Weisungserteilung.[622] Den herrschenden Vertragspartnern steht im Grundsatz jeweils das Weisungsrecht zu. Jedoch ist dieses Weisungsrecht zur Verhinderung widersprüchlicher Weisungen vertraglich dahingehend einzuschränken, dass das Weisungsrecht erst nach erfolgter Absprache mit den anderen herrschenden Parteien ausgeübt werden darf.[623] Mit Abschluss des Vertrags haften die herrschenden Unternehmen gesamtschuldnerisch für die Ansprüche aus §§ 302 ff. AktG.[624] Auch der Abschluss eines einheitlichen Gewinnabführungsvertrags mit mehreren Unternehmen ist rechtlich zulässig.[625] Die herrschenden Unternehmen sind im Zweifel Mitgläubiger (§ 432 BGB).[626]

2. Squeeze-out

Auch nach Abschluss eines Beherrschungs- und Gewinnabführungsvertrags zwischen den Bietern und der Zielgesellschaft kann ein Störpotenzial durch Minderheitsaktionäre verbleiben. Durch einen Squeeze-out können sich die Bieter des finanziellen und zeitlichen Aufwands entledigen, der mit der Existenz von Minderheitsaktionären einhergeht.[627] Das deutsche Recht sieht drei Formen des Squeeze-outs vor. Den übernahmerechtlichen, den aktienrechtlichen und den umwandlungsrechtlichen Squeeze-out. Erstmals

---

621 *Altmeppen*, in MüKo AktG, 6. Aufl. 2023, § 291 Rn. 112; vgl. *Paschos*, in Henssler/Strohn Gesellschaftsrecht, 6. Aufl. 2024, § 291 Rn. 21; *Deilmann*, in Hölters/Weber AktG, 4. Aufl. 2022, § 291 Rn. 41; *Koch*, in Koch AktG, 18. Aufl. 2024, § 291 Rn. 16.

622 *Altmeppen*, in MüKo AktG, 6. Aufl. 2023, § 291 Rn. 114.

623 *Altmeppen*, in MüKo AktG, 6. Aufl. 2023, § 291 Rn. 122; *Gansweid*, Gemeinsame Tochtergesellschaften im deutschen Konzern- und Wettbewerbsrecht, 1976, S. 149 ff.; vgl. dazu auch *Paschos*, in Henssler/Strohn Gesellschaftsrecht, 6. Aufl. 2024, § 291 Rn. 22.

624 *Altmeppen*, in MüKo AktG, 6. Aufl. 2023, § 291 Rn. 117.

625 *Paschos*, in Henssler/Strohn Gesellschaftsrecht, 6. Aufl. 2024, § 291 Rn. 39; *Altmeppen*, in MüKo AktG, 6. Aufl. 2023, § 291 Rn. 153; *Veil/Walla*, in BeckOGK AktG, Stand 1.10.2024, § 291 Rn. 113; *Emmerich*, in Emmerich/Habersack Aktien- und GmbH-Konzernrecht, 10. Aufl. 2022, § 291 Rn. 79; *Koch*, in Koch AktG, 18. Aufl. 2024, § 291 Rn. 25; *Langenbucher*, in K. Schmidt/Lutter AktG, 5. Aufl. 2024, § 291 Rn. 71.

626 *Altmeppen*, in MüKo AktG, 6. Aufl. 2023, § 291 Rn. 153.

627 *Seibt*, in BeckFormb M&A, 4. Aufl. 2025, L.III.1.2; *Austmann*, ZGR 2009, 277 (295).

wurde ein übernahmerechtlicher Squeeze-out 2007 durchgeführt, durch die Schuler AG bei der Müller Weingarten AG.[628] Allerdings ist der übernahmerechtliche Squeeze-out darüber hinaus praktisch ohne Bedeutung geblieben. Praktische Relevanz haben nur der aktienrechtliche oder umwandlungsrechtliche Squeeze-out.[629] Rechtliche Besonderheiten stellen sich mit Blick auf die Bietergemeinschaft jedoch insbesondere bei dem übernahmerechtlichen Squeeze-out.

a) Aktienrechtlicher und umwandlungsrechtlicher Squeeze-out

Für den aktienrechtlichen Squeeze-out ist gemäß § 327a Abs. 1 AktG eine Beteiligung am Grundkapital der Zielgesellschaft in Höhe von 95% erforderlich. Der übernahmerechtliche Squeeze-out erfordert eine Beteiligung am Grundkapital der Zielgesellschaft in Höhe von 90% (§ 62 Abs. 6 UmwG).

Beiden Squeeze-out-Formen gemein ist, dass die Aktien im oben genannten Umfang dem Hauptaktionär „gehören“ müssen. Dies setzt voraus, dass der den Antrag stellende Aktionär dinglich Berechtigter der Aktien ist. Hierfür ist erforderlich, dass der Hauptaktionär Eigentümer der Aktien ist oder der Hauptaktionär die dingliche Berechtigung durch eine Wertpapierleihe erhält.[630] Dies kann im Zusammenhang mit gemeinsamen Angeboten von Bietergemeinschaften zu Komplikationen führen. In der Regel wird die Bietergemeinschaft eingesetzt, um den dinglichen Erwerb der Zielgesellschaftsaktien aufzuteilen. Demzufolge wird nach Abschluss des Angebotsverfahrens

---

628 *Cascante*, in FS Wegen, 2015, S. 175 (185).

629 *Seibt*, CFL 2011, 213 (238 f.); *Austmann*, ZGR 2009, 277 (303 f.); vgl. auch *Seibt*, in BeckFormb M&A, 4. Aufl. 2025, L.III.1.5; *Hasselbach*, in KölnKomm WpÜG, 3. Aufl. 2022, § 39a Rn. 3; *Süßmann*, in Angerer/Brandi/Süßmann WpÜG, 4. Aufl. 2023, § 39a Rn. 4; *Ott*, WM 2008, 384 (390); für einen Reformvorschlag zum übernahmerechtlichen Squeeze out s. *Seibt*, NZG 2023, 1197; zuvor *Seibt*, Handelsblatt v. 9.8.2023, abrufbar unter https://www.handelsblatt.com/meinung/gastbeitraege/gastkommentar-deutschland-braucht-eine-reform-des-uebernahmerechts/29290944.html.

630 *Seibt*, in BeckFormb M&A, 4. Aufl. 2025, L.III.1.7; zu § 327a Abs. 1 AktG s. *Diekmann*, in Paschos/Fleischer Hdb Übernahmerecht, 1. Aufl. 2017, § 26 Rn. 106; *Grunewald*, in MüKo AktG, 6. Aufl. 2023, § 327a Rn. 8; *Rieder*, in Grigoleit AktG, 2. Aufl. 2020, § 327a Rn. 18; zu § 62 Abs. 5 UmwG s. *Missio*, in Schmitt/Hörtnagl UmwG, UmwStG, 10. Aufl. 2024, § 62 UmwG Rn. 18; die Zulässigkeit des Erreichens der Squeeze-out Schwelle durch Wertpapierleihe wurde durch den BGH im Fall Lindner KGaA bejaht, BGH v. 16.3.2009 – II ZR 302/06 = NJW-RR 2009, 828.

nur sehr selten ein Mitglied der Bietergemeinschaft Eigentümer von 90% oder 95% der Zielgesellschaftsaktien sein. Erforderlich ist bei der Bietergemeinschaft also, dass die Mitglieder der Bietergemeinschaft die jeweils von ihnen gehaltenen Zielgesellschaftsaktien auf das den Squeeze-out-Antrag stellende Mitglied der Bietergemeinschaft im Wege der Wertpapierleihe übertragen.

b) Übernahmerechtlicher Squeeze-out

Der übernahmerechtliche Squeeze-out soll der Kompensation des Bieters für die mit der Übernahme verbundenen Kosten und Risiken dienen.[631] Diese Kosten und Risiken tragen auch die Mitglieder einer Bietergemeinschaft. Der übernahmerechtliche Squeeze-out steht folglich auch den Bietern einer Bietergemeinschaft offen. Im Zusammenhang von Bietergemeinschaft und dem übernahmerechtlichen Squeeze-out und den §§ 39a ff. WpÜG ergeben sich drei rechtliche Besonderheiten. Diese Besonderheiten betreffen die Frage, wie die 95%-Schwelle des § 39a Abs. 1 WpÜG erreicht werden kann (1), die Problematik um das Erreichen der 90%-Schwelle des § 39a Abs. 3 Satz 3 WpÜG, die die Vermutung der Angemessenheit der Gegenleistung begründet (2), sowie das Andienungsrecht des § 39c WpÜG (3).

aa) Erreichen der Squeeze-out-Schwelle des § 39a Abs. 1 Satz 1 WpÜG

Für den übernahmerechtlichen Squeeze-out ist erforderlich, dass der Bieter durch ein vorausgehendes Pflicht- oder Übernahmeangebot mindestens 95% des stimmberechtigten Grundkapitals erwirbt (§ 39a Abs. 1 WpÜG). Bei Erwerb auch von 95% des Grundkapitals kann der Bieter ebenfalls die Übertragung stimmrechtsloser Vorzugsaktien verlangen.[632] Auch nach einem Angebot einer Bietergemeinschaft kann nur derjenige den Antrag gemäß § 39a Abs. 1 Satz 1 WpÜG stellen, dem nach dem Angebot mindestens 95% der Aktien gehören. Zurechnungen aufgrund gemeinsamen Handelns genügen nicht.[633] Die Auslegung des Begriffs „gehören“ aus § 39a Abs. 1 WpÜG

---

[631] *Seibt*, in BeckFormb M&A, 4. Aufl. 2025, L.III.1.5; *Seibt/Heiser*, AG 2006, 301 (317); *Seibt/Heiser*, ZIP 2002, 2193 (2200); *Seibt/Heiser*, ZGR 2005, 200 (239 f.); *Ott*, WM 2008, 384.

[632] *Seibt*, in BeckFormb M&A, 4. Aufl. 2025, L.III.1.5.; vgl. auch *Noack/Zetzsche*, in Schwark/Zimmer KMRK, 5. Aufl. 2020, § 39a WpÜG Rn. 4 ff.

[633] *Süßmann*, in Angerer/Brandi/Süßmann WpÜG, 4. Aufl. 2023, § 39a Rn. 6; *Lochner*, in Heidel Aktien- und Kapitalmarktrecht, 5. Aufl. 2020, § 39a WpÜG Rn. 17; *Noack/*

entspricht grundlegend dem Begriff in § 327a Abs. 1 Satz 1 AktG. Erforderlich ist die Inhaberschaft des Vollrechts. In der Regel wird die Bietergemeinschaft jedoch eingesetzt, um den dinglichen Erwerb der Zielgesellschaftsaktien aufzuteilen. Demzufolge wird nach Abschluss des Angebotsverfahrens nur sehr selten ein Mitglied der Bietergemeinschaft Eigentümer von 95% der Zielgesellschaftsaktien sein. Jedoch ist bei einer Wertpapierleihe auch der Entleiher Inhaber des Vollrechts.[634] Erforderlich ist bei der Bietergemeinschaft daher, dass die Mitglieder der Bietergemeinschaft die jeweils von ihnen gehaltenen Zielgesellschaftsaktien auf das, den Squeeze-out-Antrag stellende, Mitglied der Bietergemeinschaft im Wege der Wertpapierleihe übertragen.

bb) Angemessenheitsvermutung des § 39a Abs. 3 Satz 3 WpÜG

Der „Flaschenhals" für die praktische Bedeutung des übernahmerechtlichen Squeeze-out ist die Vermutung der Angemessenheit der Gegenleistung gemäß § 39a Abs. 3 WpÜG. Kann nicht auf die im Rahmen des Übernahme- oder Pflichtangebots gewährte Gegenleistung für die Bestimmung der Abfindung zurückgegriffen werden, ist die Höhe der Abfindung kaum vorhersehbar und der übernahmerechtliche Squeeze-out unpraktikabel. Die gemäß § 39a Abs. 3 Satz 3 WpÜG erforderliche Annahmequote von mindestens 90% wird jedoch sehr selten erreicht, sodass die Bedeutung des übernahmerechtlichen Squeeze-out äußert gering ist.[635]

Bei der Bietergemeinschaft stellt sich neben der ohnehin schon sehr hohen Annahmequote des § 39a Abs. 3 Satz 3 WpÜG das Problem, dass der Wortlaut der Norm auf den „Erwerb von Aktien in Höhe von mindestens 90%"

Zetzsche, in Schwark/Zimmer KMRK, 5. Aufl. 2020, § 39a WpÜG Rn. 1; vgl. auch *Ott*, WM 2008, 384 (387).

634 Zur Auslegung des Begriffs „gehören" i.S.v. § 39 Abs. 1 S. 1 WpÜG *Hasselbach*, in KölnKomm WpÜG, 3. Aufl. 2022, § 39a Rn. 41; *Ott*, WM 2008, 384 (387 Fn. 28); vgl. auch *Noack/Zetzsche*, in Schwark/Zimmer KMRK, 5. Aufl. 2020, § 39a WpÜG Rn. 15; *Seiler/Schweitzer*, in Assmann/Pötzsch/Uwe H. Schneider WpÜG, 4. Aufl. 2024, § 39a Rn. 35; die Zulässigkeit des Erreichens der Squeeze-out Schwelle durch Wertpapierleihe wurde durch den BGH im Fall Lindner KGaA bejaht, BGH v. 16.3.2009 – II ZR 302/06 = NJW-RR 2009, 828.

635 Vgl. *Hasselbach*, in KölnKomm WpÜG, 3. Aufl. 2022, § 39a Rn. 3; *Süßmann*, in Angerer/Brandi/Süßmann WpÜG, 4. Aufl. 2023, § 39a Rn. 4; *Austmann*, ZGR 2009, 277 (303 f.); *Ott*, WM 2008, 384 (390); für einen Verbesserungsvorschlag s. *Seibt*, NZG 2023, 1197.

durch den „Bieter“ abstellt. Da die Bietergemeinschaft in der Regel eingesetzt wird, um den dinglichen Erwerb der Zielgesellschaftsaktien aufzuteilen, wird kaum je ein Mitglied Aktien im Umfang von 90% des von dem Angebot betroffenen Grundkapitals erwerben. Um der Bietergemeinschaft den übernahmerechtlichen Squeeze-out faktisch nicht nahezu vollständig zu versperren, müsste die Norm dahingehend ausgelegt werden, dass es auf die Annahmequote des Angebots ankommt und nicht darauf, durch welches Mitglied der Bietergemeinschaft die angedienten Aktien erworben werden. Hierin läge auch keine Verletzung des Zwecks der Angemessenheitsschwelle. Schließlich kann es für die Beurteilung der Angemessenheit der Gegenleistung keinen Unterschied machen, an wen die in das gemeinsame Angebot eingelieferten Aktien im Ergebnis übereignet werden. Maßgeblich ist, dass 90% der außenstehenden Aktionäre das Angebot als solches angenommen haben und die Angebotsgegenleistung folglich als „angemessen“ bezeichnet werden kann.

Bei Angeboten von Bietergemeinschaften sollte es also in entsprechender Anwendung des § 39a Abs. 3 Satz 3 WpÜG auf den Erwerb von Aktien in Höhe von mindestens 90% durch „die Bieter“ ankommen.

cc) Andienungsrecht gemäß § 39c WpÜG

Erwirbt ein Bieter infolge eines Übernahme- oder Pflichtangebots Aktien in einem Umfang, der zur Stellung des Antrags nach § 39a WpÜG berechtigt, können die Zielgesellschaftsaktionäre, die das öffentliche Angebot nicht angenommen haben, dem Bieter gemäß § 39c WpÜG für die Dauer von drei Monaten nach Ablauf der Annahmefrist ihre Zielgesellschaftsaktien andienen.

Bei öffentlichen Angeboten von Bietergemeinschaften kann die Aufteilung des dinglichen Erwerbs der Zielgesellschaftsaktien an die Mitglieder der Bietergemeinschaft dazu führen, dass der Erwerb von 95% der Zielgesellschaftsaktien durch ein Mitglied der Bietergemeinschaft faktisch ausgeschlossen wird. Es wäre dann möglich, dass den Mitgliedern der Bietergemeinschaft nach Vollzug des Angebots mehr als 95% der Zielgesellschaftsaktien gehören, das Andienungsrecht des § 39c WpÜG jedoch vereitelt würde. In dieser Konstellation könnte die Vereinbarung eines vertraglichen, dem Recht aus § 39c WpÜG entsprechendes Andienungsrecht erforderlich sein.[636]

---

[636] So *Hippeli*, NZG 2016, 1207 (1213).

Ein solches vertragliches Andienungsrecht ist in der Angebotsunterlage der RAS Beteiligungs GmbH, der LSW GmbH und der SGW-Immo-GmbH an die Aktionäre der home24 SE vom 11. November 2022 vorgesehen. Aufgrund des Verteilungsschlüssels der eingelieferten Zielgesellschaftsaktien war es höchst wahrscheinlich, dass keiner der Bieterinnen nach dem Übernahmeangebot home24-Aktien in Höhe von mindestens 95% des stimmberechtigten Grundkapitals gehören würden. Daher wurde den Zielgesellschaftsaktionären in der Angebotsunterlage ein § 39c WpÜG entsprechendes Andienungsrecht zugesichert, wenn *„den Bieterinnen nach dem Übernahmeangebot Zielgesellschaftsaktien in Höhe von mindestens 95% des stimmberechtigten Grundkapitals der Zielgesellschaft gehören“*.[637] In der Praxis gemeinsamer öffentlicher Angebote von Bietergemeinschaften ist dies bisher der einzige Fall eines solchen vertraglichen Andienungsrechts. In keinem anderen öffentlichen gemeinsamen Angebot einer Bietergemeinschaft findet sich ein solches Recht, auch wenn die dingliche Aufteilung der Zielgesellschaftsaktien explizit vorsieht, dass keiner der Beteiligten 95% der Zielgesellschaftsaktien erwerben kann.[638]

Die Nichtaufnahme eines § 39c WpÜG entsprechenden Andienungsrechts erscheint entgegen der oben bezeichneten Forderung nach einem solchen Recht richtig. Schließlich ist das Andienungsrecht des § 39c WpÜG akzessorisch zu dem übernahmerechtlichen Ausschlussrecht nach § 39a WpÜG.[639] In den Fällen, in denen das oben beschriebene vertragliche Recht eingeräumt werden soll, erreicht ein einzelnes Mitglied der Bietergemeinschaft die Schwelle des § 39a Abs. 1 Satz 1 WpÜG jedoch nicht. Es wird dafür eine Wertpapierleihe über die, von den anderen Mitgliedern der Bietergemeinschaft gehaltenen, Zielgesellschaftsaktien benötigt. Vor der Vereinbarung einer solchen Wertpapierleihe gibt es kein zwingendes Bedürfnis für ein § 39c WpÜG entsprechendes Andienungsrecht.

---

637 Angebotsunterlage der RAS Beteiligungs GmbH und der LSW GmbH und der SGW-Immo-GmbH an die Aktionäre der home24 SE v. 11.11.2022, S. 72.

638 S. z.B. Angebotsunterlage der Tahoe Investors GmbH und der Brillant 1953. GmbH an die Aktionäre der ALNO Aktiengesellschaft v. 16.11.2016, S. 26.

639 *Seiler/Schweitzer*, in Assmann/Pötzsch/Uwe H. Schneider WpÜG, 4. Aufl. 2024, § 39c Rn. 15.

dd) Zwischenergebnis

Der übernahmerechtliche Squeeze-out ist, über die grundsätzlich ohnehin schon geringe praktische Bedeutung hinaus, im Falle einer Bietergemeinschaft nochmals erschwert und mit Unsicherheit behaftet. Ohne Überarbeitung des § 39a WpÜG wird sich dem übernahmerechtlichen Squeeze-out auch bei Angeboten von Bietergemeinschaften keinerlei Bedeutung zukommen.[640] Eine Pflicht zur vertraglichen Vereinbarung eines § 39c WpÜG entsprechenden Andienungsrechts besteht nicht.

3. Delisting-Erwerbsangebot

Im Anschluss an die Übernahme eines börsennotierten Unternehmens kann den Mitgliedern einer Bietergemeinschaft daran gelegen sein, die Börsennotierung des Zielunternehmens zu beenden. Das gemäß § 39 Abs. 2 Nr. 1 BörsG erforderliche Delisting-Erwerbsangebot kann ebenfalls durch eine Bietergemeinschaft abgegeben werden.[641] Dabei gelten die oben aufgezeigten Besonderheiten in entsprechender Anwendung. In der Praxis gab es seit dem Jahr 2013 mit dem Pflicht- und Delisting-Erwerbsangebot der Shareholder Value Beteiligungen AG und der Share Value Stiftung an die Aktionäre der SMT Scharf AG vom 2. Februar 2021 und dem Delisting-Erwerbsangebot der RAS Beteiligungs GmbH und der LSW GmbH und der SGW-Immo-GmbH an die Aktionäre der home24 SE vom 28. Juli 2023 sowie dem Delisting-Erwerbsangebot der MedNation AG und der CHAPTERS Group AG und des Herrn Dirk Isenberg und des Herrn Mathias Niedermeier und des Herrn Peter Potocnik an die Aktionäre der MedNation AG vom 29. November 2024, drei öffentliche Delisting-Erwerbsangebote durch Bietergemeinschaften.

G. Ergebnis Teil III

Die vorangegangene Untersuchung zeigt, dass in jedem Verfahrensschritt bei der Übernahme börsennotierter Unternehmen Besonderheiten zu

640 Für einen Verbesserungsvorschlag des übernahmerechtlichen Squeeze-out s. *Seibt*, NZG 2023, 1197.

641 Für ein Muster eines Delisting-Erwerbsangebots s. *Seibt/v. Bonin*, in BeckFormb M&A, 4. Aufl. 2025, E.III.6.

berücksichtigen sind, wenn das öffentliche Angebot durch eine Bietergemeinschaft abgegeben wird.

Vorbereitungsphase

In der Vorbereitungsphase beginnen die faktischen und rechtlichen Besonderheiten bereits bei der Bildung der Bietergemeinschaft: Bei der Ansprache potenzieller Mitbieter sind zwei verschiedene Szenarien zu unterscheiden: Ist der potenzielle Mitbieter zwingende Voraussetzung für die Abgabe des Angebots wird vor dessen Ansprache keine Insiderinformation vorliegen. Ist der potenzielle Mitbieter nicht zwingende Voraussetzung für die Abgabe des Angebots, würde also der Bieter das Angebot notfalls auch allein abgeben, ist zu differenzieren. Solange noch keine Insiderinformation vorliegt, ist die Ansprache potenzieller Mitbieter unproblematisch. Bis zum Entfallen der Insiderinformation aufgrund der Veröffentlichung der § 10 WpÜG-Meldung ist die Ansprache potenzieller Mitbieter eine rechtmäßige Offenlegung von Insiderinformationen, da sie der Bereichsausnahme des Art. 10 Abs. 1 MAR unterfällt. Nach Entfallen des Charakters als Insiderinformation ist die Ansprache potenzieller Mitbieter zur Bildung einer nachträglichen Bietergemeinschaft wieder problemlos möglich.

Nach erfolgter Mitbieteransprache ist der Abschluss einer Bietervereinbarung empfehlenswert, wenngleich nicht zwingend. Geregelt werden sollten der Ablauf und die Inhalte des Angebots sowie gegebenenfalls die Verwaltung nach Vollzug des Angebots.

Die Erfolgschance des Angebots erhöhende Vorerwerbe sollten aufgrund insiderrechtlicher Risiken höchst vorsorglich nur durch den Ausgangsbieter erfolgen. Richtigerweise sollten Mitbieter jedoch Stakebuilding betreiben können, ohne dass hierin ein Verstoß gegen das Insiderhandelsverbot liegt. Dies muss unabhängig davon gelten, ob der umgesetzte Erwerbsplan ursprünglich gemeinsam oder nur von dem Ausgangsbieter gefasst wurde. Der gemeinsame Erwerbsplan muss die angestrebten Beteiligungsverhältnisse nach Vollzug des Angebots berücksichtigen. Ferner sollte der Erwerbsplan derart ausgestaltet werden, dass die Meldeschwellen der §§ 33 ff. WpHG und erst recht die Erlangung von Kontrolle gemäß § 29 Abs. 2 WpÜG vermeiden werden. Gelingt es die Bietergemeinschaft so zu strukturieren, dass keine Zurechnung nach § 30 Abs. 2 WpÜG oder § 34 WpHG erfolgt, ermöglicht dies den Bietern unerkannt jeweils bis zu den wertpapierhandelsrechtlichen

Meldeschwellen des WpHG Aktien der Zielgesellschaft zu erwerben und eine entsprechend größere Beteiligung aufzubauen.

Der Abschluss von Irrevocable Undertakings begründet nur ein Recht des vertragsschließenden Mitglieds der Bietergemeinschaft auf Einlieferung der Aktien in das Angebot gegen den Aktionär. Folglich sollte der Rechtssicherheit wegen jedes Mitglied der Bietergemeinschaft Vertragspartner der Irrevocable Undertakings werden.

In 40% der von Bietergemeinschaften abgegebenen öffentlichen Angeboten wurden qualifizierte Nichtandienungsvereinbarungen geschlossen. Dabei genügt es, wenn ein Beteiligter der Bietergemeinschaft die Vereinbarung abschließt. Bei dem Abschluss von Zusammenschluss- oder Investorenvereinbarungen empfiehlt es sich hingegen, alle Beteiligten der Bietergemeinschaft zu Vertragspartnern der Zusammenschluss- oder Investorenvereinbarung zu machen.

Verfahrensphase I

Die, die Verfahrensphase I eröffnende, Meldung gemäß § 10 WpÜG hat zu erfolgen, wenn alle Mitglieder der Bietergemeinschaft ihre Entscheidung zur Abgabe des Angebots getroffen haben. Eine gemeinsame Veröffentlichung ist zulässig und zu empfehlen.

Die Finanzierungsbestätigung gemäß § 13 Abs. 1 Satz 2 WpÜG muss sich auf alle Mitglieder der Bietergemeinschaft erstrecken und alle Aktien umfassen, die Gegenstand des Angebots sind. Dafür ist ausreichend, wenn die Bieter gemeinsam die notwendigen finanziellen Mittel sichergestellt haben.

Eine gesetzliche Pflicht zur ausdrücklichen Bezeichnung der Bietergemeinschaft in der Angebotsunterlage besteht nicht. Die Bezeichnung der „Bietergemeinschaft“ empfiehlt sich jedoch zu Klarstellungszwecken. Sie erfolgt in knapp 50% der durch Bietergemeinschaften abgegebenen öffentlichen Angebote. Die Frage, ob der Grund für die Bildung der Bietergemeinschaft veröffentlicht wird, wird in der Praxis unterschiedlich gehandhabt. Eine rechtliche Pflicht zur Offenlegung besteht nicht.

Die Mitglieder der Bietergemeinschaft gelten untereinander stets als gemeinsam handelnde Personen, sodass hinsichtlich der Art der Gegenleistung § 31 Abs. 3 WpÜG zu berücksichtigen ist. Hinsichtlich der Mindesthöhe der anzubietenden Gegenleistung ist für jedes Mitglied der Bietergemeinschaft die Mindestgegenleistung zu bestimmen und den Zielgesellschaftsaktionären mindestens die höchste Mindestgegenleistung anzubieten. Dies birgt das Risiko, einen gegenüber einem allein abgegebenen öffentlichen Angebot erhöhten Mindestpreis bieten zu müssen.

Abhängig von dem Inhalt der auf das Verpflichtungsgeschäft gerichteten Willenserklärungen der Mitglieder der Bietergemeinschaft werden die Kaufverträge zwischen den Zielgesellschaftsaktionären und einzelnen Mitgliedern der Bietergemeinschaft oder allen Mitgliedern der Bietergemeinschaft geschlossen. Entsprechendes gilt auch für die Übereignung der Zielgesellschaftsaktien. In der Praxis kommt das Verpflichtungsgeschäft in über 90% der von Bietergemeinschaften abgegebenen öffentlichen Angeboten mit allen Mitgliedern der Bietergemeinschaft zustande.

Verfahrensphase II

Die Verfahrensphase II wird durch die Zuleitung der Angebotsunterlage zur BaFin und der anschließenden Veröffentlichung der Angebotsunterlage eröffnet. Dabei genügt die einmalige Zuleitung und Veröffentlichung einer gemeinsamen Angebotsunterlage.

Nach der Veröffentlichung der Angebotsunterlage kann kein weiterer Bieter dem ursprünglichen Angebot beitreten und so eine Bietergemeinschaft bilden. Möglich ist nur die Abgabe eines gemeinsamen Alternativangebots des Ausgangsbieters und des hinzugekommenen Bieters mit einem höheren Angebotspreis, um das ursprüngliche Angebot leerlaufen zu lassen. Dies ist jedoch mit großem Aufwand verbunden und daher unpraktikabel.

Die „Wasserstandsmeldungen" gemäß § 23 WpÜG sind durch jeden Bieter individuell zu veröffentlichen. Mit Veröffentlichung der ersten Meldung, gemäß § 23 Abs. 1 Satz 1 Nr. 2 WpÜG aus der hervorgeht, dass die Mindestannahmeschwelle überschritten wurde, sollte die weitere Annahmefrist gemäß § 16 Abs. 2 WpÜG beginnen.

Integrationsphase

Einen allgemeinen Grundsatz, dass die Mitglieder einer Bietergemeinschaft für Ansprüche aus oder im Zusammenhang mit dem gemeinsam abgegebenen Angebot gesamtschuldnerisch haften, gibt es nicht. In über 90% der Praxisfälle haben sich die Mitglieder der Bietergemeinschaften zur gemeinschaftlichen Erbringung der Gegenleistung des mit den Zielgesellschaftsaktionären zu schließenden Kaufvertrags verpflichtet. Anspruchsgegner des

Anspruchs aus § 12 WpÜG sind stets sämtliche Mitglieder der Bietergemeinschaft. Demgegenüber ist Anspruchsgegner des Anspruchs aus § 38 WpÜG nur, in wessen Person sich einer der Tatbestände des § 38 Nr. 1-3 WpÜG verwirklicht.

Nach erfolgreichem Vollzug des Übernahmeangebots stehen den Mitgliedern der Bietergemeinschaft die üblichen Integrationswerkzeuge zur Verfügung. Ein Beherrschungs- und Gewinnabführungsvertrag wird zwischen der Zielgesellschaft als beherrschtem und den Mitgliedern der Bietergemeinschaft als herrschenden Unternehmen geschlossen. Um die für die verschiedenen Arten des Squeeze-out erforderlichen Beteiligungshöhen zu erreichen, ist in der Regel erforderlich, dass die Mitglieder der Bietergemeinschaft die von ihnen gehaltenen Zielgesellschaftsaktien dem, den Squeeze-out-Antrag stellenden, Mitglied der Bietergemeinschaft im Wege der Wertpapierleihe zur Verfügung stellen. Im Zuge des übernahmerechtlichen Squeeze-outs ist nicht erforderlich, dass den Zielgesellschaftsaktionären in der Angebotsunterlage ein § 39c WpÜG entsprechendes Recht eingeräumt wird. Soll die Börsennotierung der Zielgesellschaft beendet werden, kann auch ein Delisting-Erwerbsangebot von einer Bietergemeinschaft abgegeben werden.

Ergebnis in Thesen und Ausblick

Kooperation bei der Übernahme börsennotierter Unternehmen

1. Die Kooperation bieterseitiger Teilnehmer am Markt für Unternehmensübernahmen eröffnet Chancen, die die Risiken einer Kooperation überwiegen können. Kooperierende wirtschaftliche „Bieter" befinden sich häufig in einer stärkeren Verhandlungsposition, haben größere finanzielle Ressourcen und können Angebote zu, aufgrund von geringeren Gegenleistungen, niedrigeren Kosten erfolgreich durchführen.
2. Die Vorteile einer bieterseitigen Kooperation sind strategischer und finanzieller Natur. Diese Vorteile können Vorstandsmitglieder deutscher Unternehmen in VUCA-Zeiten der geopolitischen Dauerkrise verpflichten, bei der Übernahme börsennotierter Unternehmen bieterseitige Kooperationspartner in Erwägung zu ziehen.
3. Entscheidend für den Erfolg der Kooperation ist die Auswahl eines passenden Kooperationspartners und der richtigen Kooperationsstruktur. Hierbei können bieterseitige Akteure auf dem Markt für Unternehmensübernahmen auf einen großen Pool möglicher Kooperationspartner zurückgreifen. Der deutsche Übernahmemarkt würde von einer Phase der „rational cooperation" profitieren.

Die Bietergemeinschaft in der Übernahmepraxis

4. Die Bietergemeinschaft ist in der Praxis bisher nur als Gestaltungsinstrument in Einzelfällen und nicht als genuine Kooperationsform

genutzt worden. Zu Bietergemeinschaften schließen sich sowohl Finanzinvestoren als auch strategische Bieter zusammen. Bezweckt wird insbesondere die Aufteilung des dinglichen Erwerbs der in das Angebot eingelieferten Zielgesellschaftsaktien. Die übernahmerechtliche Bietergemeinschaft bietet sich jedoch auch als Kooperationsform an. Eine gemeinsame Angebotsabgabe ermöglicht die Senkung der Finanzierungslast. Bedeutende Vorteile könnten sich auch bei der Abgabe eines Delisting-Self-Tender-Offers ergeben.

Begriff der Bietergemeinschaft

5. Eine übernahmerechtliche Bietergemeinschaft im Sinne von § 2 Abs. 4 WpÜG liegt vor, wenn mindestens zwei Personen oder rechtsfähige Personenzusammenschlüsse *ein* Angebot oder mehrere miteinander verknüpfte Angebote abgeben und dabei keine rechtsfähige Personengesellschaft bilden.

Anwendungsbereich der Bietergemeinschaft

6. Die Einordnung eines öffentlichen Angebots als gemeinsames Angebot einer Bietergemeinschaft ist für die Zwecke, die mit der Abgabe des Angebots durch eine Bietergemeinschaft verfolgt werden und die anderweitig nicht erreicht werden könnten, von entscheidender Bedeutung. Daher ist insbesondere die Abgrenzung zu dem Angebot einer rechtsfähigen Personengesellschaft von Relevanz.
7. Der Anwendungsbereich der Bietergemeinschaft beschränkt sich auf nicht rechtsfähige Personenzusammenschlüsse. Die einzige Konstellation, die in der Praxis Relevanz erlangt hat, ist der freiwillige Zusammenschluss mehrerer rechtsfähiger Personen zur Abgabe eines gemeinsamen Angebots. Dieser muss so ausgestaltet werden, dass die Mitglieder der Bietergemeinschaft jeder für sich, aber gemeinsam und dennoch nicht als Gesellschaft im Rechtsverkehr auftreten.

Besonderheiten der Vorbereitungsphase des Angebots

8. Die Ansprache potenzieller Mitbieter ist insiderrechtlich möglich. Vorerwerbe im Rahmen des Stakebuilding sollten aufgrund insiderrechtlicher Risiken vorsichtshalber nur durch einen Ausgangsbieter erfolgen.
9. Für ein erfolgreiches gemeinsames öffentliches Angebot ist eine Bietervereinbarung zwischen den Mitgliedern der Bietergemeinschaft zwar nicht gesetzlich verpflichtend, jedoch dringend zu empfehlen.
10. Jedes Mitglied der Bietergemeinschaft sollte Vertragspartner der mit den Paketaktionären der Zielgesellschaft abgeschlossenen Irrevocable Undertakings werden. Selbiges gilt für den Abschluss von Zusammenschluss- oder Investorenvereinbarungen. Der Abschluss von qualifizierten Nichtandienungsvereinbarungen kann jedoch auch durch nur ein Mitglied der Bietergemeinschaft erfolgen.

Besonderheiten bei der Verfahrensphase I des Angebots

11. Die Mitglieder der Bietergemeinschaft sollten gemeinsam eine einheitliche § 10 WpÜG-Meldung veröffentlichen. Dabei und in allen Angebotsdokumenten sollte die Bietergemeinschaft aus Klarstellungsgründen als solche bezeichnet werden, auch wenn es hierzu keine gesetzliche Pflicht gibt.
12. Im Rahmen eines durch eine Bietergemeinschaft abgegebenen öffentlichen Angebots ist nur eine gemeinsame Finanzierungsbestätigung erforderlich, die sich auf die gemeinsam notwendigen finanziellen Mittel erstreckt.
13. Die Mitglieder der Bietergemeinschaft gelten untereinander stets als gemeinsam handelnde Personen, sodass hinsichtlich der Höhe der Gegenleistung § 31 Abs. 3 WpÜG zu berücksichtigen ist. Dies birgt das Risiko, dass die Mindestgegenleistung bei einem durch eine Bietergemeinschaft abgegebenen Angebot höher liegt als bei einem durch einen einzelnen Bieter abgegebenen Angebot.

14. Wer Vertragspartner der Zielgesellschaftsaktionäre wird, obliegt der Festlegung der Mitglieder der Bietergemeinschaft. In der Übernahmepraxis kommt das Verpflichtungsgeschäft in über 90% der von Bietergemeinschaften abgegebenen öffentlichen Angeboten mit allen Mitgliedern der Bietergemeinschaft zustande. Der dingliche Erwerb der Zielgesellschaftsaktien wird in der Regel zwischen den Bietern aufgeteilt.

Besonderheiten bei der Verfahrensphase II des Angebots

15. Die einmalige Zusendung und Veröffentlichung der Angebotsunterlage einer Bietergemeinschaft zur BaFin genügt den Anforderungen des § 14 WpÜG. Nach der Veröffentlichung der Angebotsunterlage kann kein weiterer Bieter dem ursprünglichen Angebot beitreten und so eine Bietergemeinschaft bilden.
16. Die „Wasserstandsmeldungen" gemäß § 23 WpÜG sind durch jedes Mitglied der Bietergemeinschaft individuell zu veröffentlichen. Mit Veröffentlichung der ersten Meldung gemäß § 23 Abs. 1 S. 1 Nr. 2 WpÜG, aus der hervorgeht, dass die Mindestannahmeschwelle überschritten wurde, beginnt die weitere Annahmefrist gemäß § 16 Abs. 2 WpÜG.

Besonderheiten der Integrationsphase des Angebots

17. Einen allgemeinen Grundsatz, dass die Mitglieder einer Bietergemeinschaft für Ansprüche aus oder im Zusammenhang mit dem gemeinsam abgegebenen öffentlichen Angebot gesamtschuldnerisch haften, gibt es nicht. Der Anspruchsgegner ist für jede Anspruchsgrundlage gesondert zu ermitteln. Bezüglich des Anspruchs der Zielgesellschaftsaktionäre auf Zahlung der Gegenleistung haben sich die Mitglieder der Bietergemeinschaften in über 90% der Praxisfälle der Bietergemeinschaft stets zur gemeinschaftlichen Erbringung der Gegenleistung verpflichtet.
18. Nach erfolgreichem Vollzug des Übernahmeangebots stehen den Mitgliedern der Bietergemeinschaft die üblichen Integrationsstrukturen zur Verfügung. Dabei sind Besonderheiten zu berücksichtigen: Bei Abschluss eines Beherrschungs- und Gewinnabführungsvertrags werden alle Mitglieder der Bietergemeinschaft herrschende Unternehmen.

Um die für die verschiedenen Arten des Squeeze-out erforderlichen Beteiligungshöhen zu erreichen, ist meist eine Wertpapierleihe an das den Squeeze-out-Antrag stellende Mitglied der Bietergemeinschaft erforderlich. Im Zuge des übernahmerechtlichen Squeeze-outs ist nicht erforderlich, dass den Zielgesellschaftsaktionären in der Angebotsunterlage ein § 39c WpÜG entsprechendes Recht eingeräumt wird. Auch ein Delisting-Erwerbsangebot kann von einer Bietergemeinschaft abgegeben werden.

Ausblick

19. Die Bietergemeinschaft wird auch in Zukunft wohl nur als Gestaltungsmöglichkeit in Sonderfällen praktische Relevanz erlangen. Zwar sind die Abweichungen im Übernahmeverfahren insgesamt überschaubar, allerdings ist das gemeinsame öffentliche Angebot einer Bietergemeinschaft mit einigen Unklarheiten verknüpft. Aufgrund der Seltenheit der Bietergemeinschaft und den darauf zurückzuführenden Mehraufwand bei der Planung und Durchführung des Angebots sind die klassischen Angebotsstrukturen zu bevorzugen. In der weit überwiegenden Anzahl der Fälle ist also eine Kooperation mehrerer wirtschaftlicher Bieter durch eine Beteiligung an einer Bietergesellschaft, die als alleiniger Bieter auftritt, vorzugswürdig.

Anhang

Anlage 1: Öffentliche Angebote von Bietergemeinschaften seit 2013

Angebotsart	Bieter	Zielgesellschaft	Anzahl Angebote	Datum
Delisting-Erwerbsangebot	MedNation AG	MedNation AG	1	19.11.2024
	CHAPTERS Group AG			
	Dirk Isenberg			
	Mathias Niedermeier			
	Peter Potocnik			
Pflichtangebot	Technology Center Holding GmbH	MARNA Beteiligungen AG	1	24.01.2024
	Enapter AG			
Delisting-Erwerbsangebot	RAS Beteiligungs GmbH	home24 SE	1	28.07.2023
	LSW GmbH			
	SGW-Immo-GmbH			
Übernahmeangebot	RAS Beteiligungs GmbH	home24 SE	1	11.11.2022
	LSW GmbH			
	SGW-Immo-GmbH			
Pflichtangebot	Ingmarus Johannes Maria Snijders	Wild Bunch AG	2	13.01.2022
Erwerbsangebot	Voltaire Finance B.V.			

Angebotsart	Bieter	Zielgesellschaft	Anzahl Angebote	Datum
Pflicht- u. Delisting-Erwerbsangebot	Shareholder Value Beteiligungen AG	SMT Scharf AG	1	02.02.2021
	Share Value Stiftung			
Pflichtangebot	Vicus Group AG	Travel24.com AG	1	25.11.2020
	Michael Klemmer			
	Gabriel Schütze			
	Reiner Eenhuis			
Erwerbsangebot	Deutsche Balaton Biotech AG	Biofrontera AG	1	21.06.2019
	DELPHI Unternehmensberatung Aktiengesellschaft			
Übernahmeangebot	Shareholder Value Beteiligungen AG	INTERSHOP Communications Aktiengesellschaft	1	20.03.2019
	Shareholder Value Management AG			
Übernahmeangebot	Studhalter Investment AG	Constantin Medien AG	1	18.12.2017
	Highlight Communications AG			
Übernahmeangebot	Tahoe Investors GmbH	ALNO Aktiengesellschaft	1	16.11.2016
	Brillant 1953. GmbH			
Pflichtangebot	David L. Deck	Porta Systems AG	1	22.05.2014
	Gilbert Schöni			
	Prof. Dr. Lee-Ann Laurent-Applegate			
	Frank Scheunert			
Pflichtangebot	Günther Skrzypek	Schnigge Wertpapierhandelsbank AG	2	17.03.2014
Erwerbsangebot	Augur Financial Holding Zwei GmbH & Co. KG			

Angebotsart	Bieter	Zielgesellschaft	Anzahl Angebote	Datum
Übernahmeangebot	AVIC International Engineering Holdings Pte. Ltd.	KHD Humboldt Wedag International AG	1	21.11.2013
	Europe Project Management Pte. Ltd.			
	Europe Technology Investment Pte. Ltd.			
	Europe Engineering Holdings Pte. Ltd.			
Erwerbsangebot	Steuler-Fliesen GmbH	Norddeutsche Steingut Aktiengesellschaft	2	23.08.2013
Pflichtangebot	Michael Steuler			
Pflichtangebot	David L. Deck	German Brokers AG	1	06.02.2013
	Gilbert Schöni			

Anlage 2: „Wasserstandsmeldung“ der RAS Beteiligungs GmbH

RAS Beteiligungs GmbH
mit Sitz in Wien, Republik
Österreich
Bekanntmachung gemäß § 23 Abs. 1 Satz 1 Nr. 3 WpÜG

Die RAS Beteiligungs GmbH (die “**RAS**”), die LSW GmbH (die “**LSW**”) und die SGW-Immo-GmbH (die “**SGW**” und zusammen mit der RAS und der LSW die “**Bieterinnen**”) haben am 11. November 2022 die Angebotsunterlage für ihr gemeinsames freiwilliges öffentliches Übernahmeangebot an die Aktionäre der home24 SE, Berlin, Deutschland, (die “**Gesellschaft**”) zum Erwerb sämtlicher nennwertloser Inhaberaktien der home24 SE (ISIN DE000A14KEB5) (die “**home24-Aktien**”) gegen eine Geldleistung in Höhe von EUR 7,50 je home24-Aktie veröffentlicht (das “**Übernahmeangebot**”).

Die Frist für die Annahme des Übernahmeangebots endete am 9. Dezember 2022, 24:00 Uhr (Ortszeit Frankfurt am Main). Die Weitere Annahmefrist (wie in Ziffer 5.3 der Angebotsunterlage definiert) begann am 15. Dezember 2022 und endete am 28. Dezember 2022, 24:00 Uhr (Ortszeit Frankfurt am Main).

I. Bekanntmachung gemäß § 23 Abs. 1 S. 1 Nr. 3 WpÜG

1. Bis zum 28. Dezember 2022, 24:00 Uhr (Ortszeit Frankfurt am Main) (der "**Meldestichtag**"), ist das Übernahmeangebot für insgesamt 23.254.956 home24-Aktien angenommen worden. Dies entspricht einem Anteil von ca. 69,25 % der home24-Aktien und daraus folgender Stimmrechte basierend auf der von der home24 SE am 27. Dezember 2022 gemäß § 41 WpHG veröffentlichten Gesamtzahl von 33.580.083 Stimmrechten und des Grundkapitals in Höhe von EUR 33.580.083. Am Meldestichtag hielt die RAS unmittelbar 3.046.366 home24-Aktien. Das entspricht einem Anteil von ca. 9,07 % aller zum Meldestichtag ausgegebenen home24-Aktien und daraus folgender Stimmrechte sowie des Grundkapitals der home24 SE.
2. Am Meldestichtag hielt die RAS unmittelbar 3.046.366 home24-Aktien. Das entspricht einem Anteil von ca. 9,07 % aller zum Meldestichtag ausgegebenen home24-Aktien und daraus folgender Stimmrechte sowie des Grundkapitals der home24 SE.
3. Die RAS hat eine Übertragungsvereinbarung (wie in Ziffer 6.2.8 der Angebotsunterlage definiert und beschrieben) mit einem Aktionär der home24 SE, Herrn Wilhelm Josten, abgeschlossen, in der die RAS unter anderem dazu bevollmächtigt wird, die Stimmrechte für 1.181.849 home24-Aktien nach eigenem Ermessen auszuüben. Dies entspricht einem Anteil von ca. 3,52 % der Stimmrechte und des Grundkapitals der home24 SE zum Meldestichtag. Die Stimmrechte aus diesen 1.181.849 home24-Aktien werden der RAS gemäß § 30 Abs. 1 Satz 1 Nr. 6 WpÜG zugerechnet. Ferner enthält die Übertragungsvereinbarung eine Call-Option der RAS bezüglich der oben genannten 1.181.849 home24-Aktien, die ein Instrument im Sinne des § 38 Abs. 1 Satz 1 Nr. 2 WpHG darstellt.
4. Die Stimmrechte aus den von der RAS unmittelbar gehaltenen home24-Aktien bzw. die ihr aufgrund der Übertragungsvereinbarung zugerechneten Stimmrechte werden auch den die RAS kontrollierenden Unternehmen, also der XXXLutz KG und der XXXLutz Verwaltungs GmbH, gemäß § 30 Abs. 1 Satz 1 Nr. 1, Satz 3 WpÜG bzw. § 30 Abs. 1 Satz 1 Nr. 6, Satz 2 WpÜG zugerechnet. Zudem sind die XXXLutz KG und die XXXLutz Verwaltungs GmbH mittelbare Inhaber von einem

Instrument gemäß § 38 Abs. 1 Satz 1 Nr. 2 WpHG aufgrund der in Ziffer 3 dargestellten Vereinbarung der RAS.

5. Der LSW sowie deren Mutterunternehmen, der LSW Privatstiftung und Herrn Dr. Andreas Seifert, bzw. der SGW sowie deren Mutterunternehmen, der WSF Privatstiftung, werden in Folge der abgeschlossenen Konsortialvereinbarung (wie in Ziffer 6.1.1 der Angebotsunterlage definiert und beschrieben) die Stimmrechte aus den unmittelbar von der RAS gehaltenen home24-Aktien bzw. die ihr aufgrund der Übertragungsvereinbarung zugerechneten Stimmrechte als mit der RAS gemeinsam handelnde Personen gemäß § 30 Abs. 2 WpÜG zugerechnet. Zudem sind die LSW und deren Mutterunternehmen sowie die SGW und deren Mutterunternehmen mittelbare Inhaber von einem Instrument gemäß § 38 Abs. 1 Satz 1 Nr. 2 WpHG aufgrund der in Ziffer 3 dargestellten Vereinbarung der RAS in Folge der abgeschlossenen Konsortialvereinbarung.
6. Ferner hält die XXXLutz KG, eine mit den RAS gemeinsam handelnde Person im Sinne des § 2 Abs. 5 Satz 3 WpÜG, am Meldestichtag unmittelbar 3.635.250 home24-Aktien. Dies entspricht einem Anteil von ca. 10,83 % der Stimmrechte und des Grundkapitals der home24 SE zum Meldestichtag. Die Stimmrechte aus den unmittelbar von der XXXLutz KG gehaltenen home24 Aktien werden der XXXLutz Verwaltungs GmbH gemäß § 30 Abs. 1 Satz 1 Nr. 1, Satz 3 WpÜG zugerechnet.
7. Die Gesamtzahl der home24-Aktien, für die das Übernahmeangebot zum Meldestichtag angenommen wurde, zuzüglich der home24-Aktien, die von den Bieterinnen und mit den Bieterinnen gemeinsam handelnden Personen im Sinne des § 2 Abs. 5 WpÜG unmittelbar gehalten werden oder diesen Personen nach § 30 WpÜG zugerechnet werden, beläuft sich somit zum Meldestichtag auf 31.118.421 home24-Aktien. Das entspricht einem Anteil von ca. 92,67 % aller zum Meldestichtag ausgegebenen home24-Aktien und daraus folgender Stimmrechte sowie des Grundkapitals der home24 SE.
8. Darüber hinaus halten am Meldestichtag weder die Bieterinnen noch mit den Bieterinnen gemeinsam handelnde Personen im Sinne von § 2 Abs. 5 WpÜG noch deren Tochterunternehmen weitere home24-Aktien oder darauf bezogene Instrumente nach §§ 38, 39 WpHG. Ihnen sind am Meldestichtag auch keine weiteren Stimmrechte aus home24-Aktien gemäß § 30 WpÜG zuzurechnen.

II. Abwicklung des Übernahmeangebots

1. Das Übernahmeangebot und die durch die Annahme des Übernahmeangebots zustande gekommenen Verträge werden gemäß Ziffer 12.1 der Angebotsunterlage nur vollzogen, wenn die in den Ziffern 12.1.1 bis 12.1.3 der Angebotsunterlage beschriebenen Bedingungen (die "**Vollzugsbedingungen**") eingetreten sind oder die Bieterinnen zuvor wirksam auf sie verzichtet haben.
2. Wie die Bieterinnen bereits bekanntgemacht haben, sind die in Ziffer 12.1.2 (Kein Insolvenzverfahren) und Ziffer 12.1.3 (Keine Kapitalerhöhung) der Angebotsunterlage beschriebenen Vollzugsbedingungen eingetreten. Bis zum Ablauf der Weiteren Annahmefrist ist keine weitere Angebotsbedingung eingetreten.
3. Der Vollzug des Übernahmeangebots steht damit noch unter dem Vorbehalt des Eintritts der in Ziffer 12.1.1 (Fusionskontrollrechtliche Freigabe) der Angebotsunterlage beschriebenen Vollzugsbedingung.
4. Der Vollzug des Übernahmeangebots für die im Rahmen der Annahmefrist und der Weiteren Annahmefrist zum Verkauf eingereichten home24-Aktien wird, wie in der Angebotsunterlage vorgesehen, nach Eintritt dieser Angebotsbedingungen erfolgen.

Wien, 2. Januar 2023

RAS Beteiligungs GmbH

Literaturverzeichnis

Angerer, Lutz / Brandi, Tim Oliver / Süßmann, Rainer (Hrsg.), Wertpapiererwerbs- und Übernahmegesetz (WpÜG) Kommentar, 4. Aufl., München 2023 (zit. als *Bearbeiter*, in Angerer/Brandi/Süßmann WpÜG).

Arhold, Christoph, Foreign Subsidies Regulation – Verordnung über Drittstaatensubventionen, Neue beihilfenrechtliche Herausforderungen, insbesondere in den Bereichen M&A und Vergabe, EWS 2022, S. 310-317.

Armbrüster, Christian, Außengesellschaft und Innengesellschaft, ZGR-Sonderheft 23 (2021) Modernisierung des Personengesellschaftsrechts – Der Mauracher Entwurf in der Fachdiskussion, Berlin 2021, S. 143-163

Bergmann, Alfred / Drescher, Ingo / Fleischer, Holger / Goette, Wulf / Harbarth, Stephan / Hommelhoff, Peter / Krieger, Gerd / Merkt, Hanno / Teichmann, Christoph (Hrsg.).

Assmann, Heinz-Dieter / Pötzsch, Thorsten / Schneider, Uwe H. (Hrsg.), Wertpapiererwerbs- und Übernahmegesetz Kommentar, 4. Aufl., Köln 2024 (zit. als *Bearbeiter*, in Assmann/Pötzsch/Uwe H. Schneider WpÜG).

Assmann, Heinz-Dieter / Schneider, Uwe H. / Mülbert, Peter O. (Hrsg.), Wertpapierhandelsrecht Kommentar, 8. Aufl., Köln 2023 (zit. als *Bearbeiter*, in Assmann/Schneider/Mülbert WpHR).

Assmann, Heinz-Dieter / Schütze, Rolf A. / Buck-Heeb, Petra (Hrsg.), Handbuch des Kapitalanlagerechts, 6. Aufl., München 2024 (zit. als *Bearbeiter*, in Assmann/Schütze/Buck-Heeb Hdb Kapitalanlagerecht).

Austmann, Andreas, Integration der Zielgesellschaft nach Übernahme, ZGR 2009, S. 277-309.

Bachmann, Gregor, Kapitalmarktrechtliche Probleme bei der Zusammenführung von Unternehmen, ZHR 172 (2008), S. 597-634.

Bachmann, Gregor, Zum Entwurf eines Gesetzes zur Modernisierung des Personengesellschaftsrechts (MoPeG), NZG 2020, S. 612-619.

Bachmann, Gregor, Das Gesetz zur Modernisierung des Personengesellschaftsrechts, NJW 2021, S. 3073-3078.

Ballerstedt, Kurt, Der gemeinsame Zweck als Grundbegriff des Rechts der Personengesellschaften, JuS 1963, S. 253-263.

Baums, Theordor / Thoma, Georg F. / Verse, Dirk A. (Hrsg.), WpÜG Kommentar zum Wertpapiererwerbs- und Übernahmegesetz, 13. Lieferung, Köln 2020 (zit. als *Bearbeiter*, in Baums/Thoma/Verse WpÜG).

Bebchuk, Lucan Arye, Toward undistorted choice and equal treatment in corporate takeovers, Harvard Law Review 98 (1985), S. 1700-1808).

Beisel, Wilhelm / Klumpp, Hans-Hermann (Begr.), Der Unternehmenskauf, 7. Aufl., München 2016 (zit. als *Bearbeiter*, in Beisel/Klumpp Unternehmenskauf).

Benecke, Martina, Gesellschaftsrechtliche Voraussetzungen des Delisting – zur Begründung und Fortentwicklung der neuen Rechtsprechung des BGH zum freiwilligen Rückzug von der Börse, WM 2004, S. 1122-1226.

Bergau, Torsten (Hrsg.), Praxishandbuch Unternehmenskauf, 2. Auflage, Berlin 2021 (zit. als *Bearbeiter*, in Bergau Praxis Hdb Unternehmenskauf).

Besgen, Nicolai (Hrsg.), Rechtshandbuch Leitende Angestellte, Geschäftsführer und Vorstände – Arbeitsrecht, Gesellschaftsrecht, Steuerrecht, 2. Aufl., München 2023 (zit. als *Bearbeiter*, in RechtsHdb Leitende Angestellte, Geschäftsführer und Vorstände).

Beurskens, Michael / Ehricke, Ulrich / Ekkenga, Jens (Hrsg.), Wertpapiererwerbs- und Übernahmegesetz Kommentar, 2. Aufl., München 2021 (zit. als *Bearbeiter*, in Beurskens/Ehricke/Ekkenga WpÜG).

Beuthien, Volker, Darf die Innengesellschaft kein Vermögen bilden?, NZG 2017, S. 201-205.

Beuthien, Volker, Gibt es doch noch die herkömmliche GbR, noch dazu auf vielerlei Art? Zum Verhältnis von Gesamthand, Bruchteilsgemeinschaft und Rechtsfähigkeit, NZG 2019, S. 41-45.

Bingel, Adrian, Die „Insiderinformation" in zeitlich gestreckten Sachverhalten und die Folgen der jüngsten EuGH-Rechtsprechung für M&A Transaktionen, AG 2012, S. 685-700.

Blättchen, Wolfgang, Neue Erkenntnisse zu börsennotierten Unternehmensübernahmen, Festschrift für Gerhard Wegen zum 65. Geburtstag, München 2015, S. 119-129
Cascante, Christian / Spahlinger, Andreas / Wilske, Stephan (Hrsg.).

Bochmann, Christian / Scheller, Johannes / Prütting, Jens (Hrsg.), Münchener Handbuch des Gesellschaftsrechts, Band 9 Recht der Familienunternehmen, 6. Aufl., München 2021 (zit. als *Bearbeiter*, in Münchener Hdb GesR).

Börstinghaus, Ulf P. (Hrsg.), Schmidt-Futterer Mietrecht, Großkommentar des Wohn- und Gewerberaummietrechts, 16. Aufl., München 2024 (zit. als *Bearbeiter*, in Schmidt-Futterer Mietrecht).

Boucsein, Jan-Jonas / *Schmiady*, Hendrik, Aktuelle Entwicklungen bei der Durchführung von Übernahmeangeboten nach dem Wertpapiererwerbs- und Übernahmegesetz (WpÜG), AG 2016, S. 597-610.

Brandi, Tim Oliver / *Süßmann*, Rainer, Neue Insiderregeln und Ad-hoc-Publizität – Folgen für Ablauf und Gestaltung von M&A-Transaktionen, AG 2004, S. 642-658.

Bundesanstalt für Finanzdienstleistungsaufsicht (Hrsg.), ´10 Jahresbericht der Bundesanstalt für Finanzdienstleistungsaufsicht, Bonn und Frankfurt am Main 2011 (zit. als BaFin, Jahresbericht 2010).

Bungert, Hartwin / *Leyendecker*, Benjamin E., Die Neuregelung des Delisting, ZIP 2016, S. 49-54.

Cascante, Christian / *Topf*, Cornelia, „Auf leisen Sohlen"? – Stakebuildung bei der börsennotierten AG, AG 2009, S. 53-72.

Cascante, Christian / *Tyrolt*, Jochen, 10 Jahre WpÜG – Reformbedarf im Übernahmerecht?, AG 2012, S. 97-114.

Cascante, Christian, „12 Years a Rave?" – Schlüsseltransaktionen im deutschen Übernahmerecht, Festschrift für Gerhard Wegen zum 65. Geburtstag, München 2015, S. 175-196.
Cascante, Christian / Spahlinger, Andreas / Wilske, Stephan (Hrsg.).

Dauner-Lieb, Barbara, Ein neues Fundament für die BGB-Gesellschaft, DStR 2001, S. 356-361.

Dauner-Lieb, Barbara, Langen, Werner (Hrsg.), BGB Schuldrecht, Bd. 2, 4. Aufl., Baden-Baden 2021 (zit. als *Bearbeiter*, in Dauner-Lieb/Langen BGB Schuldrecht).

Deilmann, Barbara, Aktienrechtlicher versus übernahmerechtlicher Squeeze out, NZG 2007, S. 721-724.

Denga, Michael, Zur Definition der Außen-GbR, ZfPW 2021, S. 73-104.

Deutsches Aktieninstitut e.V. (Hrsg.), Ready for Takeover 2.0? Die Vorbereitung deutscher Emittenten auf öffentliche Übernahmen – Eine erneute Bestandsaufnahme (zit. als DAI, Ready for Takeover 2.0?).

Disput, Anja, „Change of Control"-Klauseln im gewerblichen Mietvertrag, NZM 2008, S. 305-308.

Drescher, Ingo / Fleischer, Holger / Schmidt, Karsten (Hrsg.), Münchener Kommentar zum Handelsgesetzbuch, Bd. 6, 5. Aufl., München 2024 (zit. als *Bearbeiter*, in MüKo HGB).

Eckl-Dorna, Winfried, Das ist VWs Herausforderer Prevent; Spiegel Wirtschaft, 19.08.2016, abrufbar unter https://www.spiegel.de/

wirtschaft/unternehmen/volkswagen-das-ist-vws-herausforderer-prevent-a-1108626.html.

Eckl-Dorna, Winfried, Dieses Unternehmen steckt hinter dem Stillstand bei VW; manager magazin, 22.08.2016; abrufbar unter https://www.manager-magazin.de/unternehmen/autoindustrie/prevent-gruppe-dieses-unternehmen-a-1108623.html.

Ehlers, Dirk / Pünder, Hermann (Hrsg.), Allgemeines Verwaltungsrecht, 16. Aufl., Heidelberg 2022 (zit. als *Bearbeiter*, in Ehlers/Pünder Allgemeines Verwaltungsrecht).

Eilers, Stephan / Koffka, Nils / Mackensen, Marcus Matthias / Paul, Markus / Josenhans, Michael (Hrsg.), Private Equity, Unternehmenskauf – Finanzierung – Restrukturierung – Exitstrategien, 4. Aufl., München 2022 (zit. als *Bearbeiter*, in Eilers/Koffka/Mackensen/Paul/Josenhans Private Equity).

Ellenberger, Jürgen / Bunte, Hermann-Josef (Hrsg.), Bankrechts-Handbuch, 6. Aufl., München 2022 (zit. als *Bearbeiter*, in Ellenberger/Bunte Bankrecht Hdb).

Emmerich, Volker / Habersack, Mathias, Aktien- und GmbH-Konzernrecht Kommentar, 10. Aufl., München 2022 (zit. als *Bearbeiter*, in Emmerich/Habersack Aktien- und GmbH-Konzernrecht).

Ferrari, Franco / Kieninger, Eva-Maria / Mankowski, Peter / Otte, Karsten / Saenger, Ingo, Internationales Vertragsrecht, Rom I-VO – CISG – CMR – FactÜ Kommentar, 3. Aufl., München 2018 (zit. als *Bearbeiter*, in Ferrari IntVertragsR).

Fleischer, Holger, Ein Rundgang durch den Regierungsentwurf eines Gesetzes zur Modernisierung des Personengesellschaftsrechts, DStR 2021, S. 430-439.

Flume, Werner, Gesellschaft und Gesamthand, ZHR 136 (1972), S. 177-207.

Gabriel, Marc / Krohn, Wolfram / Neun, Andreas (Hrsg.), Handbuch Vergaberecht 4. Aufl., München 2024 (zit. als *Bearbeiter*, in Gabriel/Krohn/Neun, Hdb VergabeR).

Gansweid, Wolfgang, Gemeinsame Tochtergesellschaften im deutschen Konzern- und Wettbewerbsrecht, Baden-Baden 1976.

Gei, Marc Christian / *Kiesewetter*, Matthias, Praxisrelevante Aspekte öffentlicher Übernahmen in Zeiten volatiler Märkte, AG 2012, S. 741-749.

Geibel, Hans, Die Innengesellschaft, Gießen 1935.

Geibel, Stefan J., Mauracher Entwurf zum Personengesellschaftsrecht – Ein Gesetzgebungsvorschlag mit gewissen Widersprüchen, ZRP 2020, S. 137-140.

Goedhart, Marc / *Koller*, Tim / *Wessels*, David, The six types of successful acquisitions, McKinsey Insights 5/2017.

Goette, Wulf / Habersack, Mathias (Hrsg.), Münchener Kommentar zum Aktiengesetz, Band 5, 6. Aufl., München 2023 (zit. als *Bearbeiter*, in MüKo AktG).

Goette, Wulf / Habersack, Mathias (Hrsg.), Münchener Kommentar zum Aktiengesetz, Band 6, 6. Aufl., München 2024 (zit. als *Bearbeiter*, in MüKo AktG).

Grigoleit, Hans Christoph (Hrsg.), Aktiengesetz Kommentar, 2. Aufl., München 2020 (zit. als *Bearbeiter*, in Grigoleit AktG).

Grunewald, Barbara, Die Abgrenzung zwischen der Außen- und der Innengesellschaft bürgerlichen Rechts – eine überschätzte Problematik, Festschrift für Karsten Schmidt zum 80. Geburtstag, Band I, München 2019, S. 391-396

Boele-Woelki, Katharina / Faust, Florian / Jacobs, Matthias / Kuntz, Thilo / Röthel, Anne / Thorn, Karsten / Weitemeyer, Birgit (Hrsg.).

Gsell, Beate / Krüger, Wolfgang / Lorenz, Stephan / Reymann, Christoph (Gesamt-Hrsg.), Beck-Online Großkommentar BGB, München 2024 (zit. als *Bearbeiter*, in BeckOGK BGB).

Güven, Baha Nurettin, Die Unterscheidung von Innen- und Außengesellschaft bürgerlichen Rechts – Eine Untersuchung mit dem Schwerpunkt auf der Frage der Gesamthandsfähigkeit von Innengesellschaften, Berlin 2010.

Gummert, Hans / Weipert, Lutz (Hrsg.), Münchener Handbuch des Gesellschaftsrechts, Band 1 Aktiengesellschaft, 6. Aufl., München 2024 (zit. als *Bearbeiter*, in Münchener Hdb GesR).

Guntermann, Lisa Marleen, Self-Tender Offer und Delisting, NZG 2021, S. 1621-1628.

Habersack, Mathias, Die Anerkennung der Rechts- und Parteifähigkeit der GbR und der akzessorischen Gesellschafterhaftung durch den BGH, BB 2001, S. 477-483.

Habersack, Mathias / Mülbert, Peter O. / Schlitt, Michael (Hrsg.), Handbuch der Kapitalmarktinformation, 3. Aufl., München 2020 (zit. als *Bearbeiter*, in Habersack/Mülbert/Schlitt Hdb Kapitalmarktinformation).

Habersack, Mathias / Mülbert, Peter O. / Schlitt, Michael, Unternehmensfinanzierung am Kapitalmarkt, 5. Aufl., Köln 2025 (zit. als *Bearbeiter*, in Habersack/Mülbert/Schlitt Unternehmensfinanzierung).

Hahn, Dieter, Die Regulierung von Übernahmen in der Europäischen Gemeinschaft – Eine ökonomische Analyse der vorgeschlagenen EG-Richtlinie zu Übernahmeangbeoten und der bereits erlassenen Richtlinie über die Veröffentlichungspflichten beim Erwerb von Unternehmensanteilen, ZBB 1990, S. 10-21.

Hasselbach, Kai / *Stepper*, Simon, Entwicklung des Übernahmerechts 2021, BB 2022, S. 643-651.

Hasselbach, Kai / *Stepper*, Simon, Entwicklung des Übernahmerechts 2022, BB 2023, S. 515-523.

Hau, Wolfgang / Poseck, Roman (Hrsg.), BeckOK BGB, 72. Edition, München 2024 (zit. als *Bearbeiter*, in BeckOK BGB).

Heidel, Thomas (Hrsg.), Aktienrecht und Kapitalmarktrecht, 6. Aufl., Baden-Baden 2024 (zit. als *Bearbeiter*, in Heidel Aktien- u. Kapitalmarktrecht).

Heidel, Thomas, VGH Kassel: Widerruf der Zulassung von Aktien zur Wertpapierbörse, BKR 2021, S. 436-441.

Hennsler, Martin / Strohn, Lutz (Hrsg.), Beck'sche Kurz-Kommentare Gesellschaftsrecht, 6. Aufl., München 2024 (zit. als *Bearbeiter*, in Henssler/Strohn Gesellschaftsrecht).

Herfs, Achim / *Nitschmann*, Lasse, Änderung von Ausgleich und Abfindung in der Hauptversammlung, AG 2023, S. 435-442.

Herkenroth, Klaus E., Konzernierungsprozesse im Schnittfeld von Konzernrecht und Übernahmerecht – Rechtsvergleichende Untersuchungen der Allokationseffizienz unterschiedlicher Spielregeln von Unternehmensübernahmen, Berlin 1994.

Hey, Johanna / Klein, Martin / Wendt, Michael (Hrsg.), Hermann/Heuer/Raupach, EstG/KStG, 329. Lieferung, Stand 11/2024, Köln (zit. als *Bearbeiter*, in Hermann/Heuer/Raupach EstG/KStG).

Hippeli, Michael, Rechtsprobleme von nach der Übernahmepublizität pluralistisch agierenden Bietern im öffentlichen Übernahmerecht, NZG 2016, S. 1207-1213.

Hirte, Heribert / Seibt, Christoph H./ Mock, Sebastian / Schwarz, Simon (Hrsg.), Kölner Kommentar zum WpÜG mit AngebV, 3. Aufl., Hürth 2022 (zit. als *Bearbeiter*, in KölnKomm WpÜG).

Hodges, Christopher, Supporting Cooperative Behaviour, Oxford 2021.

Hölters, Wolfgang (Hrsg.), Hölters Handbuch Unternehmenskauf, 10. Auflage, Köln 2022 (zit. als *Bearbeiter*, in Hölters Hdb Unternehmenskauf).
Hölters, Wolfgang / Weber, Markus (Hrsg.), Aktiengesetz Kommentar, 4. Auflage, München 2022 (zit. als *Bearbeiter*, in Hölters/Weber AktG).
Hoffmann-Becking, Michael (Hrsg.), Münchener Handbuch des Gesellschaftsrechts, Band 4 Aktiengesellschaft, 6. Aufl., München 2024 (zit. als *Bearbeiter* in Münchener Hdb GesR).
Hopt, Klaus J. / *Kumpan*, Christoph, Insidergeschäfte und Ad-hoc-Publizität bei M&A – Unternehmenskäufe und Übernahmeangebote und Marktmissbrauchsverordnung (MAR), ZGR 2017, S. 765-828.
Hüffer, Uwe (Begr.), Beck'sche Kurz Kommentare Aktiengesetz, 18. Aufl., München 2024 (zit. als *Bearbeiter*, in Koch AktG).
Jahnke, Volker, Rechtsformzwang und Rechtsformverfehlung bei der Gestaltung privater Rechtsverhältnisse, ZHR 146 (1982), S. 595-624.
Johannsen-Roth, Tim / *Illert*, Staffan, Paketerwerbe und öffentliche Übernahmeangebote im Lichte des neuen übernahmerechtlichen Squeeze out nach § 39a WpÜG – Praxisprobleme bei der zukünftigen Strukturierung von Übernahmetransaktionen, ZIP 2006, S. 2157-2163.
Jordan, Jillian J. / *Peysakhovich*, Alexander / *Rand*, David G., Why we cooperate, The Moral Brain: Multidisciplinary Perspectives, Cambridge USA 2015, S. 87-101.
Kiem, Roger, Investorenvereinbarungen im Lichte des Aktien- und Übernahmerechts, AG 2009, S. 301-312.
Kiesewetter, Matthias / *Kiefner*, Alexander, Praxisrelevante Aspekte der Finanzierungssicherstellung bei öffentlichen Übernahmen, CFL 2011, S. 285-291.
Kiesewetter, Matthias / *Frehse*, Nico, Öffentliche Übernahmen durch Finanzinvestoren Praxisrelevante Aspekte, AG 2023, S. 230-237.
Klepsch, Oliver / *Schmiady*, Hendrik / *von Buchwaldt*, Heike, Administration von Übernahmeverfahren, Übernahme- und Kapitalmarktrecht in der Reformdiskussion, Tübingen 2013, S. 3-26.
Kämmerer, Jörn Axel / Veil, Rüdiger (Hrsg.).
Klöhn, Lars / Brellochs, Michael / Schmolke, Klaus Ulrich / Semrau, Stephan (Hrsg.), Marktmissbrauchsverordnung – Verordnung (EU) Nr. 596/2014 über Marktmissbrauch, 2. Aufl., München 2023 (zit. als *Bearbeiter*, in Klöhn MAR).
Kocher, Dirk / *Widder*, Stefan, Die Bedeutung von Zwischenschritten bei der Definition von Insiderinformationen, BB 2012, S. 2837-2841.

Kocher, Dirk / *Seiz*, Elke, Das neue Delisting nach § 39 Abs. 2-6 BörsG, DB 2016, S. 153-158.

Kopp, Fridtjof, Bereicherungsansprüche nach Widerruf von Verbraucherdarlehen mit mehreren Darlehensnehmern, WM 2020, S. 536-543.

Knott, Hermann J. (Hrsg.), Unternehmenskauf, 6. Auflage, Köln 2019 (zit. als *Bearbeiter*, in Knott Unternehmenskauf).

Kraack, Jörg-Peter, Beteiligungspublizität bei Erwerbs- und Übernahmeangeboten, AG 2017, S. 677-690.

Krause, Hartmut, Das neue Übernahmerecht, NJW 2002, S. 705-716.

Krause, Rainer, Die Schutz- und Rücksichtnahmepflicht der Zielgesellschaft gegenüber dem Bieter, Festschrift für Gerd Krieger zum 70. Geburtstag, München 2020, S. 555-573
Hoffmann-Becking, Michael / Hommelhoff, Peter (Hrsg.).

Krauß, Hans-Frieder / Weise, Stefan, Beck'sche Online-Formulare Vertrag, 70. Edition, München 2024 (zit. als *Bearbeiter*, in BeckO-Formulare Vertrag).

Lebherz, Axel, Publizitätspfliclhten bei der Übernahme börsennotierter Unternehmen, WM 2010, S. 154-163.

Lenz, Jürgen / *Linke*, Ulf, Die Handhabung des WpÜG in der aufsichtsrechtlichen Praxis, AG 2002, S. 361-369.

Lenz, Jürgen / *Behnke*, Thorsten, Das WpÜG im Praxistest – Ein Jahr Angebotsverfahren unter der Regie des neuen Gesetzes, BKR 2003, S. 43-51.

Leyendecker-Langner, Benjamin E. / *Läufer*, Benedikt C., Transaktionssicherheit und übernahmerechtliche Meldepflichten, NZG 2014, S. 161-167.

Liebscher, Thomas, Das Übernahmeverfahren nach dem neuen Übernahmegesetz – Übernahmerechtliche Grenzen der Gestaltungsfreiheit im Hinblick auf die Übernahmestrategien des Bieters, ZIP 2001, S. 853-869.

Liebscher, Thomas, Personengesellschaftsvertraglicher Gestaltungsbedarf aufgrund des MoPeG, ZIP 2023, S. 2225-2233.

Liu, Chen / *Purda*, Lynnette / *Zhu*, Hui, Can Syndicate Diversity Reduce Institutional Barriers to Cross-Border LBOs?, 2016.

Looschelders, Dirk / *Makowsky*, Mark, Relativität des Schuldverhältnisses und Rechtsstellung Dritter, JA 2012, S. 721-728.

Lux, Johannes, Bietergemeinschaften im Schnittfeld von Gesellschafts- und Vergaberecht, Baden-Baden, 2009.

Mayer-Uellner, Richard, Die Finanzierung öffentlicher Übernahmen im Lichte des Vollangebotsgrundsatzes, AG 2012, S. 399-407.

McCahery, Joseph A. / *de Roode*, F. Alexander, Co-Investments of Sovereign Wealth Funds in Private Equity, Tilec Discussion Paper, 2016.

Merkner, Andreas / *Sustmann*, Marco / *Retsch*, Alexander, Update: Insiderrecht und Ad-hoc-Publizität im neuen (und nun finalen) Emittentenleitfaden der BaFin, AG 2020, S. 477-483.

Meyer, Andreas / *Kiesewetter*, Matthias, Rechtliche Rahmenbedingungen des Beteiligungsaufbaus im Vorfeld von Unternehmensübernahmen, WM 2009, S. 340-349.

Meyer, Andreas / Veil, Rüdiger / Rönnau, Thomas (Hrsg.), Handbuch zum Marktmissbrauchsrecht, 2. Aufl., München 2023 (zit. als *Bearbeiter*, in Meyer/Veil/Rönnau Hdb Marktmissbrauchsrecht).

Meyer-Sparenberg, Wolfgang / Jäckle, Christoph, Beck'sches M&A-Handbuch, Planung, Gestaltung, Sonderformen, regulatorische Rahmenbedingungen und Streitbeilegung bei Mergers & Acquisitions, 2. Aufl., München 2022 (zit. als *Bearbeiter*, in Meyer-Sparenberg/Jäckle BeckHdb M&A).

Micker, Lars / Pohl, Carsten (Hrsg.), Beck'scher Online-Kommentar KStG, 23. Edition, München 2024 (zit. als *Bearbeiter*, in BeckOK KStG).

Misterek, Robin, Insiderrechtliche Fragen bei Unternehmensübernahmen – Transaktionsbezogene Nutzung und Offenlegung von Insiderinformationen unter der Marktmissbrauchsverordnung, Beiträge zum Transnationalen Wirtschaftsrecht, Heft 152, 2018
Tietje, Christian / Kraft, Gerhard / Kumpan, Christoph (Hrsg.).

Mohamed, Jean, Die Reform des Personengesellschaftsrechts, JuS 2021, S. 820-826.

Molestina, Julia / *Gülmez*, Mert, Die EU-Verordnung über den Binnenmarkt verzerrende drittstaatliche Subventionen (Drittstaatensubventionsverordnung – DSVO) – Auswirkungen auf die Transaktionspraxis, BB 2023, S. 1475-1482.

Mülbert, Peter O. / *Kiem*, Roger, Der schädigende Beteiligungserwerb, ZHR 177 (2013), S. 819-861.

Nettesheim, Martin, Unternehmensübernahmen durch Staatsfonds: Europarechtliche Vorgaben und Schranken, ZHR 172 (2008), S. 729-767.

Oechsler, Jürgen, Rechtsgeschäftliche Anwendungsprobleme bei öffentlichen Übernahmeangeboten, ZIP 2003, S. 1330-1335.

Officer, Micah S. / *Ozbas*, Oguzhan / *Sensoy*, Berk A., Club deals in leveraged buyouts, 2009.

Oppenhoff, Stephan / *Illert*, Staffan, Behandlung der Dividende im deutschen Übernahmerecht, Festschrift für Reinhard Marsch-Barner zum 75. Geburtstag, München 2018, S. 395-418
Spindler, Gerald / Wilsing, Hans-Ulrich / Butzke, Volker (Hrsg.).

Ott, Nicolas, Der übernahmerechtliche Squeeze-out gemäß §§ 39a f. WpÜG, WM 2008, S. 384-391.

Otte-Gräbener, Sabine, Reform des Personengesellschaftsrechts, Festschrift für Ulrich Seibert zum 65. Geburtstag, Köln 2019, S. 613-628
Bergmann, Alfred / Hoffmann-Becking, Michael / Noack, Ulrich (Hrsg.).

Paschos, Nikolaos / Fleischer, Holger (Hrsg.), Handbuch Übernahmerecht nach dem WpÜG, 1. Aufl., München 2017 (zit. als *Bearbeiter*, in Paschos/ Fleischer Hdb Übernahmerecht).

Poelzig, Dörte, Insider- und Marktmanipulationsverbot im neuen Marktmissbrauchsrecht, NZG 2016, S. 528-538.

Prinz, Ulrich / Kahle, Holger (Hrsg.), Beck'sches Handbuch der Personengesellschaften, 5. Aufl., München 2020 (zit. als *Bearbeiter*, in Beck Hdb Personengesellschaften).

Rieckers, Oliver / *Leyendecker-Langner*, Benjamin E., Neubesetzung des Aufsichtsrats bei öffentlichen Übernahmen, NZG 2013, S. 167-172.

Röhrich, Martina, Feindliche Übernahmeangebote – Eine wettbewerbspolitische Beurteilung anhand von Fallstudien aus den USA, Baden-Baden 1992.

Röß, Simon, Die GbR nach dem MoPeG, NZG 2023, S. 401-408.

Säcker, Franz Jürgen / Rixecker, Roland / Oetker, Hartmut / Limperg, Bettina (Hrsg.), Münchener Kommentar zum Bürgerlichen Gesetzbuch, Band 7, 8. Aufl., München 2020 (zit. als *Bearbeiter*, in MüKo BGB, 8. Aufl.).

Säcker, Franz Jürgen / Ganske, Matthias / Knauff, Matthias (Hrsg.), Münchener Kommentar zum Wettbewerbsrecht, Band 4, 4. Aufl., München 2022 (zit. als *Bearbeiter*, in MüKo WettbewerbsR).

Säcker, Franz Jürgen / Rixecker, Roland / Oetker, Hartmut / Limperg, Bettina (Hrsg.), Münchener Kommentar zum Bürgerlichen Gesetzbuch, Band 7, 9. Aufl., München 2024 (zit. als *Bearbeiter*, in MüKo BGB, 9. Aufl.).

Sandberger, Georg, Teilübernahmeangebote und Zwangsübernahmeangebote im Europäischen Take-over-Recht, DZWiR 1993, S. 319-326.

Schäfer, Carsten, Vereinbarungen bei Aktienemissionen, ZGR 2008, S. 455-494.
Schäfer, Frank A. (Hrsg.), Marsch-Barner/Schäfer, Handbuch börsennotierte AG, 5. Aufl., Köln 2022 (zit. als *Bearbeiter*, in Marsch-Barner/Schäfer Hdb börsennotierte AG).
Schall, Alexander, Business Combination Agreements und Investorenvereinbarungen, Übernahme- und Kapitalmarktrecht in der Reformdiskussion, Tübingen 2013, S. 75-104.
Kämmerer, Jörn Axel / Veil, Rüdiger (Hrsg.).
Schall, Alexander, Eine dogmatische Kritik am „Mauracher Entwurf" zur Modernisierung des Personengesellschaftsrechts, ZIP 2020, S. 1443-1451.
Schanz, Kay-Michael, Feindliche Übernahmen und Strategien der Verteidigung, NZG 2000, S. 337-347.
Schiessl, Maximilian, Mergers & Acquisitions und der M&A-Anwalt im Wandel der Zeiten, Festschrift für Gerhard Wegen zum 65. Geburtstag, München 2015, S. 313-324
Cascante, Christian / Spahlinger, Andreas / Wilske, Stephan (Hrsg.).
Schmidt, Jessica, EU Listing Act: bull or bear? NZG 2025, S. 3-13.
Schmidt, Karsten, Die BGB-Außengesellschaft: rechts- und parteifähig – Besprechung des Grundlagenurteils II ZR 331/00 vom 29.1.2001, NJW 2001, S. 993-1003.
Schmidt, Karsten, Gesellschaftsrecht, 4. Aufl., Köln, Berlin, Bonn, München 2002 (zit. als *K. Schmidt*, Gesellschaftsrecht).
Schmidt, Karsten, Ein neues Zuhause für das Recht der Personengesellschaften – Zum Regierungsentwurf eines MoPeG, ZHR 185 (2021), S. 16-51.
Schmidt, Karsten / Lutter, Marcus (Hrsg.), Aktiengesetz Kommentar, 5. Aufl., Köln 2024 (zit. als *Bearbeiter*, in K. Schmidt/Lutter AktG).
Schmitt, Joachim / Hörtnagl, Robert (Hrsg.), Umwandlungsgesetz – Umwandlungssteuergesetz, 10. Aufl., München 2024 (zit. als *Bearbeiter*, in Schmitt/Hörtnagl UmwG, UmwStG).
Scholl, Bernd / *Siekmann*, Freya Carolin, Rechtsgeschäftliche Probleme im Übernahmerecht, BKR 2013, S. 316-323.
Schulze, Reiner (Schriftleitung), Bürgerliches Gesetzbuch, Handkommentar, 12. Aufl., Baden-Baden 2024, (zit. als *Bearbeiter*, in Schulze BGB).

Schüppen, Matthias / Schaub, Bernhard (Hrsg.), Münchener Anwaltshandbuch Aktienrecht, 4. Aufl., München 2024 (zit. als *Bearbeiter*, in MAH Aktienrecht).

Schütz, Holger, Die GbR als Stolperstein des Investment & Shareholder's Agreement (ISHA)?, NZG 2023, S. 1494-1499.

Schwark, Eberhard / Zimmer, Daniel, Kapitalmarktrechts-Kommentar, Börsengesetz mit Börsenzulassungsverordnung, Wertpapierprospektgesetz, Wertpapierhandelsgesetz, Wertpapiererwerbs- und Übernahmegesetz, Europäische Marktmissbrauchsverordnung, 5. Aufl., München 2020 (zit. als *Bearbeiter*, in Schwark/Zimmer KMRK).

Seibt, Christoph H. / *Heiser*, Kristian J., Der neue Vorschlag einer EU-Übernahmerichtlinie und das deutsche Übernahmerecht – Analyse und Umsetzungserfordernisse für den deutschen Gesetzgeber, ZIP 2002, S. 2193-2203.

Seibt, Christoph H., Rechtsschutz im Übernahmerecht – Gesellschaftsrechtliche und öffentlich-rechtliche Grundsätze, Tagungsband zum RWS-Forum 25 Gesellschaftsrecht, 2003, S. 337 ff.

Seibt, Christoph H. / *Heiser*, Kristian J., Analyse der EU-Übernahmerichtlinie und Hinweise für eine Reform des deutschen Übernahmerechts, ZGR 2005, S. 200-251.

Seibt, Christoph H. / *Heiser*, Kristian J., Analyse des Übernahmerichtlinie-Umsetzungsgesetzes (Regierungsentwurf), AG 2006, S. 301-320.

Seibt, Christoph H., Übernahmerecht: Update 2010/2011, CFL 2011, S. 213-240.

Seibt, Christoph H., Investoren- und Zusammenschlussvereinbarungen im Zusammenhang mit öffentlichen Kaufangeboten, Übernahme- und Kapitalmarktrecht in der Reformdiskussion, Tübingen 2013, S. 105-133. Kämmerer, Jörn Axel / Veil, Rüdiger (Hrsg.).

Seibt, Christoph H. / *Wollenschläger*, Bernward, Revision des Marktmissbrauchsrechts durch Marktmissbrauchsverordnung und Richtlinie über strafrechtliche Sanktionen für Marktmanipulation, AG 2014, S. 593-608.

Seibt, Christoph H., Corporate Resilience Management: Rechtsrahmen für Geschäftsleiterhandeln, DB 2016, S. 1978-1984.

Seibt, Christoph H. (Hrsg.), Beck'sches Formularbuch Mergers & Acquisitions, 4. Aufl., München 2025 (zit. als *Bearbeiter*, in BeckFormb M&A).

Seibt, Christoph H., 20 Thesen zur Corporate Governance und Unternehmensorganisation in VUCA-Zeiten, DB 2018, S. 237-245.

Seibt, Christoph H. / *Kulenkamp*, Sabrina, Handlungsoptionen der Geschäftsleitung einer Zielgesellschaft nach Kontrollerwerb und vor Wirksamwerden eines Beherrschungsvertrags, AG 2018, S. 549-561.

Seibt, Christoph H. / *Kulenkamp*, Sabrina, Monitore und Garantoren in Übernahmeverfahren, AG 2021, S. 1-9.

Seibt, Christoph H., Neuvermessung der „angemessenen Informationsgrundlage" (§ 93 Abs. 1 Satz 2 AktG) unter VUCA-Rahmenbedingungen, Festschrift für Ulrich Seibert zum 65. Geburtstag, Köln 2019, S. 825-845
Bergmann, Alfred / Hoffmann-Becking, Michael / Noack, Ulrich (Hrsg.).

Seibt, Christoph H., Krisenmanagement: Rechtsrahmen für Geschäftsleiterhandeln, BB 2019, S. 2563-2572.

Seibt, Christoph H. / *Kraack*, Jörg-Peter, Praxisleitfaden zum BaFin-Emittentenleitfaden Modul C – Insiderrecht und Ad hoc-Publizität, BKR 2020, S. 313-320.

Seibt, Christoph H. / *Fischer*, Robert, „Strategic Review for the Recovery Era" – Strategieentwicklung und -überprüfung als Leitungsaufgabe des Vorstands und Pflichten des Aufsichtsrats, DB 2021, S. 998-1005.

Seibt, Christoph H., Pflichten der Geschäftsleitung zur Geopolitik, AG 2022, S. 833-842.

Seibt, Christoph H. / *Denninger*, Philip, US-Sanktionen, Blocking-Verordnung und Vertragskündigung im Spiegel geopolitischer Pflichten der Geschäftsleitung, Zugleich Besprechung von OLG Hamburg, Urt. v. 14.10.2022 – 11 U 116/19, ZIP 2023, S. 57-63.

Seibt, Christoph H. / Buck-Heeb, Petra / Harnos, Rafael (Hrsg.), BeckOK Wertpapierhandelsrecht, 13. Edition, München 2024 (zit. als *Bearbeiter*, in BeckOK WpHR).

Seibt, Christoph H., Deutschland braucht eine Reform des Übernahmerechts, NZG 2023, S. 1197.

Seibt, Christoph H., Deutschland braucht eine Reform des Übernahmerechts, Handelsblatt v. 9.8.2023, abrufbar unter https://www.handelsblatt.com/meinung/gastbeitraege/gastkommentar-deutschland-braucht-eine-reform-des-uebernahmerechts/29290944.html.

Servatius, Wolfgang, Gesellschaft bürgerlichen Rechts - §§ 705-740c BGB – Kommentar, 1. Aufl., München 2023 (zit. als *Servatius*, GbR).

Singhof, Bernd, Die Außenhaftung von Emissionskonsorten für Aktieneinlagen, Berlin 1998.

Soergel, Hans-Theodor (Begr.), Siebert, Wolfgang Hans Werner (Hrsg.), Bürgerliches Gesetzbuch mit Einführungsgesetz und Nebengesetzen Kohlhammer Kommentar, 13. Aufl., Stuttgart 2022 (zit. als *Bearbeiter*, in Soergel BGB).

Steinmeyer, Roland (Hrsg.), Wertpapierwerbs- und Übernahmegesetzkommentar, 4. Aufl., Berlin 2019 (zit. als *Bearbeiter*, in Steinmeyer WpÜG).

Stilz, Eberhard / Veil, Rüdiger (Hrsg.), Beck-online.Grosskommentar AktG, München 2024 (zit. als *Bearbeiter*, in BeckOGK AktG).

Stöcker, Mathias, Widerruf oder Rücktritt von Angebotsankündigungen, NZG 2003, S. 993-998.

Strunk, Klaus-Jürgen / *Salomon*, Heike / *Holst*, Raven, Aktuelle Entwicklungen im Übernahmerecht, Übernahmerecht in Praxis und Wissenschaft, Köln 2009, S. 1-42. Veil, Rüdiger (Hrsg.).

Stürner, Rolf (Hrsg.), Jauernig, Bürgerliches Gesetzbuch – Kommentar, 19. Aufl., München 2023 (zit. als *Bearbeiter*, in Jauernig, BGB).

Student, Dietmar / *Werres*, Thomas, Affäre Conti – Die Geister, die ich rief; manager magazin, 13.12.2006; abrufbar unter https://www.manager-magazin.de/unternehmen/die-geister-die-ich-rief-a-f6d4777d-0002-0001-0000-000049876628.

Süßmann, Rainer, Unerwünschte Übernahmen, NZG 2011, S. 1281-1290.

Süßmann, Rainer, Anwendungsprobleme des WpÜG, WM 2003, S. 1453-1465.

Thelen, Martin, Beteiligungsverträge in der notariellen Praxis, RNotZ 2020, S. 121-148.

Ulmer, Peter, Die höchstrichterlich „enträtselte“ Gesellschaft bürgerlichen Rechts, ZIP 2001, S. 585-599.

Veil, Rüdiger, Europäisches Insiderrecht 2.0 – Konzeption und Grundsatzfragen der Reform durch MAR und CRIM-MAD, ZBB 2014, S. 85-96.

Verse, Dirk A. / *Brellochs*, Michael, Der Verzicht auf die Mindestannahmebedingung im Übernahmerecht, ZHR 186 (2022), S. 339-372.

von Riegen, Arend, Rechtsverbindliche Zusagen zur Annahme von Übernahmeangeboten (sog. „irrevocable undertakings“), ZHR 167 (2003), S. 702-731.

Weimar, Robert / *Breuer*, Jürgen H., International verwendete Strategien der Abwehr feindlicher Übernahmeversuche im Spiegel des deutschen Aktienrechts, BB 1991, S. 2309-2321.

Weitnauer, Wolfgang (Hrsg.), Handbuch Venture Capital – Von der Innovation zum Börsengang, 7. Aufl., München 2022 (zit. als *Bearbeiter*, in Weitnauer Hdb Venture Capital).

Wertenbruch, Johannes, Gesellschaftsvertrag und Entstehung der rechtsfähigen GbR iSd § 705 Abs. 2 Var. 1 BGB nF, ZPG 2023, S. 1-13.

Westermann, Harm Peter, Erste Folgerungen aus der Anerkennung der Rechtsfähigkeit der BGB-Gesellschaft, NZG 2001, S. 289-295.

Westermann, Harm Peter / Grunewald, Barbara / Maier-Reimer, Georg (Hrsg.), Erman Bürgerliches Gesetzbuch Kommentar mit Nebengesetzen und Internationalem Privatrecht, 17. Aufl., Köln 2023 (zit. als *Bearbeiter*, in Erman BGB).

Wiedemann, Herbert, Die Personengesellschaft – Vertrag oder Organisation, ZGR 1996, S. 286-299.

Wiedemann, Herbert, Anmerkung BGH, Urt. v. 29.1.2001 – II ZR 3331/00, JZ (12) 2001, S. 661-664.

Wiegand, Christoph, Investorenvereinbarungen und Business Combination Agreements bei Aktiengesellschaften, Tübingen 2017.

Wieneke, Laurenz / *Schulz*, Stephan, Durchführung eines Delistings – Gesellschafts- und kapitalmarktrechtliche Pflichten von Vorstand und Aufsichtsrat der Gesellschaft, AG 2016, S. 809-819.

Wilhelm, Alexander, Der Listing Act vor dem Endspurt: Zeitenwende am Kapitalmarkt für KMU?, BKR 2024, S. 747-756.

Wilk, Cornelius, Der Familien-Trust als Bieter im deutschen Übernahmerecht, ZIP 2013, S. 1549-1554.

Witt, Carl-Heinz, Regelmäßige „Wasserstandsmeldungen" – unverzichtbarer Bestandteil eines künftigen Übernahmegesetzes, NZG 2000, S. 809-819.

Zetzsche, Dirk, Normaler Geschäftsgang und Verschwiegenheit als Kriterien für die Weitergabe transaktionsbezogener Insiderinformationen an Arbeitnehmer – Überlegungen zu Art. 10 I und 17 I der Marktmissbrauchsverordnung, NZG 2015, S. 817-824.

Zetzsche, Dirk, Die Marktsondierung nach Art. 11 MAR – Pflichten der Sondierenden und der Marktgegenseite, AG 2016, S. 610-621.

www.ingramcontent.com/pod-product-compliance
Ingram Content Group UK Ltd.
Pitfield, Milton Keynes, MK11 3LW, UK
UKHW021935290926
8980IPUK00016B/1646

9 783631 947630